Herzsprung Verlag

Impressum:

Personen und Handlungen sind frei erfunden.
Ähnlichkeiten mit lebenden oder verstorbenen Personen sind zufällig und nicht beabsichtigt.

Besuchen Sie uns im Internet:
www.herzsprung-verlag.de

© 2021 – Herzsprung-Verlag GbR
Mühlstraße 10, 88085 Langenargen
info@herzsprung-verlag.de
Alle Rechte vorbehalten.

Lektorat + Herstellung: CAT creativ www.catcreativ.at

Titelbild: © germancreative
Druck: Bookpress / Polen

E-Book: 978-3-98627-009-4 - Taschenbuch
ISBN: 978-3-98627-008-7 - E-Book

Inhalt

Prolog	7
1. Mittwochabend	8
2. Donnerstagmorgen	11
3. Donnerstagnachmittag	23
4. Donnerstagabend	35
5. Freitagmorgen	37
6. Freitagnachmittag	47
7. Freitagabend	62
8. Samstagmorgen	67
9. Samstagnachmittag	76
10. Samstagabend	88
11. Sonntagmorgen	91
12. Sonntagnachmittag	103
13. Sonntagabend	111
14. Montagmorgen	113
15. Montagnachmittag	123
16. Montagabend	137
17. Dienstagmorgen	144
18. Dienstagnachmittag	153
19. Dienstagabend	168
20. Mittwochmorgen	170
21. Mittwochnachmittag	180
22. Donnerstagmorgen	191
23. Donnerstagnachmittag	197
24. Donnerstagabend	211
25. Freitagmorgen	213
26. Freitagnachmittag	221
27. Freitagabend	230

Prolog

Ina Stöbl wusste nicht, dass sie keine drei Stunden mehr zu Leben hatte. Sie band sich ihre hellrosa Schürze um ihre schmalen Hüften und tänzelte von der Küche zum Tresen. Der süße Duft, der aus der Backstube drang, löste ein Glücksgefühl in ihr aus. Endlich war sie allein im Laden. Endlich waren ihre Chefinnen weg.

Sie hatte das Gefühl, keine Minute allein mit ihnen sein zu wollen. Sie fühlte sich in ihrer Gegenwart einfach nur unwohl. Doch dieses Gefühl von Unwohlsein wurde überdeckt. Überdeckt vom Krapfengeruch aus der Küche, von dem fröhlichen Geplapper der Gäste und von ihrem wahr gewordenen Traum.

War es nicht so, dass man nur Träume brauchte, um weiterleben zu können? Ina schloss die Augen. Für einen kurzen Moment sah sich die junge Konditorin in ihrem eigenen Café. Sie sah die Wiesen um sich, die duftenden Blumen und die glücklichen Gäste. Beflügelt von dem Gedanken würde ihr jede Arbeit leichtfallen. Bald würde sie ihr Leben so leben können, wie sie es immer gewollt hatte. Sie würde sich ihren Lebenstraum erfüllen und ihr eigenes Café besitzen.

Ein ungeduldiger Gast riss sie aus ihren Tagträumen. Ina seufzte und trank ihr Saftglas aus. Sie würde es später wegräumen, wenn weniger los war. „Komisch", dachte sie noch. „Irgendwie hat der Saft anders geschmeckt als sonst. Ob er wohl schlecht war?"

1. Mittwochabend

„Wollen Sie nicht doch lieber auf Ihren Anwalt warten?" Abby sah auf die Uhr. Der würde heute wohl nicht mehr antanzen.

„Ich habe nichts getan!" Er musterte Abby kritisch. Eine Mischung aus Hass und Verständnislosigkeit. Wie oft hatte sie das schon beobachtet? Eine schwarze Polizeibeamtin in Deutschland, einige würden sich daran sicherlich nie gewöhnen.

„Sie waren in den letzten Wochen auffällig oft vor Ina Stöbls Haus und vor ihrem Arbeitsplatz in der Konditorei. Dort, wo sie heute Nachmittag tot aufgefunden wurde. Eine Zeugin hat ausgesagt, Sie dort über einen längeren Zeitraum hinweg auf dem Marktplatz gesehen zu haben."

Herr Mooser, ein Mann um die Sechzig mit Bauchansatz, fettigen Haaren und riesigen Schweißflecken unter den Achseln, blieb weiterhin stumm. Sein Blick glitt knapp an Abby vorbei zu ihrer Partnerin und blieb an deren Dekolleté hängen.

„Okay. Dann sagen Sie uns, was passiert ist", meinte diese schließlich und knöpfte ihre hellrosa Strickjacke zu.

„Also gut. Ich bin zu Ina gegangen und als ich in die Konditorei kam, habe ich sie da liegen sehen. Ich bin mit meinem Arm aus Versehen an das Saftglas auf dem Tresen gekommen und wollte es auffangen, bevor es runterfällt", meinte Mooser schließlich und richtete seine Blicke wieder auf Abby. Er sah ihr nur kurz ins Gesicht, seine Blicke wanderten ihren Körper hinab. Sein Blick war ekelerregend. Er sah sie an wie ein Objekt. Abby und ihre Partnerin Elisabet blickten einander an. Auch Elisabet stand das Unbehagen ins Gesicht geschrieben. Ihr zartes Gesicht wirkte ungewohnt eingeschüchtert. Elisabet mochte sensibel aussehen, doch in Wahrheit brachte sie nichts so schnell aus der Ruhe. Heute jedoch sah sie aus, als würde sie am liebsten alles abbrechen. Doch das kam nicht infrage. Sie brauchten Antworten.

„Was sagen Sie zu den Stalking-Vorwürfen? Frau Stöbl war mehrmals auf der Polizeiwache, um Sie wegen Belästigung anzuzeigen", sagte Elisabet.

Und schon waren seine Blicke wieder bei ihr. „Ich habe Sie nie angefasst!", wehrte er sich. Genau das war ja auch der Grund gewesen, warum sie nicht früher polizeilich gegen ihn vorgehen konnten.

„Aber Sie haben ihr aufgelauert und Briefe vor ihre Tür gelegt. Geben Sie das zu?", fragte Abby.

„Das tut doch keinem weh!" Mooser schlug mit seinen gefesselten Händen fest auf ihren Schreibtisch. Die Porträts ihrer Familie, die Abbys Lebensgefährte Alec für sie gezeichnet hatte, fielen trotz Rahmen um. Das war zu viel. Für einen kurzen Moment fürchtete sie, jegliche Selbstbeherrschung zu verlieren und den Raum zu verlassen. Doch sie riss sich zusammen.

„Aber Sie verstehen schon, dass wir deshalb berechtigten Grund zur Annahme haben, dass Sie sich nicht länger beherrschen konnten und die Frau deshalb kurzerhand außer Gefecht setzen wollten. Warum haben Sie keinen Notarzt gerufen? Warum haben Sie die Polizei nicht alarmiert?" Abby stellte die Bilder wieder auf und stapelte ihre Notizzettelchen fein säuberlich an der Schreibtischkante. Als sie wieder aufsah, bemerkte sie erneut, dass Moosers Blick eine Spur zu tief für ihren Geschmack war.

„Aber ich habe ihr nichts getan!"

„In Ihrer Jackentasche haben wir K.-o.-Tropfen gefunden. Haben Sie die der Frau untergemischt?", fragte Abby weiter.

„Nein!"

„Okay. Ich schlage vor, wir beenden das Gespräch hier. Und Sie schauen, dass Sie ihren Anwalt ans Telefon bekommen, ja? Morgen sind die endgültigen Ergebnisse aus dem Labor da, bis dahin bleiben Sie hier." Abby stand auf, nickte einem Streifenbeamten zu, der Mooser daraufhin in eine Zelle brachte.

„Wir hätten das Gespräch eigentlich gar nicht führen dürfen, so ganz ohne Autopsiebericht", raunte Elisabet, kaum dass der Verdächtige draußen war.

War das ihr Ernst? Ergriff sie gerade Partei für ihn? Abby schüttelte sich. Eigentlich hätte sie sich mit ihrem Freund treffen wollen. Doch heute würde er vergebens auf sie warten. In ihr hatte sich eine enorme Wut angestaut. Anstatt sich wie ein Objekt angaffen zu lassen, hätte sie in die Offensive gehen und Elisabet und sich selbst vor Mooser beschützen müssen. Irgendwo wusste sie, dass sie nicht viel hätte anders machen können. Doch andererseits fühlte sie sich, als hätte man sie in eine Opferrolle gedrängt. Abby sah auf die Uhr. Alec wartete seit über einer Stunde. Kurz überlegte sie, doch noch zu ihm zu fahren, aber sie entschied sich dagegen. Sie war viel zu gereizt. Er hatte es nicht verdient, dass sie unterschwellig ihre Aggressionen an ihm ausließ. Sie würde nach Hause fahren und ihre Trainingspuppe bearbeiten. Alec würde es verstehen. Er wusste, wie dieser Job sein konnte."

„Es war nur eine Befragung. Kein Verhör. Außerdem gab es Zeugen, die ihn aus der Konditorei haben gehen sehen, zumal er K.-o.-Tropfen bei sich hatte!" Abby raffte ihre Sachen zusammen.

„Na gut. Wir sehen uns morgen."

Als Abby auf die Straße trat, war es bereits dunkel. Die Straßenlaternen beleuchteten die Streifenwagen, die neben dem Eingang ihres Polizeireviers parkten. Sie steckte die Hände in die Taschen ihrer schwarzen Lederjacke und sah sich um. Es war eine absolute Seltenheit, dass einmal Ruhe auf den belebten Straßen Rosenheims einkehrte. Selbst wenn sie sich hatte sagen lassen, dass es die Bayern nicht ganz so ernst mit der Einhaltung ihrer Termine nahmen, herrschte vor dem Präsidium meist Hektik. Umso schöner war es, einmal etwas Ruhe vor dem Revier zu haben. Das alte Backsteingebäude, in der sie ihr Büro hatte, wirkte im Laternenlicht plötzlich ganz anders auf sie. Abby stieg in ihren Wagen und fuhr los.

2. Donnerstagmorgen

„Der Autopsiebericht ist da!", trällerte Elisabet zur Begrüßung, als Abby das Büro betrat. Dabei hielt Elisabet den Wisch in die Höhe, als würde darin ihre Beförderung stehen, nicht Ina Stöbls Todesursache.

„Okay", meinte Abby und setzte sich auf ihren Stuhl. Sie hatte wenig geschlafen und war heute früh nicht aus dem Bett gekommen. Ihren Haaren sah man das deutlich an. Ihre widerspenstigen, schwarzen Kräusellocken waren nicht mit Haarspray fixiert worden und fielen ihr ständig ins Gesicht.

Sie hatte es gestern Abend übertrieben. Aus ihrem kurzen Aggressionsabbau war ein mehrstündiges Intensivtraining geworden. Ihre Knöchel waren stark in Mitleidenschaft gezogen worden. Sie waren wundgeschlagen und in den hässlichsten Blau- und Lilatönen angelaufen. Elisabet hatte dieses Problem nicht. Sie zog Meditation und autogenes Training vor. Vielleicht schaffte sie es deshalb, heute wieder genauso frisch und motiviert auszusehen wie die Tage davor.

„Unser Opfer starb nicht an einer Überdosis K.-o.-Tropfen, sondern an einer Überdosis Ramipril. Der Menge nach muss Ina Stöbl eine ganze Schachtel von dem Blutdruckmedikament geschluckt haben. Vielleicht war es also doch Suizid. Der Todeszeitpunkt liegt etwa bei zwölf Uhr mittags", meinte Elisabet.

„Na schön. Trotzdem hatte Ina Stöbl einen Stalker, der um die Zeit aus der Konditorei gelaufen ist. Mooser ist doch durchaus in dem Alter, in dem man solche Tabletten verordnet bekommen könnte, oder?" Abby richtete die eingerahmte Zeichnung ihrer Familie wieder akkurat an den Tischrand.

„Es gab ja auch keinen Abschiedsbrief und laut Rechtsmedizin keine anderen Verletzungen, die für einen früheren Suizidversuch sprechen könnten. Aber wir sollten vorher trotzdem noch mal mit den Eltern reden", sagte Elisabet.

Das war ein gutes Stichwort, denn die waren gestern zwar betroffen vom Tod ihrer Tochter gewesen, trotzdem hatten sie irgendwie merkwürdig reagiert.

„Was machen denn Alec und Lukas gerade? Die könnten uns die Befragung Moosers mit dem Anwalt abnehmen. Dann ist der nicht mehr so abgelenkt", schlug Elisabet vor.

„Ich rufe Alec an und frage ihn", sagte Abby.

Gleichzeitig fühlte sie sich komisch, ihn jetzt anzurufen und mit ihm über Berufliches zu reden. Ihr Korb gestern Abend hatte ihn bestimmt verletzt. Andererseits wusste Alec ganz genau, dass dieser Job manchmal direkt mit ungeplanten Überstunden verbunden sein konnte. Alec und Lukas arbeiteten beide in der Abteilung für organisiertes Verbrechen. Sexualdelikte waren dort inbegriffen, obwohl sie schon seit Jahren dafür kämpften, dass diese Kategorie endlich eine eigene Abteilung bekam. Mit dem Thema Stalking kannten sich Alec und Lukas demnach besser aus.

„Fakt ist doch, dass der Laden zugesperrt war, als die Leiche gefunden wurde. Sie kann den Laden nicht selbst abgesperrt haben, weil wir bei ihr keinen Schlüssel gefunden haben. Wenn du mich fragst, hat Mooser sie eingesperrt, nachdem er sie vergiftet hat, und ist dann weggelaufen", sagte Abby und beugte sich über ihren Tisch, um die Bilder erneut geradezurücken. Verstohlen hielt sie sich die Hand vor den Mund und gähnte. Noch heute veränderte die Müdigkeit etwas an ihrer Person. Offenbar beschwor sie dieses Verlangen nach Ordnung und Sicherheit herauf. Auch, wenn ihre Zeit beim brasilianischen Militär lange vorbei war, sehnte sie sich oft nach der Struktur, die ihr die Armee gegeben hatte.

„Oder wer anders hat in der Zwischenzeit aufgesperrt. Aber machen wir es nicht so kompliziert. Fakt ist nämlich auch, dass Mooser keinen Schlüssel bei sich hatte. Vielleicht hat er sie aus abgewiesener Liebe ermordet? Anzeichen von sexueller Misshandlung gibt es nicht. Frau Stöbl wurde nach ihrem Tod offenbar auch nicht bewegt."

„Mooser geht es doch nicht um Liebe. Wahrscheinlich hat er sich einfach auf sie eingeschossen, weil sie noch so jung war. Und hübsch war sie ja auch." Abby stand auf. Sie steckte ihren Dienstausweis in die Taschen ihrer schwarzen, abgewetzten Jeans. „Komm, wir fahren jetzt zu den Eltern."

Ina Stöbl hatte bis zu ihrem Tod in ihrem Elternhaus gelebt. Es gab einen kleinen Garten vor dem Haus, durch den ein gepflasterter Weg zur Haustür führte. Die Familie wohnte in einem dieser typisch altbayerischen Holzhütten mit Balkon und üppigem Blumenschmuck. In der gesamten Nachbarschaft standen nur solche kleinen Häuschen, die meisten waren jedoch mit einem Kreuz über der Tür versehen.

Abby klopfte vorsichtig an. „Frau Stöbl, guten Morgen. Wir haben noch ein paar Fragen bezüglich Ihrer Tochter", sagte sie zur Begrüßung.

Die Frau nickte und ließ sie herein. Ihr Mann saß wieder – oder noch immer – auf der Eckbank im Wohnzimmer mit angeschlossener Küche, auf der er gestern bereits gesessen hatte. Unter seinen Augen zeichneten sich tiefe Ringe ab. Frau Stöbl hingegen schien es erstaunlich gut zu gehen. Sie schob ihrem Mann eine Tasse mit Brühe über den Tisch, setzte sich neben ihn und griff nach seiner Hand, an der ein Ring mit einem merkwürdigen Symbol steckte.

„Halten Sie es für möglich, dass sich Ihre Tochter mit Medikamenten umgebracht hat? War sie suizidgefährdet?", fragte Abby.

Ihre Kollegin sah sie durch ihre grünen Augen, die sie stets an Kaa aus dem *Dschungelbuch* erinnerten, strafend an.

„Nein", antwortete Frau Stöbl erstaunlich schnell, ohne auf Abbys unsensible Formulierung einzugehen. „In Gottes Augen ist das eine Sünde", fügte sie hinzu und blickte wieder zu ihrem Mann, der nur kurz aufsah. Offenbar bemerkte er die Verwirrung in Abbys Gesicht.

„Wir sind Jünger Gottes", meinte er schwach.

Abby hatte von dieser Sekte gehört. Sie musterte die Stöbls einmal von oben bis unten. Wie hatte ihr das nur entgehen können? Sie konnte nicht genau beschreiben, was es war, doch Frau Stöbl hatte diesen gewissen Ausdruck im Gesicht. Etwas Geistliches. Etwas, das sie bisher nicht einzuordnen gewusst hatte. Ihre langen, grauen Haare hatte sie ordentlich nach hinten gebunden, ihre Kleidung vermittelte etwas Bäuerliches. Deshalb hatte die Art, auf den Tod ihrer Tochter zu reagieren, gestern so befremdlich auf sie gewirkt. Wer konnte schon besser mit dem Tod eines geliebten Menschen umgehen als jemand, der glaubte, dass der Tod nicht das Ende, sondern ein besseres Leben versprach?

„Also hatte Ihre Tochter auch keinen Zugang zu solchen Medikamenten?", hakte Elisabet nach.

„Nein. Und bevor Sie Ihre Frage von gestern noch einmal stellen: Ina hatte keine Feinde. Wir sind Konflikten stets aus dem Weg gegangen", fügte Frau Stöbl hinzu.

Ina Stöbls Glauben lieferte ihnen ein perfektes Motiv für einen Mord. Bei den strengen Regeln, die in dieser Sekte herrschten, konnte sich

Abby beim besten Willen nicht vorstellen, dass Frau Stöbl keine Feinde gehabt hatte. „Dürfen wir das Zimmer Ihrer Tochter sehen?", fragte die Kommissarin.

„Sicher", meinte Frau Stöbl und stieg mit ihnen die Treppen zum Obergeschoss hoch, um ihnen den Raum zu zeigen. Danach zog sie sich diskret zurück.

In dem Zimmer gab es nicht sehr viel zu sehen. Ein ausgeschalteter Laptop und das Handy des Opfers schienen auf den ersten Blick noch das Interessanteste zu sein. Neben dem Bett stand ein breites Bücherregal, das aber hauptsächlich mit Lektüren über ihren Glauben gefüllt war. Auf dem Schreibtisch fanden sich einige Broschüren für ihre Religion sowie ein paar Ordner mit Hygienevorschriften und anderen Richtlinien, die Ina Stöbl offenbar für ihre kürzlich abgeschlossene Ausbildung zur Konditorin gebraucht hatte.

„Hilf mir mal schnell, die Matratze anzuheben, ja?" Elisabet ging zum Bett hinüber und sah Abby auffordernd an.

Gemeinsam hievten sie die Matratze hoch, unter der tatsächlich einige Bücher zum Vorschein kamen, die Frau Stöbl offenbar vor ihren Eltern versteckt hatte.

„Das sind alles Liebesromane. Ein paar von denen habe ich auch gelesen. Warum hat sie die unter ihrem Bett versteckt?", wunderte sich Elisabet.

„Ich frage Alec nachher. Der kann uns mit Sicherheit einiges über die Jünger Gottes erzählen", meinte Abby.

Er hatte ihr während ihrer Beziehung einmal erzählt, dass seine Mutter dort um ein Haar eingestiegen wäre, weil sie sich in einen Mann verliebt hatte, der diese Glaubensrichtung auslebte.

„Vielleicht hatte Frau Stöbl einen Freund", überlegte Elisabet.

Doch als sie diese Frage der Mutter stellte, bekam sie eine recht eindeutige Antwort. Ina Stöbl hatte keinen Freund und schon gar keine Bekanntschaften außerhalb der Glaubensgemeinschaft.

Als sie zurück im Präsidium waren, besprach sich Herr Mooser offenbar gerade mit seinem Anwalt. Doch Alec und Lukas waren beide nicht in ihrem Büro. Insgeheim hatte Abby darauf gehofft, sich vor der Befragung drücken zu können. Allein bei dem Gedanken an seine Blicke wurde sie wütend. Sie ließ sich nicht gerne zum Objekt machen. Doch das Schlimmste an dieser Situation war die Tatsache, dass sie nichts dagegen tun konnte. Sie konnte Mooser nicht die Leviten lesen. Sie musste höflich und förmlich bleiben. So tun, als würde ihr nicht auffallen, wie sie von ihm zu einem willenlosen Objekt herabgesetzt wurde.

„Guten Morgen, Herr Mooser", grüßte Abby höflich, als das Mandantengespräch beendet war. Sie nickte dem Anwalt kurz zu und setzte sich dann an ihren Schreibtisch.

„Ist Ihnen noch etwas eingefallen?", fragte Elisabet.

„Ich habe bereits alles gesagt", meinte Herr Mooser.

„Laut des Autopsieberichts sind nicht die K.-o.-Tropfen, sondern Ramipril Grund für Frau Stöbls tragischem Tod gewesen. Welchen Grund gibt es noch, meinen Mandanten hier festzuhalten?", mischte sich der Anwalt sogleich ein.

Abby schätzte ihn auf Mitte vierzig. Doch irgendetwas sagte ihr, dass dieser Mann noch nicht viel Berufserfahrung hatte. Er wirkte ungepflegt. Seine Haare standen ungekämmt ab, der Anzug schlackerte an seinem Körper und seine schiefen Schneidezähne waren auffällig gelb. Was die Richter wohl von seinem Erscheinungsbild hielten?

„Herr Mooser wurde von einer Zeugin identifiziert. Laut dieser ist er um kurz nach zwölf aus der Konditorei Holzner gegangen. Außerdem haben wir mehrere Aussagen, die belegen, dass er Frau Stöbl nachgestellt hat", erklärte Elisabet geduldig. Eigentlich stand das alles in der Akte. Aber der Anwalt wirkte nervöser als sein Mandant selbst. Bestimmt war das auch Elisabet nicht entgangen.

„Also haben Sie keine Beweise?", hakte der Anwalt nach.

„Nein. Aber Indizien. Indizien, die ausreichen, um ihren Mandanten fürs Erste hier festzunageln. Heute Mittag kommt der Bericht aus dem Labor, da erfahren wir dann, ob die Fingerabdrücke am Glas mit denen ihres Mandanten übereinstimmen. Außerdem haben wir einen Beschluss für die Durchsuchung seiner Wohnung. Also, Herr Mooser, für Sie ist das jetzt die letzte Chance, uns die Wahrheit zu sagen", meinte Abby.

„Meine Fingerabdrücke sind mit Sicherheit auf dem Saftglas. Ich habe es ja auch aufgefangen. Aber umgebracht habe ich sie nicht." Herr Mooser sah sie während des gesamten Gesprächs nicht an. Er starrte nur auf die Tischplatte.

„Warum haben Sie keinen Notarzt gerufen?"

„Ich weiß nicht. Ich war aufgewühlt."

„So aufgewühlt, dass Sie danach auch direkt die Tür abgeschlossen haben, damit keiner die Leiche findet?", hakte Abby weiter nach. Elisabet schickte ihr einen warnenden Blick.

„Ich weiß nicht, warum ich das gemacht habe." Mooser sah kurz zu Abby auf. Seine Augen blieben an ihrem Oberkörper hängen. Er schluckte und zwang sich, wieder zurück auf den Tisch zu starren.

„Also geben Sie es zu?", fragte Abby weiter.

„Sie sollten nicht darauf antworten", sprang Moosers Anwalt ein.

„Zu spät. Gestern Abend haben Sie noch nicht zugegeben, auch abgesperrt zu haben. Gibt es sonst noch etwas, das wir wissen müssten?", fragte Elisabet.

„Ich habe den Schlüssel aus Inas Handtasche genommen und unterwegs weggeworfen. Aber ich weiß nicht wohin."

Abby nickte langsam und sah auf ihre Armbanduhr. In einer halben Stunde würde der Staatsanwalt vor Moosers Wohnung stehen. Da sollten sie nach Möglichkeit vor Ort sein.

Die Autofahrt zog sich. Rosenheims Straßen waren verstopft mit Touristen. Abby spürte, wie ihre Aggressionsschwelle von Minute zu Minute stieg. Sie hätte keinen Umweg fahren dürfen, um die Hauptstraßen zu umgehen. Ihre schweißnassen Hände klammerten sich vor lauter Wut am Lenkrad fest. Am liebsten hätte sie dagegen geschlagen. Sie ließ den Staatsanwalt nicht gerne warten. Hinter ihr begannen die ersten Autofahrer mit ihrem Hupkonzert. Gerne wäre sie ausgestiegen, hätte die Fahrertür einer dieser Proleten aufgerissen und ihn an seinem Kragen hinausgezerrt. „Du bist Polizeibeamtin. Du hast eine Vorbildfunktion. Du musst Ruhe bewahren", sagte ihr Unterbewusstsein.

„Diese Schlaftabletten da vorne sollen besser aufpassen, dass ich sie nicht wegen Behinderung des Straßenverkehrs in Handschellen aus ihrer schäbigen Seifenkiste zerre!", fluchte sie zurück und klammerte sich noch fester an ihr Lenkrad, um nicht doch irgendetwas zu zerschlagen.

„Was sagst du? Ich verstehe kein Portugiesisch, sprich doch bitte Deutsch mit mir", sagte Elisabet neben ihr.

Abby war gar nicht aufgefallen, dass sie in ihre Muttersprache zurückgefallen war. Aber es war bestimmt gut, dass Elisabet das jetzt nicht verstanden hatte. Sie selbst blieb ruhig und starrte nur etwas gelangweilt zum Fenster hinaus.

„Ich hasse diese Stadt!", sagte Abby diesmal in deutscher Sprache.

Der Staatsanwalt war ganz offensichtlich so schlau gewesen und hatte die Hauptstraße gewählt. Er war lange vor ihr da. Ihre Blicke trafen sich kurz zur Begrüßung. Er hatte dunkles Haar und tiefe, fast schwarze Augen. Sein ganzer Gesichtsausdruck wirkte verbissen. Seine Haltung verriet, dass er fast schon panische Angst davor hatte, eine falsche Bewegung zu machen. Er knöpfte sein Jackett zu, obwohl es fast schon glühend heiß war.

„Da hat wohl wer Angst vor Schweißflecken", meinte Elisabet schmunzelnd und musterte ihn.

„Guten Morgen, Herr Staatsanwalt", begrüßte Abby ihn.

„Frau Perez." Er nickte kurz.

Mooser lebte in einem Mietshaus unter strengster Beobachtung einer älteren Dame, die wie eine Spionin auf den Hof starrte. Mit einer Tasse Tee in der einen und einer dicken Katze in der anderen Hand. Seine Wohnung befand sich in einem von Rosenheims Billigvierteln. Vermutlich war dies eines der wenigen Häuser mit halbwegs bezahlbarer Miete. Das Viertel bestand aus drei Gebäuden, die an ihren Ecken jeweils aneinandergrenzten.

„Ich könnte hier nicht wohnen", sagte Abby zu Elisabet. „Nicht mehr", fügte sie in Gedanken hinzu. In Brasilien hatte sie in einem kleinen Bauernhaus in einem Elendsviertel kurz hinter Sao Paulo gewohnt. Sie hatte früh gelernt, sich durchzusetzen, und bedauerte diese Umstände nicht. Es gab keine bessere Vorbereitung für das Militär, als in einer harten Gegend aufzuwachsen.

Sie betraten Moosers Wohnung, die relativ aufgeräumt war, jedoch lag auf den Regalen ziemlich viel Staub. Abby steuerte direkt das Bad an, weil sie hoffte, das Ramipril zu finden, an dem Ina Stöbl gestorben war. Aber es fanden sich keine Blutdrucktabletten. Dafür einige starke Schlafmittel.

Wenn Mooser das Opfer also tatsächlich selbst vergiftet hätte, warum sollte er sich dann dafür extra Ramipril beschaffen?

„Abby! Kommst du mal?", rief Elisabet von hinten.

„Was ist denn?", wollte Abby wissen, als sie ins Schlafzimmer kam. Sie merkte jedoch schnell, dass diese Frage ziemlich überflüssig war. „Was für ein perverses Schwein!", entfuhr es ihr. Über Moosers Bett hingen mehrere Bilder von Frau Stöbl, die sie so mit Sicherheit nicht von sich hatte machen lassen.

„Er hat sie heimlich fotografiert und die Bilder nachbearbeitet. Das ist so was von abartig", meinte Elisabet, während sie die Nacktfotos von den Wänden pflückte.

„Zu schade, dass wir keinen Beschluss für Moosers Laptop bekommen haben."

„Hast du das Ramipril?", erkundigte sich Elisabet.

Abby schüttelte den Kopf. „Ich glaube nicht an Suizid, Lissy."

„Ich auch nicht. Wir sollten erst einmal mehr über Frau Stöbl und über ihren Glauben herausfinden."

„Es ist aber sicher, dass Frau Stöbl die Tabletten nicht verschrieben bekommen hat, oder?", hakte Abby sicherheitshalber nach.

Elisabeth nickte.

„Hier ist nichts, bis auf die perversen Bilder. Lass uns in der Küche noch einmal nach der Quittung für das Ramipril suchen", meinte Abby und ging voraus.

Aber in dem Mülleimer der Küche fanden sich nur leere Verpackungen von geliefertem Essen oder Fertigprodukten. In den Regalen war ebenfalls nichts Interessantes – bis auf alle drei Bände von *Fifty Shades of Grey* und einer gewaltigen Pornosammlung.

„Ein Mann zum Verlieben", meinte Elisabet.

„Okay. Ich fürchte, wir haben uns geirrt, was das Ramipril angeht", sagte Abby nach einer Weile.

„Wenn er sich das Medikament extra für den Mord beschafft hat, dann hat er die Quittung vermutlich irgendwo unterwegs entsorgt und gleich alle Medikamente für die Tat benutzt."

„Ich denke nicht, dass es dem Mooser um irgendeine Form der Liebe geht. Ich denke, der war einfach nur scharf auf ihren Körper, also glaube ich, dass das eine Kurzschlussreaktion war. Aber dann hätte er wiederum die K.-o.-Tropfen benutzt."

„Stalkern geht es meistens um Liebe, nicht um irgendeinen Körper. Davon gibt es ja wohl mehrere!" Elisabet funkelte sie fast schon sauer an.

„Okay. Du glaubst an einen vorsätzlichen Giftmord mit zurückgewiesener Liebe als Motiv. Ich glaube an einen Mann, der sich nicht mehr unter Kontrolle hatte, ihr deshalb das Ramipril untergemischt hat, und gestört wurde, als er sich gerade an ihr vergehen wollte", meinte Abby, um zu schlichten.

„Du widersprichst dir gerade selbst. Warum hat er dann nicht die K.-o.-Tropfen benutzt? Und warum hat er sie nicht schon früher außer

Gefecht gesetzt, wenn ich deine Theorie jetzt mal ein bisschen zerlegen darf." Elisabet fuhr sich durch ihre roten Locken, die bis zu ihren Hüften gingen.

„Hast du gesehen, wie der geschwitzt hat, als der uns angeschaut hat? Wie angespannt sein Gesicht war? Der Mann hat sich nicht oder kaum unter Kontrolle. Oder hat dich Lukas schon mal so angeschaut?"

„Warum musst du ausgerechnet Lukas mit einem perversen Arschloch vergleichen?"

„Ist ja gut, entschuldige."

Elisabet kniff ihre Augen zusammen und sah sie böse an.

„Also, ich denke, Mooser ist da eine Ausnahme", sagte Abby schließlich. „Oder ich hoffe es", fügte sie in Gedanken hinzu und schob das Bild von Alec, der schwitzend vor dem Bild einer nackten Frau saß, ganz schnell wieder zur Seite. Ihr Handy vibrierte. Alec hatte geschrieben.

Bin gerade auf der Baustelle beim Kaffeetrinken. Kommst du?

Sicher.

„Lass uns fahren", meinte Abby zu Elisabet, als sie ihr Handy weggesteckt hatte.

Abby sah ihn nicht sofort. Ihre alte Kellerkneipe wirkte irgendwie anders. Überall standen Farbeimer herum, Möbel gab es so gut wie gar keine. Nur in der hintersten Ecke stand eine Couch, von der sie sich einfach nicht trennen konnte. Alec saß darauf – mit einer Tasse Kaffee in der einen und einer Leberkässemmel in der anderen Hand. Eine zweite Tasse stand vor ihm auf dem Boden. „Schau mal, wofür ich gekämpft habe!" Stolz zeigte Alec auf das alte Möbelstück.

Abby sah sich um. „Heute keine kostenlose Paartherapie?", raunte sie ihm zu.

Er schüttelte den Kopf und überreichte ihr die Kaffeetasse vom Boden. „Nein. Es ist nur Louis da. Linda ist in ihrer Praxis", meinte er genauso leise.

Louis war ein befreundeter Forensiker aus dem Labor, den sie schon seit Ewigkeiten kannten. Vor Kurzem hatte er die Bar mit seiner Lebensgefährtin Linda von dem Eigentümer gekauft und wollte sie nun grundlegend renovieren. Die Stadt Rosenheim war froh darum gewesen. Nachdem der Vorbesitzer wegen Steuerhinterziehung und einer Schlägerei in seiner Kneipe vor Gericht gekommen war, hatte Abby eigentlich gehofft, ein anderer würde die Kneipe genauso weiterführen. Selbstverständlich ohne Steuerhinterziehung und Kneipenschlägerei, aber das altmodische, typisch bayrische Flair hatte ihr gefallen.

„Es tut mir leid wegen gestern."

Alec nickte nur. „Schon okay. Ich weiß doch, wie das läuft." Er breitete die Arme aus.

Sie lehnte sich gegen ihn und schloss kurz die Augen. Die Angst, dass sie ihre Beziehung auch beim zweiten Mal wieder gegen die Wand fahren würden, fiel für einen kurzen Moment von ihr ab. Alec und sie waren zwar geschieden, doch das alles wirkte plötzlich ganz weit weg. Sie würden zusammen neu anfangen.

„Abby!" Als hätte Louis ihre Gedanken noch durch die Wand lesen können, trat er zu ihnen an die Couch.

Er hatte, trotz seines jungen Alters, immer etwas von einem alten, verrückten Wissenschaftler an sich mit seinen zerzausten, hellblonden Haaren. Sie nickte ihm zur Begrüßung kurz zu und sah wieder zu Alec. Der schlang seine kräftigen Arme um ihren Körper und zog sie an sich. Seine Hände umfassten ihre.

„Alec hat mich dir zuliebe überzeugt, dieses alte, hässliche Ding hier vorerst stehen zu lassen. Ich wusste gar nicht, dass du sentimental bist?"

Abby zuckte mit den Schultern. „Ich mochte dieses altmodische Flair mit der Rockmusik und dem riesigen Whiskyregal." Louis seufzte und ging zurück in die Küche.

„Wie war dein Tag?", erkundige Alec sich schließlich. Seine Blicke wanderten zu ihren aufgeplatzten Knöcheln. Er sagte nichts, sondern fuhr nur sanft mit seinem Daumen darüber. Der Mann hatte wunderschöne Hände. Kräftige und mit Fingern, denen man bereits das handwerkliche Geschick ansehen konnte. Äderchen drückten sich durch seine braun gebrannte Haut hervor.

„Anstrengend. Es wäre besser, du würdest die Akte lesen. Wir wollen euch heute sowieso dazu holen. Es steht die Möglichkeit im Raum, dass es sich um ein Tötungsdelikt handelt."

Sie konnte ein leises Lachen vernehmen. „Du bist so kommunikationsfreudig wie früher. Daran hat sich nie was geändert."

Louis stieß wieder zu ihnen, er hatte sich ebenfalls eine Tasse Kaffee geholt und setzte sich neben Abby.

„Ich glaube, der Täter hat sich Ramipril besorgt und sein Opfer damit vergiftet, weil er seine Hormone nicht im Griff hat", meinte sie.

„Ich will mich ja nicht einmischen, aber Ramipril bekommt man nicht mal eben schnell in einer Apotheke. Das ist ein verschreibungspflichtiges Medikament", sagte Louis und trank einen Schluck aus seiner Tasse.

„Wir haben bei der Hausdurchsuchung kein Rezept gefunden. Dabei hatte er auch keines. Heißt das, er war gar nicht der Täter?"

„Wäre möglich. Gibt es denn einen anderen Verdächtigen? Oder zumindest einen Verdacht, warum die Frau sterben musste? Ich meine, von irgendwelchen Hormonen mal abgesehen?", fragte Alec.

Sie richtete sich auf. Alec hatte markante Gesichtszüge, seine warmen, braunen Hundeaugen sorgten schon fast für eine Erholung in seinem strengen Gesicht. Einzig und allein seine Nase war nicht mehr ganz so gerade wie vor einigen Jahren.

„Die Dame war bei den Jüngern Gottes. Kannst du mir etwas über diese Glaubensgemeinschaft erzählen?" Abby sah ihn an, bis er ihren intensiven Blick erwiderte. Alec und sie waren noch nicht lange wieder zusammen. Doch sie kannten einander so gut, dass sie genau spürten, wenn der andere im Begriff war, ein schwieriges Thema anzusprechen. Sie wusste, dass Alec einmal sehr unter den Launen seiner Mutter gelitten hatte. Sie hatte sich immer sehr schnell und heftig verliebt und war jedes Mal bereit gewesen, ihr Leben für ihren neuen Mann umzukrempeln. Wäre Alecs Mutter nur ein bisschen heftiger in diesen einen Mann verliebt gewesen, dann wäre sie womöglich tatsächlich mit Alec in diese Sekte eingetreten.

Alecs Blick wurde innerhalb von Sekunden hart. „Das ist eine Sekte. Und eigentlich bin ich absolut dafür, dass jeder seinen Glauben lebt, wie er es für richtig hält. Aber ich kenne einen Fall, in dem ein Kind bei einem Unfall schwer verletzt wurde und die Mutter die Notoperation verweigert hat. Der Junge ist daraufhin gestorben." Er trank einen Schluck seines Kaffees.

„Du kennst doch die Regeln da ganz gut. Was dürfen die denn so alles und was nicht?"

Alec seufzte, sah sie lange an und nickte schließlich. „Kein Fremdblut, kein Spenderorgan, keine Medikamente und jegliche Eingriffe wie beispielsweise Blinddarm-OPs sind auch tabu. Kein Alkohol, keine Drogen. Kein Sex oder Zusammenleben vor der Ehe", erzählte er und sah sie an, als könne er diese Liste noch ewig weiterführen. „Merk dir einfach, dass alles verboten ist, was Spaß macht und in unserer Gesellschaft normal ist."

„Dann kann es also gut sein, dass sie gegen eine der Regeln verstoßen hat und deshalb ermordet wurde, oder? So streng gläubig, wie die Stöbls sind, wird sie sich kaum mit den Tabletten umgebracht haben. Aus dem Teen-Trotzalter ist sie ja wohl raus."

„Also, ich weiß nicht, ob dir das noch hilft, aber die Fingerabdrücke auf dem Glas stimmen mit denen von Herrn Mooser überein. Ich schicke euch den Bericht, sobald ich wieder im Labor bin", meinte Louis. In seiner Manteltasche bewegte sich etwas. Zwei lange, behaarte Beinchen krochen langsam aus dem dunklen Versteck hervor. Nach einiger Zeit krabbelte Esmeralda, Louis Vogelspinne, ganz aus der Manteltasche hervor und pausierte schließlich auf seinem Oberschenkel.

3. Donnerstagnachmittag

Der Bericht über die Fingerabdrücke am Saftglas war bereits da, als Abby wieder im Büro ankam. Sie erwischte sich mehrmals dabei, wie sie auf die Uhr sah und die Stunden bis zum Dienstschluss zählte. Abby hatte keinen Nerv mehr für Mooser und dessen Anwalt übrig. Zu gerne hätte sie dessen Befragung auf Alec und Lukas abgewälzt, doch das ging nicht. Nicht heute. Die beiden Chaoten hatten die dringende Anweisung ihres Chefs bekommen, all die Berichte endlich abzuheften und alphabetisch zu sortieren. In den letzten Wochen hatte sich einiges an Papierkram angesammelt, welcher jetzt ungeordnet durch ihr Büro flatterte.

„Herr Mooser. Nehmen Sie die Blutdrucktabletten Ramipril?" Abby schob ihm ein ausgedrucktes Bild der Schachtel des Medikaments hin.

Er schüttelte den Kopf, ohne sie dabei anzusehen. „Haben Sie meine Wohnung durchsucht?" Seine verschwitzten Hände klammerten sich an der Ecke ihres Schreibtisches fest.

Abby nickte und gab ihm demonstrativ eines der offensichtlich nachbearbeiteten Bilder, welche sie in seiner Wohnung gefunden hatten.

„War Frau Stöbl damit einverstanden, dass Sie diese Bilder von ihr gemacht haben?"

„Darauf sollten sie keine Antwort geben", sagte Moosers Anwalt.

„Haben Sie die Bilder nachbearbeitet? Wusste sie davon?"

„Sie sollten besser schweigen", sagte er.

„Haben Sie die Bilder auf irgendwelchen sozialen Netzwerken hochgeladen?", wollte Elisabet wissen und rührte in ihrem Kräutertee herum, der roch, als hätte sie ihren Biomüll püriert und mit Wasser aufgebrüht.

„Nein. Die habe nur ich gesehen. Und jetzt eben Sie."

Bilder im Internet waren oft Grund genug für einen Suizid. Aber dann hätte sie das kaum mit Medikamenten getan, welche bei den Jüngern Gottes so verpönt waren.

Oder hatte sie es gerade deshalb getan, um ein Zeichen gegen ihren Glauben zu setzen? Dann hätten sie doch einen Abschiedsbrief gefunden. Was, wenn den jemand versteckt hatte? Immerhin war Suizid bei den Jüngern Gottes ebenfalls tabu.

„Also gut. Dann kommen wir zur Tat zurück. Sie haben Ina Stöbl alleine in der Konditorei gesehen. Was ist dann passiert?", fragte Abby.

„Das habe ich doch alles schon erzählt. Ich habe sie auf dem Boden liegen sehen. Ich war geschockt, weil ich noch nie eine Leiche gesehen habe, deshalb bin ich weggerannt."

„Und weil Sie so geschockt waren, haben Sie auch direkt noch die Tür hinter sich abgeschlossen, ja? Haben Sie denn überprüft, ob Frau Stöbl noch lebt? Haben Sie ihren Puls gefühlt oder versucht, sie wiederzubeleben?", fragte Abby.

„Auch dazu sollten Sie nichts sagen", sagte der Anwalt.

Also hatte Mooser vermutlich nichts unternommen, die Frau zu retten. Der Todeszeitpunkt konnte nicht auf die Minute festgelegt werden, deshalb war es gut möglich, dass Frau Stöbl zu dem Zeitpunkt, als Mooser bei ihr war, noch gelebt hatte. Möglicherweise war sie sogar noch bei Bewusstsein gewesen.

„Sie sagten, Sie hätten sie verfolgt, aber nicht angefasst. Was verstehen Sie denn darunter?", wollte Elisabet wissen.

„Ich war öfter vor ihrem Haus, habe ihr Textnachrichten per Handy gesendet, war an ihrer Arbeitsstelle …", zählte Herr Mooser auf, noch bevor dessen Anwalt einspringen konnte.

„Woher haben Sie Frau Stöbls Nummer?" Abby lehnte sich interessiert vor.

„Ich habe in ihrem Handy nachgesehen, als ihre Handtasche auf dem Tresen stand."

Abby sah zu Elisabet. Wenn Herr Mooser seinem Stalkingopfer Nachrichten geschrieben hatte, konnte es doch gut sein, dass die Eltern der jungen Frau das mitbekommen haben. Das wiederum könnte bedeuten, dass diese gedacht hatten, ihre Tochter hätte eine geheime Liebesbeziehung zu dem Mann. War das nicht ein Regelverstoß? Dann sollten sie noch einmal mit den Stöbls sprechen.

„Wenn die Eltern der jungen Frau diese Nachrichten gelesen haben, wäre das definitiv ein Mordmotiv für sie. Er hat ihr nämlich auch Bilder von sich geschickt. Und ich glaube nicht, dass du die sehen willst", sagte Elisabet und reichte Abby das Handy der Verstorbenen, kaum dass sie am Straßenrand vor dem Haus der Stöbls geparkt hatte. Abby drehte demonstrativ den Kopf weg. „Oh, Mann. Ich will sie wirklich nicht sehen. Niemand will das. Wir sollten die Geräte unseren Nerds vorbeifahren, wenn wir hier durch sind", meinte sie und stieg aus.

Stumm gingen sie zum Haus und klingelten.

„Frau Stöbl? Wir haben noch ein paar Fragen. Dürfen wir hereinkommen?" Abby hielt das Handy der Toten in die Luft. Die Tür wurde weiter aufgeschoben und beide traten ein.

Herr Stöbl saß noch immer auf der Bank, diesmal mit einer Tasse Tee in der Hand. So wie diese Mischung roch, hatte Elisabet ihm etwas von ihrem pürierten Kompost abgegeben.

Abby beschloss kurzfristig, ihre Taktik zu ändern. Sie würde die Stöbls da packen, wo es am meisten schmerzte. Bei ihrer Glaubenssekte. Unter Provokation hatte schon so mancher Verdächtiger schnell ausgepackt. „Machen wir es kurz. Sie sagten, Ihre Tochter hatte keinen Freund. Das sieht hier ein bisschen anders aus", meinte Abby und zeigte der älteren Dame das Bild, welches Mooser gemacht hatte. Elisabet stieß sie daraufhin so fest an, dass Abby um ein Haar umgefallen wäre.

Die alte Frau Stöbl wurde schlagartig grün im Gesicht, als sie die Bilder erblickte. Offenbar hatte es ihr gehörig die Sprache verschlagen.

Elisabet sog scharf die Luft ein und tötete Abby mit ihren Blicken.

„Wussten Sie von der Affäre?", hakte diese weiter nach.

Die Rentnerin setzte sich neben ihren Mann auf die Bank und klammerte sich an seinem Arm fest. „Das hat sie nicht getan!"

Abby bemerkte Elisabets Gesichtsausdruck. Sie wusste, sie hatte die Stöbls umsonst überfallen. Sie würde ihr dazwischenfunken. Und vielleicht hatte sie damit wirklich recht. Es war eine unmögliche Idee von ihr gewesen, die Ehre der jungen Frau durch solch eine Behauptung durch den Dreck zu ziehen. Sämtliche Augenpaare richteten sich nun auf sie.

„Sie wurde von einem älteren Mann gestalkt. Wussten Sie davon gar nichts?", fragte Elisabet.

„Sie hat oft von ihm gesprochen. Hatte Angst vor ihm", antwortete Frau Stöbl. Ihren Blick hatte sie auf die leere Tischplatte vor sich gerichtet.

„Warum haben Sie vorhin davon nichts erwähnt?", wollte Abby wissen. So etwas blieb sicherlich im Gedächtnis.

„Weil wir gerade unsere Tochter verloren haben!"

Das war nicht die Antwort, die sie hatte hören wollen. Aber als Elisabet das Zeichen zum Aufbruch gab, musste Abby dennoch zustimmen. Das würde zu nichts mehr führen. Das hatte sie sich selbst zuzuschreiben. Selbst, wenn ihr Plan aufgegangen wäre, hätte sie Elisabet vorher einweihen müssen. So oder so war es geschmacklos von ihr gewesen. Sie mussten zwar die Wahrheit herausfinden, doch war es nicht mindestens genauso wichtig, den Respekt vor den Toten zu wahren? In ihrem Beruf war ihnen gar nichts heilig. Sie durchsuchten die privatesten Ecken und wussten am Ende alles über die Verstorbene. Und je länger man diesen Job machte, desto schwieriger wurde es, die wenigen Grenzen, die es noch gab, einzuhalten.

„Die haben gerade ihr Kind verloren und du ziehst die Ehre der Frau in den Dreck, nur um ein paar Antworten auf deine Fragen zu bekommen! Das ist so was von pervers!", schimpfte Elisabet, kaum dass sie draußen waren.

„Immerhin haben sie reagiert. Ich glaube ihnen nicht. Die Reaktion war irgendwie …" Abby verstummte. Sie war noch nie gut darin gewesen, die Reaktionen anderer Menschen zu deuten.

„Weih mich einfach zukünftig in deine Pläne ein, damit ich dir vorher sagen kann, wo ich mitspiele und wo nicht. Mensch, die Frau wurde gestalkt und hat üble Bilder bekommen. Und du drehst dir das, wie es dir passt! Versetz' dich doch mal in die Lage der Mutter!"

„Ich weiß, das war wirklich sehr respektlos, und ich weiß selbst nicht mehr, was ich mir davon versprochen habe. Aber lass uns mal zu dem Rest der Glaubensgemeinschaft fahren und dort meine Taktik anwenden. Wenn die uns das mit dem Stalking auch verheimlichen, dann haben sie daran geglaubt, dass Frau Stöbl eine Affäre mit Mooser hat!"

Abby stieg auf der Fahrerseite ein.

„Wenn es sein muss. Aber wir klären das auf, wenn sie es schlucken. Vielleicht zeigen sie ja auch eine Reaktion. Dann hätten wir eine Art indirektes Geständnis", meinte Elisabet.

„Und die Reaktion der Stöbls war kein indirektes Geständnis für dich?"

„Nein."

Die Glaubensgemeinschaft traf sich laut Internet jeden Montag und Donnerstag in einem speziellen Kongresssaal in Rosenheim, der von den Jüngern Gottes selbst erbaut worden war. Vor dem Gebäude stand eine riesige Statue mit dem Glaubenssymbol der Jünger Gottes.

Eine Taube schwebte von ihrem Sockel auf. Eine Frau mittleren Alters begrüßte sie herzlich und lud sie zu ihrem Gottesdienst mit ein. Die Stöbls waren ebenfalls dabei, saßen aber relativ weit vorne, sodass sie Abby und Elisabet nicht sehen konnten.

So einen Gottesdienst hatten sie sich irgendwie anders vorgestellt. Zuerst wurde gemeinsam gebetet, anschließend las ein älterer Mann, der offenbar schon recht lange dabei war, Stellen aus der Bibel vor und stellte anschließend immer wieder Fragen zum Inhalt. Fast wie in der Schule. Die Jünger Gottes mussten sich melden, er rief einen von ihnen auf und hörte sich die richtige Antwort an.

Jetzt konnte Abby verstehen, warum Alec so schlecht auf diese Glaubensgemeinschaft zu sprechen war. Irgendwie hatte dieser zweistündige Gebetskurs fast etwas von Gehirnwäsche. Abby sah zu der Dame, die sie freundlicherweise in den Gottesdienst gelassen hatte. Die gut gelaunte Stimmung war verschwunden. Mit gesenktem Kopf saß sie ehrfürchtig dreinblickend im Saal, war ganz in ihren Gedanken versunken.

Nach geschlagenen zwei Stunden war Abbys Kopf derart überfüllt, dass sie kurzfristig zu überlegen begann, warum sie überhaupt hier war.

„Entschuldigen Sie?", sprach Elisabet die freundliche Dame von vorhin nach dem Gottesdienst vor dem Gelände an.

„Ja? Haben Sie noch weitere Fragen?" Die Frau wirkte wieder genauso herzlich wie zu Beginn.

Abby zeigte ihr ihren Dienstausweis, aber auch das schien sie nicht im Geringsten aus der Ruhe zu bringen. „Wie Sie vielleicht schon erfahren haben, ist Ina Stöbl gestern verstorben. Können Sie sich vorstellen, dass sie sich selbst umgebracht hat?", hakte Abby nach.

„Nein. Wissen Sie, es gibt ein paar Regeln, an die man sich hier zu halten hat. Suizid würde Gott nicht gutheißen. Ina war immer sehr respektvoll, erschien stets zum Gottesdienst und hat unseren Glauben immer unterstützt." Die Frau drückte Abby eine Zeitschrift in die Hand.

„Dann wussten Sie also nicht, dass sie eine Affäre mit einem älteren Mann außerhalb der Glaubensgemeinschaft hatte?"

Der Dame gefror das Lächeln auf den Lippen. Ihre Augen weiteten sich. Aber genauso schnell, wie der Schock gekommen war, verflog er auch wieder.

„Das kann ich mir nicht vorstellen. Ich weiß nur, dass sie von einem älteren Mann verfolgt wurde, sich von ihm belästigt gefühlt hat. Ich kann mir als gute Freundin der Familie beim besten Willen nicht vorstellen, dass sie sich auf diesen Mann eingelassen hat. Er war öfter hier, hat sie komisch angeschaut."

„Haben Frau Stöbls Eltern auch von dem Stalking gewusst?", fragte Abby.

Die Dame nickte. „Ja. Haben Sie sonst noch Fragen?"

„Nein, schon gut. Gehen Sie ruhig", meinte Abby schließlich und sah der Frau nach, wie sie zu einer kleinen Gruppe anderer Jünger Gottes hinüberging.

„Die zwei Stunden haben uns also auch nichts gebracht. Wir hätten zumindest noch aufklären müssen, dass die arme Frau kein Verhältnis mit ihrem Stalker hatte." Elisabet warf ihre langen, roten Haare nach hinten.

„Was machen wir jetzt? Wir sind keinen Schritt weiter", sagte Abby.

„Ich weiß es nicht. Wir könnten die Protokolle der Zeugen durchgehen. Vielleicht finden wir etwas, das Mooser entlastet. Und wir sollten in seinem persönlichen Umfeld nachfragen, ob er irgendwie an das Ramipril kommen konnte."

„Erst mal brauche ich einen sehr, sehr starken Kaffee!", meinte Abby und rieb sich die Schläfen.

Laut Gemeindeamt war Herr Mooser seit etwa drei Jahren von seiner Ehefrau geschieden. Bisher waren beide nicht auffällig geworden, wenn man einmal von seinem Stalking absah.

Frau Drexl, die ihren Mädchennamen wieder angenommen hatte, lebte mit einem neuen Mann zusammen. Sie wohnte in einer kleinen Wohnung am Priener Stadtrand.

Das Miethaus befand sich neben einem kleinen Spezialitätenladen, der schon über Generationen hinweg von einer Bauernfamilie geführt wurde. Von ihrer Haustür aus brauchte Frau Drexl vermutlich keine zweihundert Meter zum Laden laufen.

„Ich habe kaum Zeit, im Laden gab es einen kleinen Zwischenfall", meinte sie, ließ Abby und Elisabet aber dennoch eintreten.

Frau Drexl hatte ihr schulterlanges Haar blond gefärbt und zu einem Pferdeschwanz zusammengebunden. Sie trug einen Hosenanzug mit weißer Bluse, der ihre drahtige Figur perfekt umspielte.

„Wir müssten mit Ihnen mal über Ihren Ex-Mann sprechen", fing Abby an und sah sich in der Wohnung um, welche ihr mehr steril als aufgeräumt vorkam.

„Hat er etwas angestellt?" Frau Drexl schulterte ihre Handtasche und angelte einen Autoschlüssel daraus hervor.

„Das ist noch nicht sicher. Trauen Sie ihm Stalking zu?", fragte Abby.

„Ach, was soll ich sagen. Ich traue ihm alles und nichts zugleich zu, wissen Sie? Ich meine, ich war immerhin mit ihm verheiratet." Frau Drexl schlüpfte in ihre hochhackigen Schuhe und sah Abby von unten an. „Warum fragen Sie?"

„Weil er möglicherweise in ein Tötungsdelikt verwickelt ist", meinte Elisabet und zeigte Frau Drexl ein Foto von Frau Stöbl.

„Das ist doch nicht Ihr Ernst! Er würde niemals einen Menschen töten!", rief Frau Drexl ein bisschen zu empört.

„Sexuelle Belästigung und Stalking trauen Sie ihm dann also auch nicht zu?", kombinierte Abby.

Doch die Frau sah sie nur stumm an. „Nein. Etwas Gegenteiliges kann ich auch kaum über einen Mann behaupten, den ich geheiratet habe. Vielleicht sind Sie ja noch zu jung, um so etwas zu verstehen." Vermutlich hatte sie recht. Wenn es um Alec gegangen wäre, hätte Abby auch kein schlechtes Wort über ihn verloren. Aber wahrscheinlich konnte man das auch gar nicht mehr vergleichen. Als ihr Ex-Mann zählte er schließlich schon seit ein paar Monaten nicht mehr. Wobei es eine ziemliche Frechheit war, diesen schmierigen Mooser mit Alec zu vergleichen.

„Kann ich jetzt los?", fragte Frau Drexl.

„Welches Geschäft betreiben Sie denn?", wollte Elisabet noch wissen.

„Die Mariannen-Apotheke in Prien. Vielleicht waren Sie schon einmal dort. Sie liegt direkt am Marktplatz."

Abby und Elisabet sahen sich an. „War Herr Mooser in der letzten Zeit mal dort?"

Frau Drexl seufzte und schien kurz überlegen zu müssen. Anschließend nickte sie langsam. „Ja. Vor einer Woche. Ich wollte ihn meinem neuen Freund vorstellen. Mir war es wichtig, dass er den neuen Mann an meiner Seite akzeptiert, immerhin waren wir gut zehn Jahre zusammen."

„Wo bewahren Sie die Schlüssel zu Ihrer Apotheke auf? Hätte er sie entwenden und anschließend zurücklegen können?", fragte Elisabet.

„Meine Schlüssel liegen immer in meiner Handtasche, damit ich direkt loskann. Aber ich hätte doch gemerkt, wenn plötzlich ein Schlüssel an meinem Bund gefehlt hätte!"

Mooser kannte die Gewohnheiten seiner Ex-Frau. Er wusste also, wann sie ins Bett ging, und hätte dann den Schlüssel klammheimlich wieder in die Tasche zurücklegen können.

„Hat Ihr Ex einen Ersatzschlüssel zu Ihrer Wohnung?", fragte Abby.

„Ja. Zum Blumengießen, falls ich mal nicht da bin. Außerdem ist unser Verhältnis ja durchaus gut."

„Könnte er also ein Medikament aus ihrem Lager in der Apotheke entfernt haben?", wollte Elisabet wissen.

„Nein! Erstens hätte ich das vermutlich mitbekommen. Zweitens kommt man nicht einfach so ins Lager. Dazu braucht man wieder einen Extraschlüssel. Zumal wir jeden Morgen kontrollieren, ob noch alles da ist." Frau Drexl hob wie zum Beweis ihren dicken Schlüsselbund in die Höhe. Einfach so würde sie mit Sicherheit nicht merken, ob und welcher Schlüssel da fehlte.

„Gibt es eigentlich einen Hintereingang zu Ihrer Apotheke?"

„Ja, schon, aber der ist auch wieder gesichert. Hören Sie, mein Ex-Mann war das nicht! Und ich müsste jetzt auch mal weiter!" Mit diesen Worten schob sie Abby und Elisabet auf den Gang, folgte ihnen und sperrte ihre Wohnungstür ab. „Wenn Sie unbedingt irgendwelche Verschwörungstheorien über Harri hören wollen, dann fragen Sie doch einfach mal bei der älteren Dame in seinem Haus nach. Also die, die den ganzen Tag mit einer Tasse Tee in der Hand aus dem geöffneten Fenster schaut und die Nachbarn ausspioniert. Frau Müller, glaube ich, heißt die." Frau Drexl nickte ihnen zum Abschied zu und stolzierte dann hocherhobenen Hauptes die Treppen hinunter.

„Die besagte Rentnerspionin habe ich schon bei der Hausdurchsuchung gesehen. Die saß mit ihrer Katze im Arm am Fenster und hat runtergeschaut. Die Frau hat alles im Blick. Sie kann uns bestimmt noch etwas erzählen", meinte Abby und stieß ihre Partnerin aufmunternd an.

„Na schön, aber dann fahren wir zur Apotheke und befragen die Mitarbeiter."

„Glaubst du, sie will ihren Ex decken?", fragte Abby.

„Wäre nicht das erste Mal, dass aus einem ehemals geschiedenen Pärchen wieder was wird. Also nach getrenntem Leben und Neuanfang klingt das für mich nicht." Elisabet zwinkerte ihr zu.

Die weiße Katze mit dem zotteligen Fell sprang aus dem Fenster im Erdgeschoss hinunter und rannte zielstrebig auf Elisabet zu.

„Wow. Ich wusste gar nicht, dass meine Klobürste laufen kann!" Abby stemmte die Hände in ihre Hüften.

„Du bist so fies! Das ist doch eine süße Katze!" Elisabet kraulte das dicke Tier unter dem Kinn.

„Frau Müller? Es geht um Ihren Nachbarn, Herrn Mooser. Seine Ex-Frau meinte, Sie wüssten hier recht gut über jeden Bescheid", sagte Abby und stützte sich am Fenster ab. Sie sah zu der Rentnerspionin hoch.

„Was? Nein. Ich hab ja auch was Besseres zu tun, als den ganzen Tag aus dem Fenster zu sehen."

Abby machte sich keine Mühe, ihr Grinsen zu verdrücken.

„Sicher. Vielleicht können Sie uns trotzdem etwas über Herrn Mooser erzählen?", meldete sich Elisabet zu Wort, die mit einem Stöckchen aus dem Gebüsch mit der Katze spielte.

„Wenig."

Abby nickte enttäuscht. Doch das berentete Bond-Girl beugte sich verschwörerisch vor, sah sich einmal nach allen Seiten um und winkte Abby näher zu sich ans Fenster. „Der kam immer so ganz spät nach Hause. Wenn's mich fragen, hat der wieder was mit seiner Ex-Frau, dieser Apothekerin."

Abby sah zu ihrer Partnerin, die noch immer mit der Klobürste spielte. „Okay. Und sonst? Haben Sie sonst noch eine Idee, was mit dem Mann nicht stimmen könnte?"

Das Bond-Girl schüttelte ihre gelbgraue Mähne und beugte sich tief über den Fensterrand nach vorne, um sie mit ihren blaugrünen Augen ins Visier zu nehmen. „Mit dem stimmt so einiges nicht. Der hat ja ständig Frauenbesuch."

Abby nickte, ohne ihren amüsierten Gesichtsausdruck zu verbergen. Der Damenbesuch, den die Spionin gehört hatte, war vermutlich immer bei ihm in der Wohnung. In Form seiner umfangreichen Pornosammlung. „Danke. Damit haben Sie uns jetzt richtig weitergeholfen!"

Die Spionin lächelte geschmeichelt. Von Ironie schien sie noch nie etwas gehört zu haben.

„Lissy, kommst du? Wir können auch unterwegs einen Rohrreiniger kaufen."

Ihre Partnerin warf ihr einen bösen Blick zu und ließ die Katze in

Ruhe. „Vielleicht solltest du den trinken, um ein paar Verstopfungen damit zu lösen!", meinte sie und deutete dabei an ihren Kopf.

Abby und Elisabet parkten vor dem kleinen Museum am Priener Marktplatz. Die Mariannen-Apotheke hatte kaum Stellplätze und war ihrer Erfahrung nach meist brechend voll. Abby sah sich um. Das Café, in dem Frau Stöbl gearbeitet hatte, und die Apotheke von Frau Drexl lagen beide am Priener Marktplatz.

Frau Drexl rauschte bereits wieder aus der Apotheke, als Abby und Elisabet dort ankamen. Umso besser, denn dann konnten sie ihren Angestellten nicht ins Wort fallen, wenn sie nach dem Verhältnis zwischen Frau Drexl und Herrn Mooser fragten.

„Eigentlich ist der Einbruch unmöglich. Tagsüber sind wir hier und lassen garantiert keinen ins Lager, egal wie gut wir ihn oder sie kennen. Und nachts ist ja hier auch noch so ein Gitter davor", erklärte eine junge Apothekerin, während sie sie in den kleinen Pausenraum lotste.

„Aber durch die Hintertür kommt man ja auch rein", argumentierte Abby.

„Schon. Aber die ist abgesperrt. Tagsüber steckt der Schlüssel von innen, das ist unser Fluchtweg. Auf dem Gang wohnen zudem zwei Mieterinnen. Die eine ist zwar schwerhörig, aber da wohnt auch noch so ein ganz junges Mädchen, die müsste das schon hören, wenn jemand einbricht." Die Apothekerin vergrub die Hände in den Taschen ihres Kittels.

„Na gut. Dann fragen wir die Dame mal. Aber wenn es jemand schaffen würde, hier einzubrechen, dann würden das doch mit Sicherheit irgendwelche Kameras aufzeichnen, oder?", wollte Elisabet wissen.

„Schon. Die Bilder sichtet die Chefin jeden Morgen einmal im Schnelldurchlauf. Und sie macht die Inventur, um abzugleichen, ob was weggekommen ist."

„Also wüsste nur Frau Drexl, wenn ein Medikament fehlt? Haben Sie das schon einmal nachgeprüft?", fragte Abby.

„Nein. Ich habe nie einen Grund dafür gesehen."

„Die Bänder der Überwachungskamera von letzter Woche bräuchten wir dann, bitte."

„Da gibt es ein Problem. Die Aufnahmen werden nur vierundzwanzig Stunden gespeichert."

Abby seufzte. Das waren ideale Voraussetzungen für Frau Drexl, ihren Ex zu decken. „Wie ist eigentlich das Verhältnis von Frau Drexl zu ihrem Ex?", wollte sie deshalb wissen.

Die Apothekerin runzelte die Stirn. „Darüber weiß ich gar nichts."

„Na gut. Dann fragen wir die Nachbarn. Trotzdem danke." Elisabet deutete mit dem Kopf zur Tür und schob Abby voraus – zwischen Rentnern und Kranken vorbei – in die warme Nachmittagssonne.

„Also ich weiß nicht. Frau Drexl hat mir einen recht vernünftigen Eindruck gemacht. Ich kann mir kaum vorstellen, dass sie die Bilder mutmaßlich löscht oder fehlende Medikamente extra nicht meldet, um ihren Ex zu decken", meinte Elisabet schließlich.

„Ich kann mir das schon vorstellen", sagte Abby nachdenklich. Hätte sie das für Alec nicht auch getan? Nein, sie hätte gar nicht erst daran gedacht, dass er damit etwas zu tun haben könnte. Aber könnte sie das? Gegen ihren eigenen Ex ermitteln? Vermutlich nicht.

„Na sieh mal einer an. Du glaubst also doch an so was wie Liebe?" Elisabets Augen funkelten interessiert. Abby sah ihr an, dass sie nur zu gerne weiter nachgehakt hätte.

„Darum geht es nicht. Sondern darum, dass Frau Drexl einen recht toughen Eindruck auf mich gemacht hat. Meiner Meinung nach wäre sie schon dazu fähig. Rational betrachtet wäre jeder zu so etwas fähig. Aber ich halte sie für zu vernünftig", sagte Abby schnell, bevor Elisabet nachhorchen konnte.

„Du musst es ja wissen. Das mit den Gefühlen für den Ex." Sie zwinkerte.

„Ich rede doch jetzt gar nicht über irgendwelche Gefühle. Ich sagte doch nur, dass ich mir das rein theoretisch bei jedem vorstellen kann. Auch bei Frau Drexl. Gerade weil sie so tough auf mich wirkte", erklärte Abby weiter.

Elisabet nickte überzeugt und lächelte wieder. Eigentlich fehlten nur noch die spitzen Ohren, dann könnte sie locker als Elf durchgehen, mit ihren zarten Gesichtszügen, der schmalen Figur und dem Lächeln auf ihren Lippen. Abby beschloss, besser nicht weiterzusprechen, bevor Elisabet noch mehr in ihre Worte interpretieren konnte.

Der Gang war mit Fliesen ausgelegt worden. Fliesen am Boden und an den Wänden, fast wie in einem Schwimmbad. Kein Wunder, dass die alte Dame schwerhörig geworden war. Jeder Schritt hallte auf dem Flur, Abby wollte sich gar nicht vorstellen, wie laut es war, wenn hier jemand zu streiten anfing.

Doch als sie bei der jüngeren Frau klingelten, die auf den klangvollen Namen Angelina hörte und so kaum mit ihrer Nachbarin Waltraut verwechselt werden konnte, war sie nicht daheim.

Zur Sicherheit klingelten sie noch bei dieser Waltraut, die jedoch ebenfalls nicht öffnete. Vermutlich hatte sie die Klingel nicht gehört.

4. Donnerstagabend

„Ich finde es zwar toll, dass du extra meinetwegen das Kochen anfangen willst, aber ... ich dachte, ich könnte zu 'ner Freundin."

Abby warf die Spaghetti wieder zurück in die Schublade und drehte sich zu Sina um. Ihr war das eigentlich ganz recht, zumal ihre Kochkünste einiges zu wünschen übrig ließen. Wem sein eigenes Essen auch nach so vielen Jahren Kocherfahrung noch nicht schmeckte, sollte es lieber ganz bleiben lassen. Vor allem, wenn man einen Dauergast hatte, der das ständig am eigenen Leib erfahren musste. Inzwischen wohnte Sina bereits seit drei Monaten bei ihr. Eigentlich hatte dies nur eine Übergangslösung sein sollen. Das Jugendamt hatte sie nur ungern in ihre Obhut gegeben. Bis eine Pflegefamilie für Sina gefunden war, durfte sie allerdings bei Abby wohnen.

Sie hatte Sina bei einem ihrer Fälle kennengelernt. Nachdem Sinas Vater bei einem Bundeswehreinsatz ums Leben gekommen war, hatte ihre Mutter eine schwere Alkoholabhängigkeit entwickelt. Sie war Sina gegenüber immer wieder handgreiflich geworden. Und auch wenn Abby Sinas Vater nie getroffen hatte, fühlte sie sich ihm gegenüber verpflichtet. Er war im Dienst für sein Land gefallen. Er hätte gewollt, dass sich jemand um seine Tochter kümmerte. Für Abby war es normal, dass sich die Kameraden um die Angehörigen Gefallener kümmerten. Das war in Brasilien so und dieser Kodex galt länderübergreifend für sie.

„Okay. Dann muss ich nicht kochen. Aber um elf bist du wieder hier, sonst bekomme ich dich morgen nicht aus dem Bett!"

Sina nickte begeistert, sodass ihr die schwarzen Haare ins Gesicht flogen, schnappte sich ihre zerrissene Jacke, die zwar viel zu groß war, aber einst ihrem verstorbenen Vater gehört hatte, und zog sie über ihr knielanges Kleid, auf dem ein riesiger Totenkopf abgedruckt war. Prüfend drehte Sina einmal an ihrem Lippenpiercing und stürmte dann aus der Tür.

Kaum, dass sie weg war, griff Abby nach ihrem Handy.

Hast du Lust, vorbeizukommen? Sina ist bei ihrer Freundin.

Sicher, mir ist heute auch nicht so nach Paartherapie. Ich bringe uns was zu essen mit.

Eine halbe Stunde später war Alec bereits vor ihrer Haustür und hielt eine Tüte mit zwei Boxen vom Chinesen in die Höhe.

„Na? Seid ihr vorangekommen, in eurem Jünger Gottes-Fall?", fragte er, als sie beide saßen.

„Nicht wirklich. Wie geht es deinen Akten?"

„Den Akten geht es fantastisch in ihrem Rudel", meinte er und lächelte sie über seine Ente hinweg an.

„Würdet ihr alles sofort abheften, hättet ihr das Problem jetzt gar nicht", sagte Abby schmunzelnd.

„Lukas hat vorgeschlagen, das Büro abzufackeln, aber ich denke, wir würden dann Ärger bekommen." Er zuckte mit den Schultern, als hätte er diese Idee gar nicht so schlecht gefunden.

Sie sahen sich an.

Alec grinste schelmisch. Seine Augen leuchteten und strahlten eine unglaubliche Wärme aus. Sie waren braun mit winzigen, grünen und gelben Sprenkeln darin.

5. Freitagmorgen

„Gibt's was Neues von den Zeugenberichten und Telefonprotokollen der Kollegen?", fragte Abby, als sie am nächsten Morgen im Büro erschien. Die Tür wurde aufgerissen und Elisabets Mann Lukas stürmte herein. Er hätte sie um ein Haar umgerannt.

„Lissy. Wir müssen sofort los! Josie ist im Kindergarten vom Klettergerüst gefallen, sie wird gerade ins Krankenhaus gebracht, weil ihr Arm wahrscheinlich gebrochen ist!"

Abby hatte ihren italienischen, sonst so supercoolen Kollegen mit der Tattooschwäche noch nie so blass gesehen. Kein Wunder, zu seinem Töchterchen Josie hatte er die denkbar engste Bindung, die so ein Löwenpapa nur haben konnte.

Elisabet traten die Tränen in die Augen, sie sprang auf, rannte zur Tür und wäre fast gegen Alec gelaufen, der schräg hinter Lukas stand. Lukas und Elisabet spurteten los. Ein bisschen überfordert blieb Abby im Raum stehen. Einer von Elisabets zahlreichen Berichten segelte von ihrem Schreibtisch auf den Boden. Gerade als sie zum Telefonhörer greifen und fragen wollte, welcher ihrer Kollegen gerade Zeit hatte, einzuspringen, vernahm sie eine vertraute Stimme an der Tür.

„Weihst du mich in euren Fall ein?", fragte Alec und schob seinen Kopf als Erster durch den Türrahmen, wobei er ein bisschen wie eine Giraffe aussah.

„Unterwegs. Eine potenzielle Zeugin war gestern nicht zu Hause, da sollten wir zuerst hin", meinte sie und dachte an die nicht anwesende Angelina von gestern.

Als Alec ihr die Tür zum Wohnungsflur an der Mariannen-Apotheke aufhielt, fiel ihr erst wieder ein, wie schön die Zeit mit ihm als beruflichem Partner doch gewesen war. Er war jemand, der sich schnell in Sachen einarbeitete, ohne lange nachzufragen. Der sich nicht lange an ihren Sarkasmus gewöhnen musste und der sie nicht nach persönlichen Empfindungen bei bestimmten Personen fragte.

„Ich wollte auch schon immer auf einem Bahnhofsklo wohnen",

meinte er schließlich und sah sich um. Dann drehte er sich im Laufen zu ihr um, schmunzelte ihr schelmisch entgegen und klingelte schließlich bei dieser Angelina, die auch gleich die Tür öffnete.

Aber die Nachteile, wenn man als Pärchen zusammen arbeitete, holten Abby genauso schnell ein wie die Glücksgefühle von gerade.

„Und Sie sind Polizist? Wie spannend!", sagte Angelina, nachdem sie sich vorgestellt hatten, wickelte sich eines ihrer blonden Strähnchen um den Finger und warf Alec dabei ein paar eindeutige Blicke zu.

Ernst nahm Abby solche Flirtversuche schon lange nicht mehr. In der Vergangenheit aber hatte es schon die ein oder andere Dame gegeben, die Alecs berufliche Pflichten nicht so ganz von seinem privaten Interesse unterscheiden konnte.

„Und Sie haben letzte Woche niemanden gehört, der hier eingebrochen sein könnte?", hakte Alec nach und deutete auf die gegenüberliegende Tür.

„Nein, gar nichts", säuselte Angelina. „Aber es kann gut sein, dass mir noch etwas einfällt. Wenn Sie mir Ihre Handynummer geben, rufe ich Sie an." Angelina Koch zupfte ihr tief ausgeschnittenes Top zurecht und lehnte sich lässig gegen den Türrahmen.

Abby vermied es, Alec jetzt anzusehen, um seine Reaktion nicht zu beeinflussen.

„Wenn das der Fall sein sollte, dann kommen Sie einfach im Polizeirevier vorbei und wir nehmen zusammen Ihre Aussage auf, damit Sie nichts doppelt sagen müssen." Alec steckte seine Hände in die Taschen seiner Jeans und sah die junge Frau erwartungsvoll an.

Aber die war wohl recht entschlossen, ihn so schnell nicht mehr gehen zu lassen. „Wissen Sie, manchmal fällt mir so ganz spontan nachts noch was ein. Und damit ich das dann nicht vergesse ..."

Abby meinte, einen Funken Hoffnung in ihren Augen erkennen zu können.

„Das wäre wirklich schade. Aber dann machen wir es doch einfach so, dass Sie sich ganz schnell einen Zettel zur Hand nehmen und alles aufschreiben und am nächsten Tag kommen Sie dann ganz früh ins Revier und wir nehmen Ihre Aussage auf."

Das Lächeln verschwand aus dem Gesicht der jungen Frau. Offenbar war sie es nicht gewohnt, so eine Absage zu kassieren. „Vielleicht fällt mir ja wirklich noch was ein. Und dann komme ich nur zu Ihnen!" Sie schenkte ihm ein strahlendes Lächeln, zwinkerte und zog die Tür zu.

Ob Alec dasselbe gesagt hätte, wenn sie nicht dabei gewesen wäre? Abby würde es wohl nie erfahren. „So, so. Zu dir will sie also kommen", wiederholte Abby und sah amüsiert zu ihm hoch.

Er kniff ein Auge zusammen, sah sie an und grinste so breit, dass sie schon fast Angst um seine Mundwinkel hatte. „Ich mag es, wenn du ein bisschen eifersüchtig bist."

„Ich bin nicht eifersüchtig."

„Nein. Natürlich nicht."

Alec legte ihr einen Arm um die Schultern und schmuggelte einen Kuss auf ihre Wange, bevor sie wieder zurück auf die Straße traten.

„Na schön. Und jetzt, Frau Kollegin?", fragte er und stieg auf der Beifahrerseite ein.

„Jetzt schauen wir, ob an den Liebes-Comeback-Gerüchten zwischen Herrn Mooser und Frau Drexl was dran ist. Dann hätte Frau Drexl ein gutes Motiv, den Medikamentendiebstahl zu vertuschen." Abby stieg auf das Gaspedal.

„Und wie willst du das anstellen?", hakte Alec nach und sog scharf die Luft ein, als sie schwungvoll auf die Straße fuhr.

„Wir schreiben ihr einen Liebesbrief und schauen, wie sie reagiert."

Alec lachte. „Du willst einen Liebesbrief schreiben? Da bin ich gespannt!" Die Vorstellung amüsierte ihn offenbar so sehr, dass ihm die Lachtränen in die Augen stiegen. Abby sah ihn gespielt beleidigt an, drückte das Gaspedal in der Kurve bis zum Anschlag durch und riss das Lenkrad herum, sodass er zurück in seinen Sitz geschleudert wurde. Seine Farbe hatte erst von Braun auf Rot gewechselt, doch jetzt wurde er grün im Gesicht. „Sag mal, hast du deinen Fahrlehrer vor der Prüfung k. o. geschlagen? Oder war der einfach nur zu besoffen, um über deinen sanften Fahrstil zu urteilen?"

„Ach, Alec. In Brasilien ist das ein bisschen anders. Aber nachdem Mooser ja eindeutig ein Mann mit sexuell sehr gewöhnungsbedürftigen Fantasien ist, halte ich es für besser, wenn du den Liebesbrief schreibst. Du bist näher am ..."

„Am was?"

„... am Objekt."

„Okay, ich glaube, wir sind jetzt quitt." Alec hielt ihr versöhnend die Hand hin.

Elisabet würde bestimmt bessere Liebesbriefe schreiben, als sie beide zusammen, aber Mooser war vermutlich auch nicht sehr geübt darin. So gesehen hatte es also doch etwas Gutes, dass sie den Brief nicht schreiben konnte.

Elisabet legte das Schreiben auf ihren Schreibtisch und sah Alec und sie schräg an. „Das ist ja sehr … romantisch", stammelte sie wenig begeistert.

„Finde ich auch. Wie geht's Josie?" Alec verschränkte seine mächtigen Arme vor der Brust.

Elisabets Augen wurden wieder glasig. „Sie hat sich den Arm gebrochen und wird gerade operiert. Sie hat so geweint!", meinte sie und fing gleich selbst zu weinen an.

„Mach dir nicht so viele Sorgen. Das wird schon wieder", sagte Abby und stellte ihre Bilder neu an den Schreibtischrand.

„So ein gebrochener Arm kann ziemlich weh tun! Vor allem so einem kleinen Mädchen. Ich schaue heute Abend bei ihr vorbei", sagte Alec und nahm die inzwischen laut schluchzende Elisabet in den Arm. „Liebt sie Prinzessinnen immer noch so sehr?", fragte er leise.

Lissy nickte und strich sich die Tränen aus den Augenwinkeln. „Lukas und ich würden gerne heute im Krankenhaus bleiben", meinte sie und sah zu Abby, die etwas überfordert nickte.

„Okay. Aber sag uns trotzdem, was du von dem Liebesbrief hältst", sagte Abby schließlich.

„Ach, Abby. Das kauft euch keiner ab. Vor allem nicht eine Frau, die ihren Mann seit über zehn Jahren kennt. Ich würde jetzt gerne los." Elisabet nahm ihre Handtasche und quetschte sich an Alec und Abby vorbei.

„Na schön. Und jetzt?" Abby stemmte die Hände in die Hüften.

„Jetzt suchen wir im Internet." Alec ging an ihren PC, druckte einen der vorgeschlagenen Briefe aus und zeichnete Moosers Handschrift so gut es ging von einer seiner Einkaufslisten ab, die sie in seiner Jackentasche gefunden hatten.

„Welcher erwachsene Mann schreibt Pizza mit *ie* und einem *z*?" Alec gab ihr den Einkaufszettel. Die Hauptsache war doch, dass ihnen Herr Mooser ein Schriftstück hinterlassen hatte und es ihnen so wesentlich einfacher machte, Frau Drexl hinters Licht zu führen.

Alec warf den Brief schließlich in den Briefkasten von Frau Drexl, klingelte und zog Abby am Arm hinter die Treppe im Mietshaus, in dem Frau Drexl wohnte. „Ich frage mich bloß, wie du ihre Reaktion ablesen willst", raunte ihr Alec zu.

„Wenn sie weint, dann wissen wir, ob da was dran ist."

„Und wenn sie nicht weint?"

„Dann können wir sagen, wir haben so ziemlich alles versucht", meinte sie und zuckte zusammen, als Frau Drexl hocherhobenen Hauptes die Treppe hinunterstolzierte. Sie trug denselben Hosenanzug mit der weißen Bluse und dem schwarzen Blazer wie am Tag zuvor. Mit ihrer Handtasche in der linken und ihrem Schlüsselbund in der rechten Hand öffnete sie umständlich den Briefkasten und holte den Umschlag heraus. Sie hatten eine Art *Betreff* gleich dick auf den Umschlag geschrieben, damit sie ihren Gesichtsausdruck sahen, damit Frau Drexl den Brief nicht erst oben öffnete.

Tatsächlich las sie die Worte auf dem Umschlag, sah auf und starrte eine Weile die Wand an. Dann steckte sie den Brief in ihre Handtasche und lief haarscharf an ihnen vorbei, fast schon fluchtartig, und nach oben.

„Und?", fragte Abby, als die Tür hinter Frau Drexl ins Schloss gefallen war.

„Die hatten nichts miteinander. Den Gesichtsausdruck habe ich vor zwei Jahren schon bei einer Person gesehen, als ich ihr gesagt habe, dass sie mir noch etwas bedeutet. Eine Mischung aus Schock und Mitleid."

Alec sah sie an.

„Ich hatte kein Mitleid mit dir."

„Danke für die warmen Worte." Er wirkte kein bisschen beleidigt. Offenbar war er schon abgehärtet.

Abby hasste es, wenn Menschen Mitleid mit ihr hatten, und gab sich größte Mühe, selbst auch keines mit ihren Mitmenschen zu haben. „Na schön. Sie kann den Einbruch trotzdem vertuscht haben." Abby stand auf.

„Wenn es überhaupt einen Einbruch gab. Abby, du musst lernen, unwahrscheinliche Theorien abzuhaken."

„Und jetzt?"

„Jetzt fragen wir ganz zufällig, von wem der Brief stammt." Seine Mundwinkel wanderten nach oben, freche Grübchen bildeten sich.

„Du hast also immer noch so legale Ideen wie früher."

„Daran ist nichts illegal. Das ist im schlechtesten Fall nur ein dummer Jungenstreich."

„Ach, Alec. Du bringst uns noch in Teufels Küche."

Alec war schon einige Male nur sehr knapp an einer Dienstaufsichtsbeschwerde vorbeigeschlittert. Manchmal dachte sie, dass er zu emotional für diesen Beruf war. Das alles belastete ihn viel zu sehr. Selbst nach Dienstschluss fiel es ihm oft schwer, das Geschehene wegzuschieben. Vielleicht war es doch keine so gute Idee gewesen, ihn in diesen Fall einzubinden. Abby drückte auf den goldenen Klingelknopf und vergrub ihre Hände in den hinteren Taschen ihrer dunklen Jeans.

„Frau Drexl? Wir kennen uns ja schon, das ist mein Kollege Moor. Dürfen wir noch mal kurz reinkommen?"

Stumm hielt die Apothekerin ihnen die Tür auf.

„Es gibt ein paar Personen, die sich durchaus vorstellen können, dass zwischen Ihnen und Ihrem Ex-Mann Herrn Mooser wieder etwas läuft." Alec hatte innerhalb von Sekunden seinen Gesichtsausdruck gewechselt. Seine Augen waren leicht zusammengekniffen, so wie immer, wenn er sich konzentrieren wollte.

„Schön für die Personen. Dann haben sie immerhin etwas zum Lästern. Aber ich bin nicht wieder mit meinem Ex zusammen. Harald hat neulich von einer Frau gesprochen. Sie hat ihm gefallen, ich weiß aber nicht, ob da etwas zwischen ihnen lief."

„Sie meinen die Frau, die er gestalkt hat?"

Frau Drexl sah Abby böse an. „Wenn Sie es so empfinden. Ich kann mir nicht vorstellen, dass Harald zu irgendeinem Zeitpunkt böse Absichten gehegt hat. Er meinte nur, dass sie in einem Café arbeiten würde."

„Hat er Ihnen sonst noch etwas über die Dame erzählt?", fragte Alec.

„Ja. Sie hatte wohl Ärger mit einer der Inhaberinnen."

Abby zog ihr Handy heraus und hielt Frau Drexl erneut das Foto von Frau Stöbl unter die Nase. „War das diese Frau?"

„Ich weiß es nicht. Es ist im Gespräch untergegangen, er hatte nur eine Frau erwähnt, die er in einem Café getroffen hat. Ja, kann sein, dass das diese Dame war. Aber ich kann mir nicht vorstellen, dass er sie gestalkt und umgebracht hat. Harri hat seine Emotionen immer zu hundert Prozent unter Kontrolle, das weiß ich aus erster Hand."

Abby nickte automatisch und musste gleichzeitig an die Schweißtropfen auf seiner Stirn denken, als er auf ihren Körper gestarrt hatte. Hatte er sich zu lange unter stetiger Kontrolle gehabt und war ein einziges Mal durchgedreht?

„Wir wissen, dass Sie für die Sichtung der Videoüberwachung an der Apotheke und die tägliche Kontrolle der Medikamente verantwortlich sind. Wenn Sie einen Einbruch vertuschen, kann das als Beihilfe zur Tötung gewertet werden", sagte Alec.

„Dann ist es ja gut, dass Harri niemanden umgebracht und ich nichts vertuscht habe."

„Bleiben Sie hier in Prien, falls wir noch irgendwelche Fragen an Sie haben", meinte Alec und öffnete die Tür.

Als sie schon fast wieder im Flur standen, hob Frau Drexl die Hand. „Moment, noch. Nehmen Sie ihren Liebesbrief doch bitte wieder mit." Frau Drexl reichte Alec das Kuvert. „Mein Ex-Mann", fing sie an, „leidet unter einer Lese-Rechtschreib-Schwäche. Er hätte diesen Brief weder in der Wortwahl noch in dieser korrekten Kommasetzung geschrieben." Mit einem künstlichen Lächeln auf den Lippen schlug sie ihnen die Tür vor der Nase zu.

„Ach, verdammt! Das war die Pizza mit *ie* und einem *z*." Alec schlug sich gegen die Stirn.

„Schon gut. Ich habe es ja auch übersehen. Lass uns erst mal zu unseren besagten Café-Betreibern fahren, mit denen die Frau angeblich Stress hatte."

„Na schön. Aber ich glaube nicht, dass Frau Drexl was damit zu tun hatte. Eine zurückgewiesene Ex-Geliebte sieht irgendwie anders aus. Sie hat kein richtiges Motiv, irgendwas zu vertuschen, und macht auch sonst einen ganz vernünftigen Eindruck auf mich."

„Alec, weißt du, worüber wir noch gar nicht nachgedacht haben? Es kann doch sein, dass sie Frau Stöbl aus verletzter Liebe gleich selbst ins Jenseits befördert hat."

Alec sah sie kritisch an, sagte jedoch nichts dazu. Für ihn war das Thema Frau Drexl schon vom Tisch, für Abby aber noch lange nicht.

„Was ich dich schon die ganze Zeit fragen wollte ...", fing Alec an, als sie vor dem Café angekommen waren, in dem Ina Stöbl gearbeitet hatte. „Warum hat die Staatsanwaltschaft die Autopsie der Toten durchgewunken?" Alec hielt ihr, charmant wie er war, die Tür auf, die noch vor zwei Stunden polizeilich versiegelt gewesen war.

„Der Leichenbeschauer war misstrauisch wegen des Alters der Toten. Gott sei Dank hat der Mann richtig gehandelt und *ungeklärt* auf dem Totenschein angekreuzt", sagte Abby.

„Viele Leichenbeschauer sind mit dem Gebiet der Rechtsmedizin nicht vertraut. Und dann wird ganz schnell eine natürliche Todesursache angekreuzt und keine Autopsie durchgeführt. Frau Stöbl hat für ihre Verhältnisse wirklich Glück. Auch, weil die Kollegen aus Prien gesagt haben, dass sie mehrmals bei ihnen war, um ihren Stalker anzuzeigen. Aber wie wir alle wissen, ist das nicht so einfach, wenn er sie nicht angefasst hat. Ich war bei der Autopsie dabei, es könnte sich immer noch um einen spontanen Suizid handeln. Die Rechtsmedizin kann das nicht genau sagen. Das halte ich jedoch für unwahrscheinlich", fuhr Abby fort. Es war normal, dass ein Team der Kriminalpolizei bei der Autopsie eines Verstorbenen anwesend war, um sich die Sachlage direkt am Toten selbst erklären zu lassen.

„Also bist du davon überzeugt, dass es kein Suizid war?", hakte Alec nach und strebte zielsicher den Tresen an, hinter dem Frau Stöbl gelegen hatte.

„Der Rechtsmediziner hat mir erklärt, dass suizidale Menschen meist eine Art Testlauf unternehmen. Bei Medikamenten kann man das gut in Blut, Urin und Haaren nachweisen, da war aber nichts. Ebenso wenig wie Verletzungen." Mit der Handfläche schlug sie auf die Klingel auf dem Tresen. Sofort kam eine der Inhaberinnen des Cafés angestürmt. Sie waren bis heute Vormittag in München gewesen und nur per Telefon über den Vorfall informiert worden.

„Frau Holzner? Mein Name ist Perez, das ist mein Kollege Moor, wir sind von der Kriminalpolizei Rosenheim. Meine Kollegin hat Sie ja bereits informiert, dass es einen Vorfall in Ihrer Konditorei gab."

Frau Holzner nickte. Sie war um die dreißig, trug eine blonde Bobfrisur und hatte ihre weiblichen Kurven in einer babyblauen Schürze verpackt. „Ist einem Kunden etwas passiert? Gab es einen Überfall?"

Um sicherzugehen, dass die Hinterbliebenen nach so einer Todesnachricht sich nicht im Affekt selbst etwas antaten, überbrachten sie Todesnachrichten niemals am Telefon. Bei direkten Verwandten waren auch noch zwei Seelsorger bei der Überbringung der Todesnachricht anwesend. Das war Pflicht, denn sie mussten sich vor Ort überzeugen, dass sich jemand um die Angehörigen kümmerte, bevor sie wieder abrückten.

„Ihre Kollegin Ina Stöbl wurde am Mittwochnachmittag tot hier aufgefunden. Ein Zeuge hat ausgesagt, dass er Sie hin und wieder mit ihr streiten gesehen hat", meinte Abby und lehnte sich gegen den Tresen.

„Das ... das tut mir leid. Dass Ina tot ist, meine ich. Schatzi! Komm doch mal bitte", rief sie nach hinten.

Und Schatzi kam. Mit wehenden, braunen Locken, schlanker Figur und braunen Rehaugen. Ihre Hände hatte sie tief in den Taschen ihrer hellrosa Schürze vergraben.

„Hast du das gehört? Ina ist tot." Frau Holzner nahm das Schatzi in ihre Arme und drückte ihre Frau fest an sich.

„Dann frage ich Sie jetzt direkt. Hatten Sie zu irgendeinem Zeitpunkt Streit mit Frau Stöbl?", hakte Alec scharf nach. Er fixierte die zwei Frauen mit seinen sonst so warmen Augen.

„Nein. Da war nur dieser komische Typ, der sie immer so lüstern angeglotzt hat."

Abby zeigte den Frauen ein Bild von Herrn Mooser.

„Ja. Das ist er."

„Wo waren Sie denn am Mittwoch?", fragte Alec. Er hatte die Arme vor seiner breiten Brust verschränkt und sämtliche Muskeln in seinem trainierten Körper angespannt.

„Bei meiner Schwester. Wir sind so um zwölf losgefahren. Ab da hat Ina ganz übernommen, wir arbeiten sonst meist zu zweit."

„Das prüfen wir natürlich. Halten Sie sich einfach zur Verfügung, falls wir Sie noch brauchen", meinte Alec.

Dann legte er Abby seine Hand auf die Schulter und zog sie sanft, aber bestimmt mit sich, ohne die Frauen aus den Augen zu lassen.

Wie früher, als er noch in seinem Personenschützer-Team gearbeitet hatte und plötzlich an jeder Ecke eine Bedrohung für sie gesehen hatte. Bis sie seine ständige Abwesenheit und die Ungewissheit nicht mehr ertragen und schließlich die Reißleinen gezogen hatte. Das Drama um ihre Scheidung war jetzt gute zweieinhalb Jahre her und wie er sie jetzt so zwischen den Passanten hindurchschob und jeden Mann, der es auch nur wagte, sie anzusehen, mit einem bösen Blick strafte, hatte sie große Lust, noch ein zweites Drama daraus zu machen. Abby ahnte den Grund für seinen Blick. Sie hatte ihm erzählt, dass sie während ihrer Zeit beim Militär nach einem anstrengenden Einsatz mit Kameraden aus einer anderen Einheit in einer Bar abgestiegen war. Irgendwie war es einfach passiert. Sie war mit einem Kameraden und dieser fremden jungen Frau im Bett gelandet. Abby schämte sich nicht für ihre Erfahrungen. Sie war froh, sie gemacht zu haben. Wie sonst hätte sie so genau wissen sollen, was sie wollte? Hätte sie es in Brasilien nicht krachen lassen, hätte sie in Deutschland vermutlich nie gemerkt, dass Alec der Mann war, mit dem sie ihr Leben verbringen wollte. Doch für ihn war dieses Thema ein wunder Punkt. Vielleicht, weil er insgeheim doch manchmal Angst hatte, dass Abby irgendwelche Bedürfnisse unterdrückte. Und es gab nichts, was sie mehr hasste, als von anderen Menschen bevormundet zu werden. Das war fast so schlimm, wie wenn sie jemand mitleidig ansah.

„Jetzt komm mal runter!", ermahnte sie ihn und schob seine Hand weg.

Er atmete hörbar aus. „Warum hast du mit denen geflirtet?", zischte er ihr kaum merklich zu.

„Ich habe was? Warum sollte ich mit Frauen flirten?"

„Das war die falsche Antwort!" Er hielt sie am Arm fest und zog sie zum Brunnen auf dem Marktplatz, direkt an der alten Priener Kapelle. Die Kriegsgefallenen waren dort in deren Mauern verewigt worden. Das Wetter schlug langsam in leisen Nieselregen um, der in Kombination mit dem Wind nicht mehr erfrischend, sondern ziemlich kalt war.

„Okay, ich sage dir mal was!", fing sie an, wartete, bis auch der letzte Rentner an ihnen vorbeigegangen war, und fuhr dann fort: „Fass mich bitte nie wieder so an! Ich bin keine Verdächtige, die du am Arm packen und über den Marktplatz schleifen kannst. Ich bin deine Frau!"

Er stützte sich auf dem Rand des Brunnens ab und starrte eine ganze Weile hinein, bevor er sich wieder zu ihr umdrehte.

Abby hatte selten einen Menschen kennengelernt, der so schnell eifersüchtig wurde. Und trotzdem hatte er sie noch nie angeschrien. In all den Jahren hatte sie ihn so oft auf die Palme gebracht, aber er war niemals laut geworden. Aber wie er da so stand, mit dem Wind in seinem zurückgekämmten Haar, dem bösen Blick und den Wassertropfen auf seinem Gesicht musste sie insgeheim doch zugeben, dass ihm die Wut ziemlich gut stand. Alec stand da wie ein Fels in der Brandung, der sich durch nichts erschüttern ließ. Eigentlich war er das ja auch. Er war ihr Fels in der Brandung. „Hey. Jetzt bild dir nichts ein. Ich bin absolut nicht an Frauen interessiert." Sie schlang ihre Arme um seinen breiten Körper und fuhr mit ihren Händen unter seine offene Lederjacke. „Und an anderen Männern auch nicht", fügte sie rasch hinzu.

„Ich brauche einen Kaffee. Lass uns zu Louis fahren", meinte er wieder sanfter und drückte sie an sich.

6. Freitagnachmittag

Nachdem sie bei Louis ihren Kaffee getrunken, sich bei dessen Freundin ein paar Tipps für eine gesunde, harmonische Beziehung abgeholt und Sina etwas zu essen gebracht hatten, parkten sie gegen ein Uhr nachmittags vor dem Haus der Stöbls. Zum einen, damit sich Alec selbst ein Bild von den Eltern machen konnte, hauptsächlich aber, weil Abby wissen wollte, wie es wirklich um die Beziehung ihres Mordopfers zu den Café-Besitzerinnen stand. Zumal sich Alec nicht vorstellen konnte, dass Ina Stöbl als gläubige Jüngerin Gottes kein Problem mit der Homosexualität ihrer Chefinnen hatte.

„Hat sich Ihre Tochter gut mit ihren Chefinnen verstanden?", wollte Alec deshalb auch gleich wissen und tigerte im Wohnraum der Stöbls auf und ab. Er sah aus wie ein Löwe hinter seiner Käfigtür, vor der zufällig eine Herde Gazellen stand.

„Sie wissen nicht viel über unseren Glauben, oder?", fuhr ihn Frau Stöbl an, die wieder neben ihrem Mann auf der Eckbank saß und seine Hände umklammerte.

„Doch. Mehr als Sie mir vielleicht glauben würden", meinte Alec und schob die Hände in seine Hosentaschen.

„Ina war sehr gutmütig. Sie hat in jedem Menschen nur das Beste gesehen. Wir haben sie gewarnt, aber sie hat dennoch mit ihnen gesprochen. Sie hat mit ihnen gearbeitet", meinte Frau Stöbl.

„Also gab es Streit?", kombinierte Alec.

„Nein. Wir gehen Streit aus dem Weg."

„Ihre Tochter hatte doch ein Problem mit den Damen", meinte Abby.

„Meine Tochter hat sich zu jedem Zeitpunkt korrekt verhalten. Sie hat an das Gute im Menschen geglaubt, sie wollte den Frauen helfen. Aber die wollten sich nicht helfen lassen."

Alec schüttelte nur mit dem Kopf. Bestimmt malte er sich gerade aus, was geschehen wäre, wenn seine Mutter mit ihm in diese Sekte eingestiegen wäre. „Was meinen Sie damit? Wollte sie deren Homosexualität heilen?"

„Gott hat die Ehe als ewigen Bund zwischen Mann und Frau geschaffen. Nicht für zwei Frauen oder zwei Männer. Menschen werden immer widerlicher. Zuerst küssen sie den Fremden, dann schlafen sie mit ihm. Anschließend ziehen sie mit ihm zusammen. Erst dann wird geheiratet. Die Reihenfolge stimmt nicht, meinen Sie nicht auch? Und jetzt heiraten auch noch zwei Frauen."

„Was ist daran schlimm? Meinen Sie nicht, dass Gott ziemlich egal ist, ob zwei Frauen, zwei Männer oder Mann und Frau zusammen sind?"

„Sehen Sie, Herr Kommissar. Das ist der Unterschied. Deshalb sprechen wir nicht mit Ungläubigen. Sie sollten gehen. Gehen Sie!" Frau Stöbl ließ ihren Mann los und stand auf. Sie ging auf Alec zu, als könnte sie einen Mann dieser Größe mit dieser Muskelmasse so einfach nach draußen schieben.

„Komm, Alec." Abby deutete mit dem Kopf zur Tür und sah ihn so lange an, bis er sich endlich von Frau Stöbl losreißen konnte und energisch voraus zum Auto stapfte.

„Ich liebe die Toleranz dieser Sekte!", schnaubte er und stieg auf der Fahrerseite ein.

„Gut", meinte sie, weil sie nicht wusste, was sie sagen konnte, um ihn zu beruhigen. Abby sah ihn an. Es gefiel ihr nicht, dass er sich von den Stöbls derart auf die Palme bringen ließ. Selbst wenn auch sie deren Aussagen geschmacklos fand, durfte sie das im Dienst nicht treffen.

„Lass uns das Taxiunternehmen prüfen, mit dem die Holzners nach München gefahren sind", sagte Abby schließlich.

„Okay. Dann rufe ich bei dem Taxiunternehmen an und anschließend konzentrieren wir uns wieder darauf, Mooser den Mord nachzuweisen. Wenn er es denn war", sagte Alec und startete den Wagen.

„Die Holzners sind um zwölf ins Taxi eingestiegen und nach München gefahren. Da hat Frau Stöbl noch gelebt", meinte Alec, der sich auf Elisabets Platz breitgemacht hatte. An dem Chaos auf deren Schreibtisch schien er sich nicht zu stören.

„Der Todeszeitpunkt liegt bei etwa zwölf Uhr. Rein theoretisch könnten sie es noch geschafft haben, Frau Stöbl umzubringen und anschließend mit dem Taxi nach München zu fahren."

„Schon. Aber wenn ich jemanden umbringe, dann sperre ich doch den Laden erst recht ab. Außerdem … woher sollen die zwei Ramipril bekommen?", fragte Alec und ließ seine Blicke über den Schreibtisch schweifen.

„Vielleicht nimmt deren Oma das Zeug", überlegte Abby.

„Welcher herzlose Mensch klaut einer Oma die Blutdruckmedikamente?" Alec fuhr Elisabets Rechner hoch, tippte auf der Tastatur herum und starrte dann eine ganze Weile fassungslos auf den Bildschirm. „Ach du sch…"

Alec verstummte, hielt sich verstohlen die Hand vor den Mund und sah sie durch seine braunen Hundeaugen fast etwas verstohlen an. „Entschuldige. Aber das musst du dir ansehen. Ich habe mich die ganze Zeit gefragt, weshalb mir der Name Harald Mooser so bekannt vorkommt. Jetzt weiß ich es."

Abby stand auf, ging zu ihm hinüber und stellte sich hinter ihn. „Was machst du da?"

„Lukas und ich arbeiten ja ziemlich eng mit den Kollegen von der Abteilung für Cyberkriminalität zusammen und die hatten in der letzten Zeit immer wieder mit Fällen zu tun, in denen perverse Ehemänner ihre Frauen nackt filmen und sie dann auf einer Website hochladen. Lukas hat sich einen Nickname zugelegt, ich bin gerade über seinem Account online." Alec scrollte nach unten.

Abby wurde schlecht. Für einen kurzen Moment dachte sie wirklich, dass es keine schlechte Idee wäre, die Abteilung zu wechseln. Es gab zu viele kranke Menschen, die keine Mörder waren und trotzdem ganz dringend weggesperrt werden mussten. Eine Welle an perversen Videos und widerlichen Nachrichten schwappte ihr entgegen. Eine der Frauen lag nackt und bewusstlos auf ihrem Bett. Ein Mann, dessen Gesicht man auf dem Video leider nicht sah, zog zum Beweis ihr Augenlid nach oben, damit man die Drogenintoxikation an ihren geweiteten Pupillen sah. Dann vergewaltigte er die Frau vor laufender Kamera. Ein anderes Video zeigte ein junges Mädchen beim Duschen. Sie war bestimmt kaum älter als sechzehn. Abby schloss die Augen. Sie konnte nicht länger hinsehen. „Das ist so abartig. Die Männer gehören allesamt selbst bloßgestellt", sagte sie.

„Das Problem bei solchen Webseiten ist, dass sich die betroffenen Frauen meist schämen und keine Anzeige erstatten. Oder sie behaupten, dass alles mit ihrem Einverständnis passiert ist, um nicht in die Opferrolle zu kommen", erklärte Alec.

„Okay, Moment mal! Herr Mooser hat Ina Stöbl nicht nur fotografiert und die Fotos nachbearbeitet in sein Schlafzimmer gehängt. Er hat sie auch nackt gefilmt und das dann auf eine Webseite gestellt, auf der man Männern zusehen kann, wie sie ihre Ehefrauen vor laufender Kamera vergewaltigen und das dann posten? Das ist einfach widerlich." Alec stand von seinem Stuhl auf. „Wir sollten uns mit Mooser unterhalten. Auf dem Video ist Frau Stöbl offensichtlich unter der Dusche. Aus eurem Protokoll konnte ich herauslesen, dass angeblich nur er die Bilder gesehen hat."

„Alec! Du weißt, was das heißt, wenn Ina Stöbl dort unter der Dusche zu sehen ist, obwohl wir nicht wussten, dass er sie auch in privaten Räumen gefilmt hat?"

„Die Kamera ist noch dort", meinte er ausdruckslos und spurtete los.

Also war es doch Suizid? Wenn das herausgekommen wäre, hätte sie sich bei ihren Glaubenskollegen nie wieder blicken lassen können. Hoffentlich stand nicht gerade in diesem Moment jemand anderes unter der Dusche.

Die Aufnahmen, die Mooser unter dem kreativen Nickname *Harri Mooser* ins Internet gestellt hatte, zeigten Frau Stöbl hauptsächlich aus zwei Perspektiven. Einmal im Bad und einmal in ihrem Zimmer.

Da dürfte es leicht werden, die Kameras zu finden.

„Was wollen Sie denn schon wieder hier?", fragte Frau Stöbl, als sie ihnen die Tür öffnete.

„Wo ist Ihr Badezimmer?", fragte Alec ungeduldig.

Frau Stöbl deutete auf eine einsame Holztür unterhalb der maroden Wendeltreppe. Er rannte darauf los, riss die Tür auf und sah sich um.

„Was ist denn los?", wollte Frau Stöbl wissen und folgte Abby.

„Warten Sie bitte kurz draußen." Abby schloss die Tür vor der Nase der Rentnerin und sah sich um. Es war ein kleines Bad mit alter Dusche, einer Toilette mit halb durchgebrochenem Deckel und einem Waschbecken, in dem zu viele Haare lagen. Die Ecken waren verschimmelt, auf den Regalen lag Staub. Seifenspender und Handtücher standen auf winzigen Beistelltischen kreuz und quer. Nein, sie könnte so nicht wohnen.

„Die Kamera wurde hier oben platziert", sagte Alec und deutete auf eine Ecke, an der eine verdreckte Badfliese zerbrochen war. Die Decke war so niedrig, dass sich Alec nicht großartig strecken musste, um die Ecke zu prüfen. „Hier ist nichts, obwohl die Perspektive stimmen könnte. Was sagt uns das?", fragte er schließlich, als wäre sie eine angehende Polizeibeamtin im ersten Ausbildungsjahr.

„Ich weiß nicht. Vielleicht hat Frau Stöbl die Kamera beim Duschen verschluckt?"

„Jemand hat sie entwendet", sagte er, als hätte sie den letzten Satz ernst gemeint.

„Ach. Daran hätte ich jetzt nie gedacht."

„Dann ist es ja gut, dass du mich hast." Alec drehte sich lächelnd zu ihr um.

„Okay, hier ist nichts. Lass uns hochgehen", sagte sie und er grinste.

„Ich hätte vor ein paar Wochen nie gedacht, dass du das noch mal zu mir sagst."

Abby sah sich um, aber weil es recht unhöflich war, fremde Gegenstände nach ihm zu werfen, begnügte sie sich damit, ihm ihn die Schulter zu boxen.

„Sagen Sie mir jetzt endlich, was hier los ist?" Frau Stöbl hatte mit verschränkten Armen vor der Tür gewartet.

„Haben Sie vor Kurzem irgendetwas oben im Eck bei der Dusche aus dem Bad entfernt? Eine Kamera zum Beispiel?", fragte Abby.

„Was, wieso ..."

„Wir gehen davon aus, dass Ihre Tochter von ihrem Stalker beim Duschen gefilmt wurde. Er hat die Filme auf eine Pornoseite im Internet hochgeladen. Wir arbeiten gerade daran, dass diese Videos von der Plattform verschwinden", sagte Alec beruhigend.

„Aber wir müssen trotzdem das Zimmer Ihrer Tochter noch einmal durchsuchen. Er hat sie auch beim Umziehen gefilmt", meinte Abby und ging voraus, ohne eine Antwort der Frau abzuwarten. Sie konnte nur hören, wie Alec unten beruhigend auf sie einredete.

Die Kamera in ihrem Zimmer war auf das Bett gerichtet und vermutlich am Regal gegenüber platziert worden. Dort stand ein einsamer Blumentopf mit einer Pflanze mit blauer Blüte. Ein perfektes Versteck für eine Kamera.

Aber da war nichts. Mooser musste sie wieder mitgenommen haben. Oder er hatte einen Komplizen. Die beste Möglichkeit war es vermutlich, wenn sie ihn selbst fragte.

Die Internetseite ergab bereits beim ersten Durchstöbern interessante Informationen. Während sich Mooser noch mit seinem Anwalt beriet, blieb ihnen noch Zeit genug, auf der Website nach Informationen zu suchen. Die Theorie, dass Mooser noch Komplizen hatte, wurde immer wahrscheinlicher. Er hatte häufig unter den Videos zweier anderer Männer kommentiert, die ihre vermutlichen Ehefrauen und Töchter gefilmt hatten. Besonders der Chat mit einem *Romeo2.0* ließ darauf schließen, dass sie sich persönlich kannten.

„Die Kollegen von der Computerabteilung schauen da noch mal drüber, damit wir nichts übersehen", meinte Alec und streckte sich in seinem Stuhl.

„Na? Hast du ein paar schöne Frauen gesehen?", fragte sie und lehnte sich spitzbübisch lächelnd vor.

„Ja, allerdings. Die eine sitzt vor mir und gewährt mir gerade ziemlich tiefe Einblicke."

Abby warf einen zusammengeknüllten Notizzettel nach ihm. „Auf der Plattform, du Charmeur!"

„Nein, ich war zu abgelenkt. Ich musste mir immer vorstellen, wie ich den Verantwortlichen zusammenschlage! Da hat Romeo2.0 seine Ehefrau doch tatsächlich beim Duschen gefilmt. Ich kam mir so pervers vor, als ich mir das angesehen habe", sagte Alec.

„Wenn wir dem Herrn zu Hause einen Besuch abstatten und seine Kameras auffliegen lassen, dann kannst du das womöglich. Ihn schlagen, meine ich. Natürlich nur, wenn er sich bei seiner Verhaftung widersetzt. Aber das, was jetzt gleich kommt, wird dich auch auf die Palme bringen, fürchte ich. Du hattest ja noch nicht das Vergnügen mit ihm, wenn eine Frau dabei ist."

Alec kniff die Augen zusammen und holte gerade Luft, um etwas zu sagen, da klopfte es. Die Tür ging auf und Mooser und sein Anwalt kamen herein.

„Sie haben nichts, aber auch gar nichts gegen meinen Mandanten in der Hand! Nichts, dass einen Mord an Frau Stöbl beweisen würde!", sagte er noch vor einer Begrüßung.

„Das nicht. Noch nicht. Dafür wissen wir jetzt, dass Sie, Herr Mooser, Ina Stöbl in höchst intimen Momenten gefilmt und diese Filmchen ins Internet gestellt haben. Sagten Sie nicht zu uns, dass nur Sie diese Bilder gesehen hätten?", fragte Abby und lenkte mit diesem Satz Moosers Aufmerksamkeit auf sich.

„Niemand sagt, dass mein Mandant die Kameras aufgestellt und die Videos gepostet hat. Wie Sie bestimmt wissen, ist sein Account sehr leicht zu hacken und die Kameras kann jeder im Haus der armen Frau platziert haben."

„Dennoch hat Ihr Mandant sehr viele Videos anderer kommentiert. Aber bevor Sie einwerfen, dass das auch jeder andere getan haben könnte, bitten wir Herrn Mooser einmal die Worte Pizza und Duschvorhang zu schreiben." Abby gab Mooser Stift und Papier.

„Für einen Schriftabgleich haben Sie keine Genehmigung."

„Wir wollen auch keine Genehmigung. Wir wollen einfach, dass Herr Mooser zwei Worte auf ein Blatt Papier schreibt. Wenn er unschuldig ist, darf er sofort gehen." Sie lächelte den Anwalt an und sah zu Mooser.

„Wenn Sie meinen", sagte Mooser, ohne die Reaktion seines Anwalts abzuwarten. Mooser schnappte sich das Blatt Papier und schrieb die beiden Worte darauf. Es war, wie sie es erwartet hatte. Pizza schrieb er mit *ie* und einem *z* und den Duschvorhang mit einem *f* statt einem *v*.

„Na schön. Von Ihrer Ex-Frau wissen wir, dass Sie eine Lese-Rechtschreib-Schwäche haben. In den Kommentaren haben Sie Duschvorhang mit *f* geschrieben. Genau wie auf dem Zettel. Das lässt uns glauben, dass Sie die Videos kommentiert haben. Wir glauben außerdem, dass Sie auch privaten Kontakt mit Romeo2.0 haben. Deswegen hätten wir gerne die Kontaktdaten des Herrn, damit wir ausschließen können, dass Sie die Kameras aufgebaut und entwendet haben", sagte Abby.

„Möglicherweise haben gar nicht Sie, sondern Ihr Komplize Frau Stöbl umgebracht und Sie haben sie wirklich nur gefunden. Dann wäre es doch schade, wenn Sie für den Rest Ihres Lebens im Knast sitzen würden, oder?", ergänzte Alec. Sein Gesichtsausdruck war dermaßen verkniffen, dass Abby zwischenzeitlich Angst um seine schönen Züge bekam. Er hatte die Zähne aufeinandergepresst und seine Augen waren voller Wut. Voller Wut auf Mooser. Oder auf dessen Anwalt, das war schwer zu sagen.

„Ich weiß seinen richtigen Namen nicht", fing Mooser an und sah fragend zu seinem Anwalt, der ihm daraufhin aufmunternd zunickte. „Aber ich habe ihn ein paarmal mit ein paar anderen Typen in einem Puff auf der Ratzinger Höhe getroffen."

„Ich habe noch nie von einem Puff auf der Ratzinger Höhe gehört", warf Abby misstrauisch ein. „Da sind doch nur ein paar einsame Höfe und ein Wirtshaus", fügte sie hinzu.

„Das ist ein Schuppen. Eine Bauernfamilie züchtet dort Rinder, von denen haben wir den Schuppen gepachtet. Wenn Sie die Straße hochfahren, steht die Scheune direkt neben Weide."

„Haben Sie die Kameras platziert?", fragte Alec.

„Ja. Aber ich habe sie nicht abgebaut, weil ich vorher verhaftet wurde. Und umgebracht habe ich Ina auch nicht. Sie glauben mir, oder?"

Abby sah Hilfe suchend zu Alec, dem bei dem Satz fast die Augen aus den Höhlen kullerten.

„Sie dürfen den Mann jetzt zurück in seine Zelle bringen", meinte er zu einem Streifenbeamten, der stets aus Sicherheitsgründen an der Tür stand. Der Streifenbeamte nickte und führte Mooser aus dem Raum. Der Anwalt richtete sich ebenfalls auf, richtete nervös seinen Anzug und gab Abby die Hand. Nur Abby. „Es ist mein erster Mandant", meinte er lächelnd und tänzelte nervös von einem Bein aufs andere.

Abby grinste in sich hinein. Sie hatte es doch gewusst!

„Der erste Fall ist immer aufregend. Mit der Zeit wird das dann alles zur Gewohnheit und Ihnen fallen wieder schlagfertigere Argumente ein, um Moosers Kopf aus der eng geschnürten Schlinge zu ziehen", sagte Alec und stand von Elisabets Stuhl auf.

„Ich bin kein guter Anwalt, oder?", fragte er und drehte den Kopf zu Abby.

„Das hat nichts mit gut sein zu tun. Sie sollten nur nicht vergessen, dass wir an unterschiedlichen Fronten arbeiten. Mein Kollege und ich tun alles, um Verbrecher einzusperren. Und Sie tun alles, um sie wieder rauszuboxen", sagte sie und wusste dabei selbst nicht recht, ob sie das sagte, weil es Alec besänftigen sollte oder weil sie es wirklich so sah.

„Ich finde, jeder Mensch sollte eine zweite Chance bekommen. Es ist nur gerecht. Das Schicksal der Frau ist furchtbar, aber es geht jetzt nicht mehr um sie. Sie ist bereits tot."

Abby sah zu dem Anwalt hoch. War das einfach Unsensibilität oder pure Arroganz? „Wenn Mörder einfach eine Geldstrafe kassieren würden, weil das Opfer ja eh schon hin ist, würde es Verbrechen ohne Ende geben. Meiner Meinung nach sollte das deutsche Gesetz wieder härter durchgreifen. Es kommen viel zu viele Täter ungestraft davon." Abby nickte Alec zu und öffnete ihre Bürotür demonstrativ, um den Anwalt hinauszulotsen.

„Und die Unschuldigen?" Der Anwalt sah entsetzt zwischen Abby und Alec hin und her.

„Am Anfang will man immer die Welt retten. Bis einem auffällt, dass es zu viele kranke Menschen gibt, um noch irgendetwas zu verbessern. Fehler passieren. Das Problem ist nur, dass Unschuldige mehr Aufsehen für das bekommen, was sie nicht getan haben, als Schuldige für das, was sie getan haben. Es wird immer davon gesprochen, wie schlimm zwei Jahre Gefängnis für einen unschuldig Verurteilten waren. Aber es wird nie darüber geredet, dass zwei Jahre für einen Schuldigen teilweise viel zu wenig sind." Abby schob die Tür ganz auf und wies den Anwalt mit einer Handbewegung hinaus, der sich jetzt endlich in Bewegung setzte und das Büro grußlos verließ.

„Höre nicht auf ihn. Er hat keine Ahnung", sagte Alec und legte ihr die Hand auf die Schulter.

„Schon gut. Ich war wohl etwas impulsiv. Meine Schwester hat nichts mit dem Fall zu tun, also sollte ich mich wohl besser unter Kontrolle halten." Abby klatschte die Akte zurück auf ihren Schreibtisch.

„Wir haben genug, um Mooser in die Justizvollzugsanstalt zu sperren. Er ist momentan unser einziger richtiger Verdächtiger. Er bleibt definitiv in U-Haft, bis seine Unschuld nachgewiesen ist."

Abby sank auf ihren Stuhl zurück und begutachtete das Bild ihrer Familie. Warum hatte sie nicht besser auf sie aufgepasst?

„Abby! Abby!"

„Ich bin sofort wieder bei euch", dachte sie und rannte weiter. Sie warf sich bäuchlings hinter das Auto, in den Staub. Doch der Kugelhagel wurde nicht auf sie gerichtet. „Denk jetzt ganz rational!", ermahnte sie ihr Gehirn. Es waren vier Männer, wie lange würde es wohl dauern, bis ihre Magazine leer waren?

„Darauf kannst du nicht warten!", brüllte die Stimme in ihrem Kopf. Sie hatte recht. Die Wand ihres kleinen Häuschens war komplett durchlöchert. Abby legte sich flach auf den Boden und richtete den Lauf ihrer Flinte auf das Knie eines Schützen. Sie schoss und das Feuer der Männer wurde auf sie gerichtet. Die Wände des Wagens wurden durchschlagen, eine Kugel streifte sie am Arm. Aber das bemerkte sie kaum. Sie zielte und schoss noch vier weitere Male. Das Feuer erlosch und sie kam hinter ihrem Versteck hervor. Dann nahm sie den Männern ihre Waffen weg und rannte zurück zum Haus. Die Wände waren durchschlagen worden. Schon auf der Schwelle zur Küche sah sie die riesige Blutlache. Und den Kopf ihrer Schwester, der darin lag. Sie hatte die Augen geöffnet, den leeren Blick zur Decke gerichtet. Nur wenige Meter weiter lag Abbys Mutter, ebenfalls in einer riesigen Blutlache. Noch bevor Abby begreifen konnte, dass sie ihre tote Familie vor sich hatte, wusste sie, dass sie hingerichtet wurden. Mit einem gezielten Kopfschuss.

Abby setzte sich auf ihren Stuhl, stützte den Kopf in die Hände und atmete einmal durch. Sie bemerkte kaum, wie Alec plötzlich vor ihr kauerte. Seine Augen waren wieder weich, mit dem Zeigefinger fuhr er sanft über ihre Wangen und zog sie dann an sich.

„Bei solchen Aussagen kommt mir die Galle hoch", murmelte sie in seine Schulter.

„Ich weiß. Aber wäre unser Gesetz wie das in Brasilien, hätten wir mehr Korruption. Es ist ein Teufelskreis. Verdächtige kaufen sich frei, ungeklärte Fälle werden geschlossen und die richtig korrupten Beamten kommen bis an die Spitze, bis man rein gar nichts mehr tun kann. Es ist so unfair."

Abby nickte nur. Sie schloss die Augen und sah den leeren Blick ihrer Schwester vor ihrem inneren Auge. Alec hielt sie fest und drückte sie an sich, als würde sie drohen, ohne Stütze jeden Moment nach hinten umzufallen. Ein bisschen fühlte sie sich auch so.

„Los, fahren wir zu diesem Puff und verhaften Romeo2.0", meinte sie nach einer Weile, ohne ihn loszulassen.

Düstere Lichter, ein paar halb nackte Frauen und ganz viel Perversion, so hätte sie sich Moosers Lieblingspuff vorgestellt. Stattdessen war das Aufregendste eine kleine Getränkebar an einer Wand, die mitten im Zimmer stand, um den Raum zu teilen. An den beiden Seiten standen mehrere Sofas an palettenartigen Tischen, in der Mitte ein großer Billardtisch. Eigentlich war das mehr ein Treffpunkt.

„Okay. Teilen wir uns auf. Du links, ich rechts", meinte Abby, als sie hinter der Wand mit der Bar einen schmalen Gang mit zwei Zimmern erkennen konnte.

„Pass auf dich auf."

Alec ging um den Tresen herum, klopfte gegen die Tür und trat ein.

Abby machte sich gar nicht erst die Mühe, an der Tür zu klopfen. Sie trat einfach ein und schreckte eine kleine Gruppe von – zum Glück angezogenen – Männern im besten Alter auf. Offenbar sahen sie sich gerade einen nicht so ganz jugendfreien Film an.

„Nette Runde. Ich würde gerne zu Romeo2.0", meinte sie und versuchte, die Duscheinlage einer fremden Frau auf der Leinwand auszublenden.

„Da wollen viele Frauen hin, Schätzchen. Die sahen aber bisher bei Weitem nicht so gut aus." Ein Mann, der mit Sicherheit gute fünf Jahre jünger war als sie, stand von seinem Platz auf und kam zu ihr herüber. Das nette Filmchen wurde gestoppt und der Rest der Gruppe begnügte sich vorerst damit, sie mit den Augen auszuziehen.

„Wo ist er?"

Abby lehnte sich gegen den Türrahmen und musterte den jungen Mann einmal betont abschätzig. Der Rest der Männer war um die sechzig, nur ein Typ, der ebenfalls etwas jünger war, saß mit auf dem Sofa.

„Wir geben keine Auskunft über den Aufenthaltsort unserer Mitglieder. Schon gar keinen Polizistinnen", sagte er und sah zu ihrer Dienstmarke.

„Natürlich nicht", meinte Abby und ging in den größeren Raum zurück.

Die Versammlung folgte ihr. Ein Tätowierter um die vierzig schob sich vor den jungen Mann und musterte Abby mit Machoblick im Schnelldurchlauf. Vermutlich betrieb er Kampfsport oder hatte erst vor Kurzem jemandem etwas gebrochen, denn seine Knöchel waren blau und blutig. Die Haut an seinen Händen war rau und rissig, er war bis zum Hals tätowiert und auch seine Nase hatte offenbar schon so einige Korrekturen eingesteckt.

„Sie sollten sich besser nicht an gefährliche Orte begeben. Schon gar nicht alleine", raunte er ihr mit tiefer Stimme zu, griff nach ihren Handgelenken und wollte sie gerade gegen die Wand drücken, als sie beide Handgelenke aus seinem Griff drehte und sich mit einem Kniestoß in die Magengrube zur Wehr setzte. Er ging zu Boden. Der junge Mann von vorhin griff sie mit einem schlecht geführten Frontkick an, den sie problemlos abblocken konnte. Er trat zurück, um sich dann erneut auf sie zu stürzen. Ihr Vater hatte ihr einmal beigebracht, dass sie den Angreifer immer mit seiner eigenen Energie ausschalten musste. Seine Handgelenke umklammert, schleuderte sie ihn auf den Billardtisch und griff den Tätowierten mit einem Aufwärtshaken und einem weiterführenden Sidekick an.

„Was machen Sie? Kickboxen, Boxen?", keuchte er und ging vor ihr in die Knie.

„MMA. Ich frage noch einmal. Wo ist Romeo2.0?"

„Ich lasse mich nicht von einer Frau besiegen", meinte er und der Gänsetrupp trat zurück.

Keiner hätte ihr etwas tun können, die Rentner waren konditionell vermutlich nicht auf der Höhe und der junge Mann lag noch immer mit schmerzverzerrtem Gesicht auf dem Billardtisch. „Tätlicher Angriff auf eine Polizeibeamtin. Sie sollten das besser nicht noch einmal tun. Kommen Sie heute Abend ins Boxstudio, wenn Sie sich mit mir duellieren wollen."

„Ich duelliere mich nicht mit einer Frau, ich unterwerfe sie."

„Da wünsche ich Ihnen bei der Kollegin viel Spaß", meinte Alec von hinten, der wie aus dem Nichts mit einem anderen Mann aufgetaucht war. Und dennoch, der Tätowierte stürzte sich erneut auf sie, griff nach ihrem Hals und wollte sie gegen die Wand schleudern. Alec stürzte herbei, doch bevor er den Mann auch nur anfassen konnte, hatte sie ihn am Handgelenk gepackt und seinen Arm unnatürlich verdreht.

„Das war eine schlechte Idee!", zischte sie, während sie seinen Arm drehte, sodass er sich aus Reflex mit bewegte.

„Oh ja", meinte Alec laut. Er fesselte ihm die Hände hinter dem Rücken und zog ihn nach oben.

„Hast du Romeo2.0 gefunden?", wollte Abby wissen.

„Nein. Aber Monitore, auf denen die Herren ihre netten Filmchen zusammentragen", sagte Alec und blickte vorwurfsvoll in die Runde.

„Oh. Was machen die denn da drinnen?", fragte sie und schlug mit gespieltem Entsetzen die Hand vor den Mund.

„Ich weiß nicht, vielleicht machen sie da Urlaub?", beantwortete er ihre Frage. Das war schon immer seine Standardausrede für seine Unordnung gewesen.

„Ja vielleicht. Und ich weiß auch, wer für ein paar Jahre Urlaub im Knast macht, wenn er sich nicht bei uns meldet und etwas aufklärt", sagte Abby und sah zu den Rentnern, die jedoch keine Antwort geben wollten. Sie konnte sie förmlich vor sich sitzen sehen, mit je einem Enkelkind auf einem Oberschenkel, Geschichten erzählend vor dem Kamin. Wie pervers.

„Gut. Dann nehmen wir jetzt Ihre Personalien auf und Sie bekommen alle eine Anzeige wegen Ihrer Filmerei", sagte Alec. „Und Sie kommen mit uns. Abby, fährst du?", fügte er hinzu, aber er sah mehr den Tätowierten an.

„Sicher."

„Hoffentlich vergesse ich nicht, ihn anzuschnallen", sagte Alec und blickte zu ihr.

„Ich rate Ihnen, es mal bei Herrn Huber zu probieren", sagte der Tätowierte und sah Abby hasserfüllt an.

„Na bitte, geht doch. Sie kommen trotzdem mit uns", meinte Alec und packte den Mann unter dem Arm. Er war zwar nicht tätowiert, aber sein freches, lausbubenhaftes Grinsen schlug jeden noch so attraktiven Mann um Welten.

„Herr Huber ist mehrfach wegen sexueller Belästigung, Sachbeschädigung und Ruhestörung vorbestraft. Er hat auch noch einen Sohn, der steht aber nicht in unserer Verbrechenskartei", sagte Alec, als sie im Revier angekommen waren.

„Wenn Ina Stöbl das mit der Filmerei herausgefunden hat, dann ist Suizid doch gar nicht so weit hergeholt, oder?", fragte Abby und lehnte sich in ihrem Stuhl zurück.

„Die Frau war Jüngerin Gottes. Sie hätte sich niemals umgebracht. Wenn Mooser sie wirklich nur gefunden hat, dann wäre es doch denkbar, dass sein Filmkollege Romeo2.0 etwas mit dem Tötungsdelikt zu tun hat. Mooser hatte K.-o.-Tropfen in seiner Jackentasche, er hätte doch die benutzt, wenn er Frau Stöbl hätte betäuben wollen", sagte Alec.

„Wir sollten erst einmal herausfinden, ob jemand aus der Familie Huber Ramipril nimmt. Komm, wir fahren hin."

Huber senior wohnte mit seinem Sohn in einem kleinen Häuschen am Waldrand, angrenzend ans Lienzinger Moos. Abby kannte die Umgebung. Als sie noch in Eggstätt gewohnt hatte, war sie oft ins Café gegangen, welches nahe am Wald angrenzte. Aber irgendwann war ihr der tägliche Weg zur Arbeit zu lang geworden und sie war zu Alec gezogen.

Die Hütte von Herrn Huber senior schien schon ziemlich lange zu stehen. Überall brachen Dielen ab, Holz musste erneuert werden und auch die Regenrinne küsste bereits den Boden.

„Herr Huber? Mein Name ist Moor. Kriminalpolizei, das ist meine Kollegin Perez. Dürfen wir Ihnen ein paar Fragen stellen?"

Huber passte optisch perfekt in dieses Haus. Tiefe Augenringe, ein dreckiges, weißes Hemd, welches mit Schweißflecken übersät war. Wie lange sich dieser Mann wohl schon nicht mehr geduscht hatte? Auch sein Körpergeruch, den man schon aus zwei Metern Sicherheitsabstand riechen konnte, passte perfekt zu dem Schimmel in den Ecken.

„Wo ist Ihre Schwiegertochter?", fragte Abby.

„Nicht hier. Mein Sohn ist mit der Familie gerade nicht im Haus", meinte er, nachdem er sie hatte eintreten lassen. Offenbar war die Familie schon seit Tagen weg, denn überall lagen benutzte Teller herum. Keine normale Frau würde es in diesem Schweinestall auch nur eine Stunde aushalten. Von dem Eigentümer selbst abgesehen, fing das halb verspeiste Essen auf dem Boden langsam an, streng zu riechen. Huber hatte es vermutlich auf den Boden gestellt, weil sämtliche Küchenzeilen und Tische bereits vollgestellt waren. Wahrscheinlich hatte die Familie von den Filmchen ihres Großpapas Wind bekommen und war kurzerhand ausgezogen.

„Haben Sie einen PC hier im Haus?", wollte Alec wissen und sah sich suchend um.

„Nein. Warum fragen Sie?"

„Weil Ihr Filmkollege ausgesagt hat, dass Sie Romeo2.0 sind. Wir haben mitbekommen, dass Sie Interesse an Ina Stöbl haben. Also an der Frau, die tot in der Konditorei aufgefunden wurde", sagte Abby.

„Und jetzt glauben Sie natürlich, dass ich das war." Huber setzte sich in seinen Sessel und schaltete den Fernseher ab, auf dem irgendein Sportkanal lief.

„Ja. Aufgrund Ihrer Vorgeschichte."

Huber grinste und schüttelte verständnislos den Kopf. „Dann wissen Sie ja auch, dass das jetzt schon ein paar Jährchen her ist. Aber nein, ich habe damit nichts zu tun. Darf ich jetzt weiter fernsehen?"

„Vergessen Sie es!" Alec stürzte auf ihn zu, noch bevor Abby ihn am Arm packen und zurückziehen konnte.

„Ich habe ..."

„Sie sagen, Sie sind unschuldig? Dann haben Sie ja mit Sicherheit kein Problem, wenn wir in Ihrem Bad nach Ramipril suchen, oder?", fragte Abby.

„Oh, doch, damit habe ich ein Problem, außer Sie haben einen Durchsuchungsbeschluss!"

„Wo ist Ihre Familie?", wollte Abby wissen.

„Ich weiß es nicht!"

„Na gut, kein Problem, wir finden das heraus!"

Alec riss die Tür auf und stürmte ins Badezimmer.

Dieser Schwachkopf! Was war nur in ihn gefahren?

„Nehmen Sie das Blutdruckmedikament Ramipril?", rief er und streckte den Kopf durch den Türrahmen.

„Ja. Gehen Sie jetzt!"

„Oh, nein. Wir verhaften Sie", sagte Alec, ging in Eiltempo auf den Mann zu, drehte ihm die Hände auf den Rücken und legte ihm Handschellen an.

„Das Ramipril ist in seinem Badezimmer. Wir besorgen uns einen Durchsuchungsbeschluss für seine Wohnung", meinte Alec und rauschte an Abby vorbei, zur Haustür. War das gerade wirklich passiert? Hatte er wirklich gerade aus Hass einen alten Mann ohne richterliche Anordnung oder irgendwelche Beweise verhaftet?

7. Freitagabend

„Hey, Prinzessin! Na? Wo ist der Ritter, der euch hätte beschützen sollen? Wo ist der Feigling?", rief Alec mit gesenkter Stimme und rannte in der Hocke durchs Krankenzimmer zu Elisabets Tochter Josie. Sie saß auf ihrem Krankenbett und lachte laut über Alecs Stimme und seine Mimik.

Josie war das Abbild ihrer Mutter, sie hatte dieselben grünen Kaa-Augen, rote Locken und ein elfenhaftes Lächeln. Sie war wirklich ziemlich hübsch für ihr Alter.

Lukas und Elisabeth saßen auf zwei Stühlen ihrer Tochter gegenüber. Ihr älterer Sohn Marco hingegen hatte eher Lukas' Gesichtszüge und stand mit leichtem Desinteresse am Fenster.

„Ich glaube, Abby hat etwas für dich", raunte Alec der Kleinen ins Ohr und winkte Abby zu sich her. Sie überreichte Josie eine neue Packung Glitzerstifte in den furchtbarsten Rosa- und Lilatönen. Josie schien sich zu freuen.

„Oh. Schöne Maid, Ihr vergaßet, Euch zu verbeugen", meinte Alec mit Entsetzen in seinen schönen braunen Augen.

„Sagte der Ritter ohne Schwert. Wenn ich meinen Handschuh in den nächstbesten Tigerkäfig werfe, würdet Ihr ihn mir dann zurückholen?"

„Aber sicher. Selbst ohne Schwert", antwortete er und strahlte Josie an, während er vor ihr kniete.

„Wollt Ihr mit oder ohne Euer Schwert begraben werden, edler Herr?"

„Jetzt hast du die Romantik kaputtgemacht", rief Lukas von hinten. Er trug ein rotes T-Shirt, welches sich von seiner stets braun gebrannten Haut auf geradezu drastische Art abhob. Seine kräftigen Oberarme zierten einige Tätowierungen, die er während des Dienstes unter langarmigen Shirts versteckte.

„Schaut mal, Prinzessin Josie!" Alec hob ein Bild in die Höhe. Er hatte Elisabet und Lukas in mittelalterlicher Robe eben schnell aus dem Gedächtnis abgezeichnet. Elisabet trug ein langes Kleid, Lukas eine stattliche Ritterrüstung. Inmitten der beiden saß Josie auf ihrem Thron – mit einem Krönchen auf dem Kopf. „Mit Farbe wäre es noch schöner.

Oder, was meinst du?", fragte Alec und setzte sich kurzerhand zu ihr aufs Bett. „Was für ein Zufall, dass Abby die Stifte dabei hat. Wollen wir es zusammen ausmalen? Zeigst du mir, wie das geht?"

Josie nickte glücklich, zog mit ihrer rechten, gesunden Hand einen rosa Stift aus der Box und nahm seine Hand, um ihm genau zu zeigen, welche Ränder er mit welcher Farbe ausmalen sollte.

„Das schöne Bild", meinte Abby und kassierte dafür einen warnenden Blick von Elisabet, die soeben noch selig lächelnd ihre Tochter angesehen hatte.

„Siehst du? Abby gefällt das Bild mit Farbe auch besser", sagte Alec zu Josie, die die Bemerkung selbstverständlich auch nie anders verstanden hätte.

Elisabet umarmte Abby dennoch und raunte ihr ins Ohr: „Danke, dass wir hierbleiben konnten."

Erst vorhin hatten Alec und sie mit ihrem Vorgesetzten gesprochen. Alec und Lukas waren ab sofort fester Bestandteil ihrer frisch gegründeten Einheit, sodass es kein Problem sein würde, wenn Lukas und Elisabet abwechselnd auf ihre Tochter aufpassten. Der Leiter des Dezernats für organisiertes Verbrechen hatte sich breitschlagen lassen, da Alec und Lukas schon öfter mit dieser Webseite zu tun hatte, auf der die Videos von Frau Stöbl hochgeladen worden waren.

Am Ende des Tages hatte Elisabet plötzlich rosarote Haare und Lukas Tattoos auf dem Bild sahen irgendwie aus, als hätte er sich mit einem Glitzermonster geprügelt, sodass er jetzt überall lila glitzernde Striemen und Muster auf den Armen hatte. Josie selbst war offenbar zufrieden mit ihrem Werk und auch Alec schien es kein bisschen etwas auszumachen, dass sein Kunstwerk nicht mehr wiederzuerkennen war.

„Und? Wirfst du deinen Handschuh noch in den Ring heute?", flüsterte Alec Abby kaum hörbar zu.

„Wenn du ihn mir zurückbringst?"

„Vorher muss ich noch ein paar Angelegenheiten regeln", meinte er in derselben Lautstärke. Abby grinste, deutete mit der Hand eine Löwenkralle an und setzte sie auf seine Brust.

Bei jeder noch so kleinen Armbewegung traten die Muskeln aus seinem Rücken hervor. Selbst als er um das Bett herum zum Nachttisch tigerte, um sein Handy dort abzulegen. Auf seinen Schulterblättern waren schon einige Narben, genau wie an seinen Oberarmen. Das waren

Narben, die sie noch nicht kannte. Zum ersten Mal seit Jahren konnte sie einen langen Blick auf seinen blanken Rücken werfen. Die Narben stammten aus seiner Zeit als Personenschützer. Für sie beide war das ein ziemlich unschönes Kapitel und Abby fragte sich, ob es wohl noch länger geworden wäre, hätte sie damals nicht die Notbremse gezogen.

„Hey. Alles gut, bei dir? Du wirkst so nachdenklich."

Abby schreckte zusammen. Er hatte seine Arme um ihre Schultern gelegt und seine Nase in ihren dichten Locken vergraben. Er legte seine Hand an den Knauf ihres Messers, von dem er genau wusste, dass sie es stets bei sich an der Hüfte trug. Dieses Messer war ihre letzte Erinnerung an das Militär. Daran, weshalb sie eigentlich nach Deutschland gekommen war.

Niemals hatte sie daran gedacht, dass ihr Beruf als Soldatin Auswirkungen auf ihr Privatleben haben könnte. Auch nicht an jenem Tag, an dem sie und ihre Einheit eine Razzia in der Chemieküche eines Drogenbarons durchgeführt hatten. Als sie den Auftrag bekam, den Verantwortlichen zu erschießen, hatte sie nicht daran gedacht, mit dieser einen Kugel auch ihr eigenes Leben zu zerstören. Wie auch? Sie und ihre Kameraden waren nicht grundlos vermummt in jenen Einsatz gegangen.

Doch das Kartell hatte es trotzdem herausgefunden. Irgendwie hatten sie erfahren, wer ihr Oberhaupt erschossen hatte. Noch am selben Tag, an dem Abbys Familie starb, hatte sie gewusst, dass sie wegmusste. Weg vom Militär. Weg aus Brasilien. In ein Land mit einem Rechtsstaat. Irgendwohin, wo kein korrupter Richter seine schützende Hand über so einen Vorfall halten würde. Sie hätte die Möglichkeit gehabt, den Tod ihrer Familie zu rächen. Doch sie hatte es nicht getan. Es war genug Blut geflossen.

Schritte ertönten auf der Treppe. Noch bevor Abby zur Tür springen konnte, wurde kurz angeklopft und die Tür sperrangelweit aufgerissen. „Abby, diese Schlampe von einer Lehrerin hat …" Sina verstummte, als sie Alec sah, runzelte die Stirn und sah, ohne rot zu werden, zu Abby.

„Also ich sehe da keinen blauen Fleck!", meinte Abby und stieß Alecs Arm von ihrer Schulter.

„Ich auch nicht. Welcher blaue Fleck?", fragte er dann tatsächlich, nickte Sina ungerührt zu und griff nach seinem Shirt, welches zusammengeknüllt auf dem Bett lag.

„Den blauen Fleck, den sie erfunden hat, um eure … Position zu erklären", meinte Sina, ohne ihren amüsierten Gesichtsausdruck zu verbergen.

„Ach so. Den!" Alec deutete zu Abby und wieder auf ihn. „Sie … sie wollte, dass ich ihre neue Bettwäsche teste. Deswegen hätte ich die Hose eigentlich auch noch ausziehen …"

Abby trat ihm in die Kniekehle. Er lachte, offenbar machte ihm diese Situation gar nichts aus.

„Das glaube ich gerne", kommentierte Sina, drehte sich um und ging die Stufen nach unten. „Ich gehe zu einem Kumpel."

Alec sah alarmiert auf. Wie vom Donner gerührt zog er sein Shirt an, griff nach Abbys Hand und zog sie mit sich nach unten.

„Du meinst, du willst da übernachten", kombinierte Abby und ging zur Küchentheke hinüber, neben der der Mülleimer stand. Alec stieß sie an, als würde er nur darauf warten, dass sie ihre Handschellen holte und Sina in ihrem Zimmer festkettete.

„Ja. Was dagegen?"

Abby schüttelte den Kopf, griff in den Mülleimer und holte die Kondome heraus, die sie weggeworfen hatten. „Wehe du kommst mir schwanger zurück!", meinte sie und hob drohend den Zeigefinger.

Alec klappte die Kinnlade herunter. „Sina, die kannst du nicht mehr hernehmen! Die habe ich zweimal mitgewaschen und im Trockner waren die auch!", sagte er und konnte augenscheinlich nicht fassen, dass er diese Worte gerade zu einer Fünfzehnjährigen gesagt hatte.

Aber Sina war das offenbar relativ egal. Sie schulterte ihren Rucksack und ging. Zurück blieb ein ziemlich überfordert aussehender Alec.

„Hättest du gar nichts sagen können? Abby, du drückst einer Fünfzehnjährigen Kondome in die Hand, ist das dein Ernst?"

Abby sah ihn an. War wirklich das sein Problem? „Bevor sie schwanger nach Hause kommt", sagte Abby und zuckte mit den Schultern.

Alec sah sie mit offenem Mund an. Er wusste, dass er niemals mit Abby Kinder haben würde, und hatte Sina schon als Art Tochter in sein Herz geschlossen. Jetzt wollte er sie wahrscheinlich nicht mehr loslassen.

„Geht es wirklich darum, dass Sina erst fünfzehn ist?"

„Ja! Du kannst sie doch jetzt nicht schon ermutigen! Darauf kommt sie in ein paar Jahren noch von ganz alleine."

„Ich glaube, dass dein Problem ist, dass ich keine Kinder bekommen kann", sprach sie ihren Verdacht aus.

„Das hat erst mal mit Sinas Übernachtungsplänen nichts zu tun. Aber ja, schön finde ich es nicht. Willst du mir nicht endlich einmal genau erzählen, wie es dazu kam, dass du keine Kinder mehr bekommen kannst?"

„Nein", sagte Abby wahrheitsgemäß. „Das sagte ich dir doch bereits. Ich hatte ein Rendezvous mit einem Butterfly-Messer. Bitte, Alec, ich will jetzt nicht darüber sprechen."

Alec schnaubte und verschränkte die Arme vor der Brust. Dann sah er sie lange an. Abby kannte diesen Blick. Manchmal sah er einen Verdächtigen so an. „Soll ich dir sagen, was das für mich bedeutet? Du vertraust mir kein bisschen. Wir waren einmal verheiratet." Alec setzte sich auf das Sofa im Esszimmer. Enttäuscht sah er zu ihr hoch.

In solchen Situationen wäre es ihr lieber, er würde lauter werden. Die Enttäuschung in seinen Augen fand sie fast noch schlimmer.

8. Samstagmorgen

Alec und Elisabet waren am nächsten Morgen schon vor Abby im Büro. Offenbar ging Alec gerade alles mit ihr durch. Ob er seine gestrige Spontan-Verhaftung bereits bereute?

„Guten Morgen. Ist was passiert?", fragte Abby und setzte sich auf ihren Platz.

In Elisabets Gesicht konnte sie eine Spur von Verzweiflung lesen. „Ob etwas passiert ist? Abby, ihr habt gestern einen alten Mann ohne Beweise aus seinem Haus gezerrt. Hoffentlich hattet ihr einen guten Grund! Bis Mittag haben wir Zeit, ihm die Schweinerei nachzuweisen, dann kommt sein Anwalt und macht uns die Hölle heiß!" Elisabet griff sich verzweifelt in die Haare.

„Streiten nützt jetzt nichts. Alec, rufst du den Sohn an? Lissy und ich, wir machen mit Mooser eine Gegenüberstellung. Und anschließend versuchen wir, noch etwas aus unserem Tattoo-Fan herauszuprügeln", sagte Abby.

Zum ersten Mal an dem Morgen sah er sie richtig an. „Pass auf deine Finger auf", meinte er. Sie verstand erst später, dass sich das vermutlich auf die Informationen bezog, die sie aus ihrem Zeugen herausprügeln wollte. Er holte Luft, weil er offenbar noch etwas sagen wollte, verstummte aber dann. Gestern Abend hatten sie noch ziemlich lange diskutiert und waren irgendwann zu dem Entschluss gekommen, dass ihr Gespräch um diese Uhrzeit wenig Sinn machte.

„Kommst du, Abby? Wir sollten Mooser aus seiner Zelle holen", sagte Elisabet.

Nachdem sie Huber senior neben ein paar gleichaltrigen Männern platziert und Mooser aus seiner Zelle bugsiert hatten, konnte es losgehen.

Mooser schien zunächst verwirrt, tigerte immer wieder vor dem verspiegelten Fenster im Präsidium auf und ab, kniff die Augen zusammen und sah zu Abby. „Sie sind sicher, dass er da dabei ist?", fragte er nach und drehte sich wieder zum Fenster.

„Nein. Bitte sehen Sie sich die Männer noch einmal an", sagte sie.
„Aber er ist nicht dabei. Romeo2.0 war viel jünger. So um die vierzig. Groß und schlank."

Hatten sie gestern wirklich den Falschen verhaftet? Es passte doch alles so schön ins Bild. Oder irrte sich Mooser? Er war ja auch schon um die sechzig, hatte keine Brille auf und so eine Gegenüberstellung war gesetzlich doch so oder so stark umstritten. Abby sah zu Elisabet, die mit gerunzelter Stirn neben ihr stand.

„Können Sie ihn weiter beschreiben?", fragte sie.

Er schüttelte den Kopf.

„Haben Sie einen der Männer schon einmal gesehen? Unabhängig von Ihren Treffen mit den anderen Filmern, meine ich", wollte Elisabet wissen.

„Nicht, dass ich wüsste. Gesehen vielleicht, aber nicht mit ihnen gesprochen."

Abby seufzte und nickte dem Streifenbeamten neben ihnen zu, der Mooser zurück in seine Zelle brachte.

„Ich hoffe so, dass Alec sich nicht irrt. Ich weiß gar nicht, was gestern in ihn gefahren ist. Er war noch nie so wütend!" Abby verschränkte die Arme vor der Brust. Für die Nummer könnte er richtige Probleme bekommen.

Elisabet bohrte ihre hypnotisierenden Blicke geradezu vorwurfsvoll in ihre Stirn. Sie schien ganz genau zu wissen, wann Abby mit ihren Gedanken in ihr Privatleben abdriftete. Und noch besser schien sie zu wissen, wann es zwischen Alec und ihr kriselte. Immerhin war Abby sehr temperamentvoll und machte nur ungern Angaben zu ihrem Leben in Brasilien. Was nützte es schon, Mitmenschen mit alten Geschichten zu belasten? „Wir kennen doch eine fantastische Paartherapeutin, oder nicht?" Elisabet blieb vor dem Tresen mit dem Teekocher stehen, kippte etwas von dem süßlich riechenden Getränk in eine Thermoskanne und stellte sich wieder neben Abby.

„Hör mir bloß auf. Alec hat das gestern ernsthaft vorgeschlagen. Aber das geht Linda nichts an. Paartherapie ist was für Menschen, die sich besser trennen sollten oder ihren Privatkrams nicht unter sich ausmachen können!"

„In erster Linie ist es eine gute Methode, seine Beziehung zu retten." Elisabet nippte an ihrem Getränk, verzog genießerisch das Gesicht und hielt dann ihre Nase über ihren Tee.

„Was ist das für eine Giftmischung?", fragte Abby angewidert.

„Wäre es eine Giftmischung, wäre sie wohl für dich bestimmt. Und es ist Schwarzwälder Kirschtorte in Teeform. Schmeckt fantastisch."

„Also schmeckt es genauso gewöhnungsbedürftig, wie es riecht?"

Elisabet kniff die Augen zusammen und quetschte sich an ein paar Kollegen vorbei zu ihrem Büro, in dem Alec noch immer am Telefonieren war. Er saß an Abbys Schreibtischhälfte, ein Kugelschreiber und mehrere Notizzettelchen lagen kreuz und quer auf ihrem Schreibtisch verteilt. Elisabet setzte sich mit ihrer aufgebrühten Kirschtorte hinter ihren Schreibtisch, während Abby sich zu Alec setzte.

„Ich habe das Hotelzimmer ausfindig gemacht, in dem Huber junior mit seiner Familie untergekommen ist. Das Königshotel liegt auf der Herreninsel. Direkt am Schloss von König Ludwig", sagte Alec, nachdem er aufgelegt hatte. Er gab Abby einen Notizzettel, auf dem er seine Hieroglyphen verewigt hatte.

„Lissy und ich fahren hin", sagte Abby, weil sie ihm die Bootsfahrt ersparen wollte. Alec hatte Angst vor Wasser. Jedes Mal, wenn sie zusammen an einen See gegangen waren, hätte er sie am liebsten nur ins hüfttiefe Wasser gelassen. Und selbstverständlich nur mit Schwimmflügeln. Er wagte sich nicht einmal ins knietiefe Wasser und übertrug seine Angst auf alle, die ihm näher standen. Jedes Mal, wenn sie weiter hinausgeschwommen war, hatte sie Angst gehabt, dass er gleich einen Nervenzusammenbruch bekam.

„Die Gegenüberstellung war leider nicht sehr erfolgreich. Laut Mooser waren alle Männer zu alt, Romeo2.0 ist wohl so um die vierzig, groß und schlank", sagte Abby.

„Wunderbar, dann haben wir ihn ja quasi schon!", rief Alec mit ironischem Unterton und hob überschwänglich die Arme.

„Was, wenn es der Familienvater selbst war? Der ist doch in dem Alter, oder?"

„Das müsst ihr mir dann erzählen. Aber ich schaue mal, ob es noch jemanden in dem Alter in der Familie Huber gibt", sagte er und tippte wieder auf der Tastatur herum.

„Und diese Männer aus dem Puff müssten wir uns noch mal ansehen. Vielleicht haben die ja mehr damit zu tun, als es sich für uns momentan erschließt. So aggressiv, wie die auf uns reagiert haben", sagte Abby.

„Ich denke, das liegt eher daran, dass dieser Puff illegal ist und sie sich von dir provoziert gefühlt haben", sagte Alec.

„Du kennst mich. Ich provoziere Menschen nicht."

Alec prustete los. „Nein", sagte er schnell und grinste sie an. „Ich meine ja bloß. Da steht plötzlich eine Frau in figurbetonten Klamotten in einem Schuppen, in dem sich Männer treffen, um Nacktvideos von fremden Damen anzuschauen. Und dann ist diese Frau auch noch eine Polizistin, die diesen illegalen Schuppen natürlich sofort hochgehen lässt."

Abby nickte einsichtig und zwang sich, nicht auf das Chaos auf ihrem Schreibtisch zu achten. Sie klaute Alecs Wagenschlüssel aus seiner Hosentasche und gab Elisabet schließlich ein Zeichen zum Aufbruch.

Auch Abby mochte Bootstouren nicht besonders. Die Strecke vom Steg in Prien bis hinüber auf die Herreninsel kannte sie allerdings bereits in- und auswendig. Als sie vor Jahren an den Chiemsee gezogen war, hatte ihr jeder diese Inseln gezeigt. Mittlerweile konnte sie verstehen, warum kein Einheimischer mehr freiwillig auch nur einen Fuß auf diese schönen Fleckchen Erde setzte.

Die Chiemgauer kannten ihre Inseln zu Genüge. Sie hatten ihren Reiz verloren, seit die Touristen im Sommer in Massen auf die Inseln strömten. Die Geschäftsleute hatten einen wahren Touristenmagneten aus der Gegend um Schloss Herrenchiemsee gemacht.

Huber war im Königshotel in der Nähe des Schlosses von König Ludwig abgestiegen. Dafür, dass er nur kurz mit seiner Familie in irgendeinem Hotelzimmer untergekommen war, weil er vor seinem perversen Vater fliehen musste, war dieses Hotel jedoch ziemlich edel. Die Tochter hatte ein eigenes Zimmer mit eigenem Doppelbett. Alles war mit alt aussehendem Holz und in schmuckem Purpurrot ausgekleidet.

„Warum sind Sie von zu Hause ausgezogen?", fragte Abby Herrn Huber.

Seine Frau saß weinend neben ihm, umklammerte seine Arme mit beiden Händen. Auch ihre leicht eingedrückte Stupsnase passte perfekt ins Bild.

„Meine Frau hat beim Duschen Kameras entdeckt. Sie hat mich sofort gerufen. Ich dachte erst, dass sich unsere Tochter einen Scherz erlaubt hat. Aber sie ist selbst blass geworden und hat zu weinen angefangen. Ich wusste ja, dass mein Vater vorbestraft ist, aber so was hätte ich ihm nicht zugetraut", sagte Herr Huber.

„Wann haben Sie Ihr Haus verlassen?", wollte Elisabet wissen.

„Das war am Mittwoch." Huber nahm seine Frau in den Arm.
„Haben Sie die Kameras noch?", fragte Abby.
„Nein. Ich habe sie ausgebaut und zertreten. Darauf waren meine Frau und meine Tochter nackt zu sehen. Und ich auch!"
„Um die vierzig, schlank und groß, das könnte doch passen", ging es Abby durch den Kopf. Wobei die Beschreibung auch auf viele andere Männer passen könnte. „Das war nicht sehr klug. Sie hätten die Kameras zu uns bringen müssen", sagte sie laut.
„Damit sich Ihre Kollegen an den Bildern aufgei…"
„Nein. Weil sich der Täter vermutlich beim Aufstellen selbst gefilmt hat", unterbrach Abby ihn, noch bevor er irgendwelchen Kollegen etwas unterstellen konnte. Wäre es nicht möglich, dass er seine Frau selbst gefilmt und die Filme im Internet hochgeladen hatte? Das sollte ja schon vorgekommen sein, immerhin schlugen sich Alec und Lukas bereits lange mit dieser Materie herum. „Haben Sie Beweise gegen Ihren Vater?", fragte Abby ihn deshalb.
„Nein. Ist das nicht Ihr Job? Er ist ein perverses Schwein, bringen Sie ihn gefälligst hinter Gitter!"
„Wir müssen mit Ihrer Tochter sprechen. Und wir müssen wissen, wer in den letzten Wochen in Ihrem Haus war", sagte Abby.
„Meine Tochter ist verstört. Sie werden nicht mit ihr sprechen!", rief Herr Huber.
„Sie könnte möglicherweise …", sprang Elisabet ein, wurde aber sofort von dem Familienvater unterbrochen.
„Meine Tochter könnte gar nichts! Sie hat etwas Furchtbares erlebt und ist für Sie tabu!", brüllte er so laut, dass seine Frau ihn wieder am Arm festhalten musste.
„Wie Sie meinen. Sie bekommen einen schriftlichen Bescheid. Vor Gericht muss sie aussagen, da wird sie nicht darum herumkommen", sagte Abby. War das einfach ihr mehr oder weniger ausgeprägtes Mitgefühl oder war die Reaktion des Mannes genauso übertrieben, wie sie es empfand? Vielleicht konnte ihnen ja sein Vater weiterhelfen.

„Ohne meinen Anwalt sage ich nichts", war der einzige Satz, den sie eine ganze Weile von Herrn Huber senior zu hören bekamen.
„Heute Mittag sind die Ergebnisse da. Ihr Anwalt wird erst später eintreffen, da ist es also schon zu spät, die Informationen sind dann nicht mehr hilfreich für uns. Sagen Sie uns einfach, warum Sie ihre Familie

unbedingt nackt ablichten und die Filmchen im Internet hochladen mussten." Abby tippte auf ihrem Diensthandy herum und sah kurz auf, nachdem sie den Satz beendet hatte.

„Ich habe nichts getan!"

„Ihre Familie belastet Sie schwer", meinte Elisabet.

Die Familie hatte geschlossen gegen ihn ausgesagt, nicht aber Mooser. Er hatte zwar glaubhaft den Unwissenden gespielt, aber nachdem, was Hubers Sohn ausgesagt hatten, konnte sie Moosers Aussage buchstäblich in die Tonne treten.

„Kennen Sie einen der Männer?", fragte Abby und hielt ihm das Handy hin. Sie hatte eine Reihe von Bildern zusammengestellt, darauf waren Mooser und ein paar Männer desselben Alters aus ihrer Verbrecherkartei.

Aber er gab vor, niemanden zu kennen.

Abby zeigte dem Mann ein Foto der Verstorbenen. „Und die Frau? Kommt Ihnen die bekannt vor?"

Huber schüttelte mit dem Kopf.

„Geben Sie zu, Kameras in Ihrem und in dem Badezimmer der Frau platziert zu haben, und die Videos dann im Internet hochgeladen zu haben?", wollte Abby wissen.

Das war seine letzte Chance, die er jedoch ausschlug.

Wenn sie den Beschluss dennoch durchbekamen, würde Alec keine Schwierigkeiten bekommen. Hoffentlich erwies sich der Richter als gnädig.

„Hey, edler Ritter!"

Auf dem Gang drehte sich Alec nach ihr um. Er schmunzelte. „Schöne Maid." Er nahm ihre Hand, ging auf die Knie und gab ihr einen angedeuteten Handkuss. Ehrfürchtig blickte er zu ihr hoch. Kollegen gingen grinsend an ihnen vorbei, eine ältere Frau, die vermutlich nur wieder irgendeinen Geldbeutel-Diebstahl melden wollte, sah verwundert zu ihnen hinüber. Er hatte wirklich ein Talent dafür entwickelt, sie in peinliche Situationen zu bringen.

„Du bist so ein Spinner!", sagte Abby.

Alec stand jetzt endlich wieder auf und nahm ihr die Akte aus der Hand, hinter der sie sich soeben hatte verstecken wollen.

„Ich sage dem Chef, er soll einen Durchsuchungsbefehl beim Richter anschaffen. Wir haben genügend, glaube ich. Da hast du sauber Glück gehabt. Das hätte richtig nach hinten losgehen können", tadelte sie und schob ihn in ihr Büro.

„Ich weiß. Aber hätten wir Huber nicht mitgenommen, hätte er sämtliche Beweise verschwinden lassen. Was der Mann seiner Familie und Frau Stöbl angetan hat, gehört bestraft." Sein Blick wurde wieder düster.

„Ich weiß schon. Die Verdunklungsgefahr hättest du ja vielleicht auch durchbekommen. Aber die Wohnung hättest du niemals durchsuchen dürfen. Pass' einfach in Zukunft auf, dass du nicht selbst in Gefahr läufst, bestraft zu werden."

Alec nickte. „Sehen wir uns in der Mittagspause?"

Abby tat begeistert, aber ihr graute es zu sehr vor ihrem Gespräch, als dass sie sich freuen konnte. Im Reden war er stärker als sie. Sie wusste noch ganz genau, wie das früher abgelaufen war. Alec stellte eine Theorie auf und bestätigte sie sich selbst. Dann begründete er seine Aussage gut und sah sie an wie einen Verdächtigen am Verhörtisch. Am Ende verbrachte er dann noch genügend Zeit damit, sich zu wundern, warum ihr darauf nichts mehr eingefallen war, und verkroch sich beleidigt.

Elisabet hatte ihre Teekanne erneut gefüllt, sodass sich der Geruch nun ungehindert im gesamten Raum verteilen konnte.

„Ich habe gerade noch einmal mit Mooser gesprochen. Er behauptet, alle Kameras allein aufgestellt zu haben", sagte Abby.

„Glaubst du ihm?", fragte Elisabet und zog eine Zwischenraum-Zahnbürste, Wimperntusche und einen kleinen Handspiegel aus ihrer Jackentasche.

„Ich weiß nicht. Er will seinen Filmkollegen decken." Dann fragte sie: „Was zur Hölle machst du da? Hast du jetzt schon Zähne auf den Haaren?"

„Immerhin keine Haare auf den Zähnen. Wozu eine Wimpernbürste kaufen, wenn ich Zwischenraumbürsten habe?"

Abby sprang vom Fensterbrett, auf dem sie soeben noch gesessen hatte, nahm ihre Lederjacke von der Lehne ihres Stuhls und ging zur Tür. Sie hätte Elisabet lieber weiter bei ihrer speziellen Beauty-Routine zugesehen, als sich jetzt mit Alec über das Thema Vertrauen zu streiten und darüber, wie man es zum Ausdruck bringen konnte.

Als sie die Kellertür zu ihrer Stammkneipe öffnete, fegte Linda, Louis' angetraute Paartherapeutin, durch den Bau. Sie trug irgendwelche ökologisch korrekten Klamotten, denen man genau das auch auf den ersten Blick ansah. Linda hatte blonde, schulterlange Haare. Sie war wenig geschminkt, konnte sich das aber auch leisten.

„Ich mache dir einen Kaffee", meinte Alec zur Begrüßung und ging hinter den Tresen, an dem sie früher immer gesessen hatten. Sein Satz klang fast wie eine Drohung.

Es sah so furchtbar anders aus. Keine Stühle, keine Tische, kein unnötiger Kram mehr, welcher hier abgestellt worden war. Anstatt nach kaltem Zigarettenrauch roch es nach Farbe und Lack. Dieser Anblick war für sie kaum zu ertragen. Wie viele wunderbar unbeschwerte Stunden hatte sie hier verbracht? Wie sehr würde sie die Rockmusik, die älteren Männer mit langen Haaren, schweren Lederjacken und unzähligen Tattoos vermissen.

„Na? Denkst du an unser erstes Date auf dieser Couch, die ich ritterhaft aus dem Sperrmüll befreit habe? Und das ganz ohne Schwert." Alec kam zu ihr zurück, überreichte ihr eine Kaffeetasse und zog sie zu sich auf das durchgesessene Sofa. „Hallo, Abby!"

Linda wedelte wild mit den Händen, um sich bemerkbar zu machen, und sauste dann zu ihnen hinüber. „Wie geht es dir?", fragte sie. Ehe Abby eine Antwort geben konnte, saß Linda auch schon neben ihr auf der Couch.

„Gut", meinte Abby und Alec grinste. Er gab sich offenbar mit der Antwort zufrieden, lehnte sich zurück und trank seinen Kaffee. Sein Blick schweifte in die Ferne ab und blieb an der Wand hängen.

„Ihr wisst, dass Kommunikation das A und O in einer Beziehung ist?"

„Wir verstehen uns auch ohne große Worte", sagte Abby und klang dabei giftiger als beabsichtigt.

„Aber ihr seid angespannt. Alec hat sich zwar zurückgelehnt, aber seine Hände, seine Arme sind angespannt. Und du, Abby, bist in Alarmbereitschaft. Leicht nach vorne gebeugt, die Füße fest auf dem Boden."

Abby warf Linda einen mörderischen Blick zu. Wer hatte sie um Hilfe gefragt? Wer ging davon aus, dass sie in den Kinderschuhen dieser Beziehung überhaupt Hilfe brauchten?

„Hey, Abby. Lass dich doch bitte darauf ein. Es wird uns mit Sicherheit nicht schaden. Das mit uns ging schon mal in die Brüche, es ist wichtig, zu schauen, wo die Probleme liegen."

Warum musste Alec immer so schrecklich vernünftig klingen? Würde Lukas das zu Elisabet sagen? Nein, vermutlich nicht. Würde überhaupt ein Mann das zu seiner Freundin sagen? Nein. Nur Alec musste natürlich wieder aus der Reihe tanzen. Und warum musste das ausgerechnet in ihrer geliebten Stammkneipe passieren, die dem Untergang geweiht war?

„Ich habe kein Problem! Das hast du! Wer hat denn gestern von fehlendem Vertrauen und dem ganzen Mist angefangen? Warum können wir nicht einfach ganz normal starten, so wie das jeder tut? Warum müssen wir uns so früh Gedanken über so etwas machen?" Abby stand schwungvoll auf, sodass der Milchschaum in ihrer Tasse dem Rand gefährlich nahe kam. Gerade als sie trinken wollte, fiel ihr ein verzerrtes Kakao-Herz auf, welches mühevoll in den Milchschaum gezeichnet worden war. Abby sah zu Alec. Dann zu Linda. Und jetzt? Sollte sie so tun, als hätte sie es nicht gesehen? Wie sollte sie jetzt reagieren?

„Wir haben schon eine Scheidung hinter uns. Wir können doch die ganzen Jahre nicht einfach vergessen und tun, als würden wir uns nicht schon ewig kennen." Er stand auf und legte ihr beruhigend die Hände auf die Schultern.

„Ich glaube, wir sollten jetzt gehen. Wir haben noch eine Menge Arbeit", meinte Abby und trank von ihrem Kaffee. Als sie ihre Tasse ausgetrunken hatte, ließ nichts mehr darauf schließen, dass da jemals ein Herz gewesen war.

9. Samstagnachmittag

Als sie zurück waren, hatte Elisabet bereits neuen Kirschtorten-Tee aufgesetzt. Offenbar war sie auch mit ihrem Wimpern-Gebürste fertig, denn als Abby und Alec das Büro betraten, hielt sie ein paar Blätter Papier in die Höhe. „Wir haben einen Beschluss für das Haus von Huber senior und dessen Laptop bekommen. Außerdem haben unsere Computerspezialisten eine E-Mail-Adresse aus dem Laptop unseres Opfers filtern können, die nicht von einem der Jünger Gottes stammt. Sie gehört zu einem Makler, der Ina offenbar ein Café verkaufen wollte. Ach ja, und die Webseite will sich nicht zur Identität von Romeo2.0 äußern. Zumindest haben wir auf unsere Anfragen noch keine Antwort erhalten", erklärte Elisabet.

Alec setzte sich auf Abbys Schreibtisch und hielt prüfend die Nase in die Luft. Er sagte aber nichts.

„In den letzten Monaten gab es immer wieder Beschwerden der Nachbarn. Anzeigen wegen Lärmbelästigung gegen Huber senior. Offenbar hing bei denen schon länger der Haussegen schief. Laut Zeugin ist er mit seinem Sohn laut streitend die Straße runtergekommen und hat dann aus Wut gegen ihre teure Lilie vor der Einfahrt getreten", fuhr Elisabet fort.

„Gut möglich, dass sie das nicht überlebt hat", überlegte Abby laut.

„Wer? Die Lilie?"

„Nein. Ina Stöbl. Huber senior scheint ein ziemlich aufbrausender Typ zu sein", sagte Abby und dachte an seinen Sohn, der diese Eigenschaft wohl von ihm geerbt hatte. Immerhin war er auf sie verbal losgegangen.

„Ach so."

„Wenn die Familie öfter mal Streit hatte, kann es gut sein, dass Huber ihnen eins auswischen wollte, indem er die Videos hochgeladen hat. Ich würde sagen, der Fall ist so gut wie gelöst", meinte Abby und hob triumphierend die Hände.

„Oh ja. Und wisst ihr, was wir dann machen? Wir holen unseren vermasselten Samstag nach und bummeln unsere Überstunden ab."

Alecs Grinsen erstreckte sich von einem Mundwinkel bis zum anderen. „Dann gehen wir in unsere Stammkneipe und trinken was zusammen. Wir saßen schon so lange nicht mehr alle zusammen. Was ist, seid ihr dabei?"

Elisabet zögerte, dachte wahrscheinlich an ihre Kinder. Früher hätte sie keine Sekunde gezögert. Sie war mal eine richtige Partymaus. Jetzt war sie Mutter. Dennoch hatte sie es geschafft, das genaue Gegenteil von Abby zu sein. Die hatte sich nie gerne mit vielen Menschen in eine Disco gedrängt und sich mit deutschen Sommerhits die Ohren durchblasen lassen. Nein, da setzte sie sich lieber neben ein paar ältere Herrn mit langen Haaren und hörte stundenlang Rockmusik, während sie sich einen Whisky nach dem anderen gönnte und am nächsten Tag so verwundert wie geschockt neben Alec in einem der düsteren Zimmer über der Kneipe aufwachte. Halb angezogen. Oder halb ausgezogen. Manchmal auch ganz ausgezogen. Das kam ganz auf ihren Alkoholspiegel an. Ausgerechnet ihr ältester, deutscher Freund Louis wollte ihre Kneipe jetzt mit Farbeimern und neuen Möbeln in die Knie zwingen.

„Na gut, ich frage meine Mutter, ob sie auf die Kinder aufpassen kann."

„Das wird unser Abschied von unserer Stammkneipe. Solange der Tresen noch steht und die Barhocker noch nicht in den Container gewandert sind ..." Alec verstummte.

„Ich hasse Veränderungen." Abby musste einmal tief durchatmen, bevor sie sich wieder auf irgendetwas konzentrieren konnte. „Ich schlage vor, wir sprechen jetzt noch einmal mit Huber und dessen Anwalt", sagte sie schließlich.

Alec hatte unbedingt bei dem Gespräch mit Huber und dessen Anwalt dabei sein wollen. Damit niemand anders erklären musste, warum er Huber verhaftet hatte. Und der Anwalt war so ganz anders als Moosers unerfahrener Verteidiger mit dem naiven Glauben daran, die Welt retten zu können.

„Sie haben meinen Mandanten ohne Haftbefehl mitgenommen. Sie hatten keine Beweise. Hauptkommissar Moor, wir werden Sie verklagen, bis Ihnen Ihre Degradierungspapiere um die Ohren fliegen!" Der Anwalt war klein, pummelig und machte seinen Job wohl schon recht lange.

„Etwas mehr Respekt, bitte!" Abby schlug mit der Handfläche auf den Tisch und starrte den Mann wütend an. „Wir hatten stichhaltige

Indizien gegen Ihren Mandanten. Ein Bekannter hat gegen ihn ausgesagt. Daraufhin haben wir Nachforschungen angestellt und herausgefunden, dass Ihr Mandant wegen sexueller Belästigung vorbestraft ist. Vor Ort haben wir dann das Ramipril gefunden. Das ist das Medikament, mit dem Ina Stöbl umgebracht wurde! Aber das wissen Sie ja mit Sicherheit am besten, nicht wahr, Herr Huber?", verteidigte Abby ihren Freund. Am liebsten hätte sie Alec jetzt einmal ganz fest umarmt. Er sah so blass aus. Plötzlich wusste sie gar nicht mehr, weswegen sie sich eigentlich die ganze Zeit über gestritten hatten. Das alles war gerade so bedeutungslos.

„Herr Huber hat mir erzählt, dass Hauptkommissar Moor unerlaubt sein Badezimmer durchsucht hat. Nur so konnten Sie das Ramipril überhaupt finden. Wenn Sie nicht wollen, dass Ihr Kollege seinen Job für immer verliert, dann lassen Sie meinen Mandanten jetzt laufen und konzentrieren sich wieder auf den Stalker der Frau. Es ist wahrscheinlicher, dass er die Dame aus einer Lust heraus ermordet hat, als dass mein Mandant, der diese Frau nie gesehen hat, sie mit seinen Medikamenten vergiftet." Der Giftzwerg mit der Halbglatze und den grauen Härchen baute sich in seiner kleinen Größe vor ihr auf.

„Wir haben die Aussagen von seinem Sohn, dass er Romeo2.0 ist und die Dame sehr wohl kannte!" Abby musste sich zügeln. Sie wollte doch Alec aus der Patsche helfen.

„Die Aussage hatten Sie gestern Abend noch nicht."

„Nein. Aber wir haben sie jetzt. Und wir haben einen Durchsuchungsbefehl vom Richter für Hubers Haus und seinen Laptop. Sollten wir darauf irgendetwas finden, das unsere Theorie weiter stützt, dann sorge ich dafür, dass Ihr Mandant lebenslänglich hinter Gitter kommt und sich seine Schwiegertochter nackt im Gefängnis vorstellen kann, wenn er überhaupt nur zwei Tage im Bau überlebt. Mit jemandem wie ihm wird da in der Regel kurzer Prozess gemacht." Abby war immer lauter geworden.

Huber wurde blass um die Nase. Endlich. Endlich schien er sich über das Ausmaß seiner Straftat im Klaren zu werden. „Ich ...", stotterte er und keuchte. „Ich wollte nicht ..." Er stöhnte und rang um Luft.

„Was wollten Sie nicht? Ihre Schwiegertochter nackt filmen und dafür sorgen, dass sich Tausende von perversen Schweinen da draußen an ihr aufgeilen können? Oder Ina Stöbl ermorden? Was von beidem wollten Sie nicht?", brüllte Alec und lief tiefrot an.

Abby sah ihm an, dass er sich zwingen musste, sitzen zu bleiben und seine Hände brav auf die Tischplatte zu legen.

„Nein, ich …" Huber rang weiter um Luft. Er keuchte, wurde erst rot, dann grün, dann blau im Gesicht.

„Ist alles in Ordnung, bei Ihnen?" Der Anwalt kauerte sich vor seinen Mandanten, der sich schließlich ans Herz fasste und vom Stuhl fiel.

Plötzlich ging alles ganz schnell. Alec rief den Notarzt, sämtliche Kollegen kamen angestürmt, der Anwalt redete beruhigend auf Huber ein. Ihm stand der Schmerz ins Gesicht geschrieben.

Aber Abby hatte kein Mitleid mit ihm. Sie hatte nur Augen für Alec. Er war leichenblass. Seine Augen glasig. Geschockt. Seine Stimme, als er den Krankenwagen rief, war irgendwie mechanisch. Er wirkte noch immer ferngesteuert, als er mit den Notärzten sprach, die Huber ins Krankenhaus brachten. Als er sich zuerst bei ihrem Chef und anschließend bei sämtlichen Kollegen wieder und wieder erklären musste. Er sah so gar nicht aus wie Alec sonst. Mehr wie eine Maschine, die funktionieren musste. Lukas kam herbeigestürmt und überhäufte ihn mit Fragen. Aber er schien sie nicht wahrzunehmen. Alec schrieb seinen Bericht, wuselte im Büro herum, redete ohne Punkt und Komma. Und wenn ihm nichts mehr einfiel, fing er von vorne an. Es war so furchtbar, ihn so zu sehen.

„Ich schlage vor, wir durchsuchen sein Haus, seinen Laptop und anschließend schließen wir die Akte. Denn wenn wir bei der Hausdurchsuchung etwas finden, dann … dann haben wir ihn. Und dann können wir die Akte schließen. Und wir werden etwas finden, damit wir die Akte schließen können. Bei der Hausdurchsuchung, meine ich. Und auf seinem Laptop finden wir auch etwas. Und anschließend können wir die Akte …"

„… schließen, ich weiß, Alec. Jetzt komm doch bitte wieder zu dir!" Abby scheuchte sämtliche Kollegen aus ihrem Büro. Kollegen, die die Geschichte noch nicht gehört hatten. Es war ihr gutes Recht, sie rauszuwerfen. Immerhin war das ihr Büro, ihr Schreibtisch und ihr Freund, der da gerade am Durchdrehen war.

„Abby, wir fahren jetzt einfach zu dieser Hausdurchsuchung und anschließend machen wir den Fall zu", redete er weiter. Er ging im Büro auf und ab, seine Blicke streiften an den Wänden entlang. Er konnte sie nicht ansehen. Er war nicht mehr Alec, er war ein Roboter. Alec sprach so … und verhielt sich genauso merkwürdig.

Bis Abby es nicht mehr ertrug. Sie packte ihn an beiden Schultern und bohrte ihre kurzen Fingernägel in seine Haut, rüttelte an ihm, doch er wollte nicht aufhören, zu sprechen. „Hey!" Er zuckte durch die Brutalität und Lautstärke in ihrer Stimme zusammen. Er atmete schnell und unregelmäßig. „Es ist gut, jetzt."

Alec zog sie an sich, vermutlich weil er jetzt irgendwen brauchte, an den er sich anlehnen konnte, was ihr irgendwie leidtat, denn Abby war einen halben Kopf kleiner als er. Also standen sie eine ganze Weile komisch umschlungen und irgendwie ein bisschen schief mitten im Raum. Alec hatte sein Gesicht in ihren Haaren vergraben und seine Stirn auf ihre Schulter gelegt, sodass sie ihren Hals verbiegen musste, bis er schmerzte. Aber das war ihr gleich, solange sie nicht mehr tun musste, als ihn zu umarmen.

„Ich habe ihn umgebracht, Abby. Ich habe einen alten Mann angebrüllt, von dem ich genau wusste, dass er herzkrank ist. Ich bin ein furchtbarer Mensch. Ich war so unverschämt", sagte er leise.

„Scht. Du hast niemanden umgebracht. Und selbst wenn, er ist ein Arsch. Verzeih mir den Ausdruck, aber es stimmt."

Er trat zurück, fuhr sich mit beiden Händen übers Gesicht und setzte sich dann auf eine Couch unter ihrem Bürofenster, die mehr als Ablage für Kartons mit Akten diente. Abby schob ein paar von ihnen zur Seite, sodass sie sich gerade noch so neben ihn quetschen konnte. Eine Feder spießte ihr ins Gesäß, aber sie blieb sitzen.

„Er hat seine Tabletten nicht genommen. Und ich habe ihn angeschrien, habe ihm Angst eingejagt. Einem alten, herzkranken Mann. Wenn er stirbt, dann ist das meine Schuld. Sein Anwalt wird mich doppelt und dreifach verklagen. Und dann? Dann kann ich als Aushilfskellner in Louis' neuer Bar jobben. Oder als Teilzeitarbeiter für einen Euro die Stunde im Knast."

„Nein, Alec. Hör mir zu. Ja, du bist lauter geworden und du bist nicht förmlich geblieben. Aber wenn der Mann wegen ein paar lauten Tönen einen Herzinfarkt bekommt, ist das nicht deine Schuld. Er wird das Ausmaß seiner Straftat bemerkt haben und hat sich deshalb aufgeregt. Aber dass du dafür büßen musst, das kann ich mir nicht vorstellen. Du hast ihn nicht geschlagen oder so."

Alec starrte zu Boden. „Wir haben uns gestern erst mit diesem Anwalt über Strafen gestritten. Und ich hatte unrecht. Jeder verdient, dass man zu seinen Gunsten entscheidet. Es ist unfair, jemandem zwanzig

Jahre Haft zu wünschen, weil derjenige ein paar Minuten nicht nachgedacht hat. Aber noch viel schlimmer ist es, wenn man sich wünscht, dass jemand anderes Schmerzen hat. So was verdient keiner. Auch kein Perversling."

Abby merkte, wie sich ihr Magen zusammenzog. Muskeln, von deren Existenz sie bisher noch keine Ahnung gehabt hatte, spannten sich an. „Ach ja?", platzte es aus ihr heraus. Sie wollte ihn gar nicht anschreien. Er hatte schon genügend Probleme. Doch sie konnte nicht anders. Sie musste an ihre Schwester denken. „Und die Opfer? Ein Mann, der zwei Menschen getötet hat, kommt ungestraft davon, nur weil er Geld hat. Er taucht bei ihrer Beerdigung auf. Er grinst den Angehörigen ins Gesicht. Er hat nachgedacht. Und er hat nie für seine Taten zahlen müssen. Das ist gerecht? Ist es das? Ach so, ich vergaß, es sind ja nur zwei Tote, die sind eh schon hinüber, jetzt geht es um den Täter." Die Tränen traten ihr in die Augen. Warum musste ausgerechnet er so etwas sagen?

„Hey, Abby, das meinte ich so nicht. Das war richtig blöd ausgedrückt. Aber ich habe das auf gar keinen Fall so ..."

„Schon gut. Spar dir deinen Atem für die Hausdurchsuchung. Wir wollen ja nicht, dass du Schwierigkeiten bekommst." Abby strich sich die Tränen aus den Augenwinkeln, stand auf und verließ ihr Büro.

Das Bild von ihrer Schwester und ihrer Mutter, welches Alec ironischerweise selbst gezeichnet hatte, löste sie aus ihrem Rahmen und steckte es in ihre Jackentasche. Sie wollte nicht, dass er es länger ansehen konnte.

Die Sonne wollte auch im Laufe des Tages nicht ganz durchkommen. Es war schwül, kein Hauch von Wind wehte, der die stehende Hitze vertreiben konnte. Abby wartete sehnlichst auf ein Gewitter, den erlösenden Regen, der die Last von ihren Schultern spülte. Das Schweigen zwischen Alec und ihr war unerträglich. Er sah unentwegt zu ihr, wollte etwas sagen, doch Abby hatte genug von blöden Sprüchen. Von der Mitleidsheuchelei ihrer Mitmenschen. Es würde ja doch niemand nachvollziehen können.

Elisabet sah zwischen Alec und ihr hin und her und wollte immer wieder ein Gespräch anfangen, um die Stille zu überbrücken. Doch das schaffte nur der Staatsanwalt, als er endlich vor Hubers Haus ankam. Während Alec und Elisabet den Wohnbereich durchsuchten, strebte Abby sofort das Badezimmer an. Überall lagen leere Klopapierrollen, benutzte Handtücher, stinkende Wäscheberge. Im Schrank fand Abby eine leere Schachtel Ramipril, die sie in ein Beweistütchen steckte. Kameras an der Dusche fand sie wie erwartet nicht.

Nachdem Herr Huber junior die Geräte zertreten hatte, hatte er sie vermutlich in den Müll geworfen, sich seine Familie geschnappt und das Weite gesucht. Wahrscheinlich hatte sein Vater den Abfall nicht entleert, also müssten die Kameras noch immer im Müll liegen.

„Lass mich in der Scheiße wühlen", sagte Alec, als sie sich gerade über den Mülleimer gebeugt hatte, der ziemlich streng roch.

„Bitte. Wenn es dir Freude bereitet." Sie drehte sich weg, bevor er etwas sagen konnte, und stieg die Treppen hinauf ins Schlafzimmer. Die Klamotten in Hubers Kommode waren zerknüllt, das Bett nicht gemacht. Viel hatte er sich hier nicht aufgehalten. Abby hob die Matratze an. Ein Briefumschlag lag auf dem Lattenrost.

„Lissy", rief sie nach unten, als sie den Inhalt erkennen konnte.

Es waren Bilder. Bilder, die Hubers Schwiegertochter entweder in Unterwäsche, im Bikini oder ganz nackt zeigten. Die Bilder waren schonungslos echt, die Frau hatte keine überaus großen Brüste oder einen ganz besonders runden Hintern. Eine ganz normale Frau an die vierzig. Mit Cellulite, kleinen Speckröllchen und normalem Körbchen.

„Was hast du da?", fragte Elisabet überflüssigerweise.

„Er hat die Bilder nicht nachbearbeitet, die Videos von seiner Schwiegertochter und seiner Enkelin schon, obwohl das sehr viel aufwendiger ist", sagte Abby.

„Er wollte Aufmerksamkeit von seiner Community. Wir sollten die Bilder heute Abend Louis geben, der kann uns bestimmt ein bisschen was darüber erzählen." Abby stimmte zu. Am Ende der Hausdurchsuchung hatten sie keine Kameras in irgendwelchen Mülleimern gefunden. Nur die Bilder unter dem Bett des alten Herrn, den Laptop, der nach seiner Aussage ja angeblich nicht im Haus vorhanden war. Außerdem war da noch die leere Schachtel Ramipril. Das sollte vorerst reichen.

Als sie wieder zurück im Büro waren, hatte sich Abby vom ehemaligen Chef der älteren Herren bestätigen lassen, dass Huber und Mooser früher tatsächlich einmal zusammen gearbeitet hatten. Als bei Huber dann die Herzkrankheit diagnostiziert wurde, hatten beide zusammen aufgehört, offenbar waren sie eng befreundet gewesen. So passte also alles zusammen. Abbys Blick fiel automatisch auf den leeren Bilderrahmen vor ihrer Nase. Heute war kein guter Tag. Ihr war wieder einmal klar geworden, wie geschmacklos es war, ein Bild seiner toten Familie auf dem Schreibtisch stehen zu haben, an deren Ableben sie nicht ganz unschuldig war. Hätte sie doch nur diesen Drogenbaron nicht erschossen! Wäre sie doch nur niemals zum Militär gegangen! Hätte sie doch nur irgendwie verhindert, dass das Kartell ihre Familie tötete!

„Du blöder Arsch!", schrie sie und schlug auf den Tisch. Wie konnte Alec nur sagen, dass man sich nach dem Tod der Opfer um die Täter kümmern müsse.

„Hey. Ich habe dich auch lieb, Abby", sagte Elisabet, die hinter ihr aus dem Boden gewachsen war.

„Entschuldige. Dich meine ich doch nicht." Sie atmete durch.

„Also, wir müssen noch mit der Tochter sprechen. Mit der Tochter von Huber junior. Die Frage ist bloß, wie wir das anstellen. Papa behütet sie wie seinen Augapfel. Oder noch mehr."

„Frieda wurde nackt gefilmt und die Videos der Mutter wurden sogar ins Internet gestellt. Kannst du nicht ein bisschen Mitgefühl für das arme Mädchen zeigen?" Elisabet setzte sich und nahm einen großen Schluck aus ihrer Teetasse. „Was ist denn nur los mit dir?"

„Nichts. Ich habe nur einen Hass auf Huber senior", sagte Abby, was ja auch nicht ganz gelogen war.

„Ich schlage vor, wir rufen Huber junior an, damit wir seine Aussage aufnehmen können. Er wird seine Familie nicht noch mehr belasten wollen, also wird er sie vermutlich nicht mitbringen. In der Zwischenzeit fahren wir ins Hotel und sprechen mit dem Opfer", schlug Elisabet vor.

„Meinst du, Alec bekommt Ärger?", fragte Abby trotz ihrer Wut auf ihn.

„Schwer zu sagen. Das kommt darauf an, wie gut Huber seinen Anwalt bezahlt."

Dieser Idiot. Was musste er auch so voreilig mit Hubers Verhaftung sein? Er würde in Teufels Küche kommen. Aber wahrscheinlich würde er selbst das noch romantisch-philosophisch verpacken. Abby schnaubte und wählte dann die Handynummer von Herrn Huber junior, damit der aufs Präsidium kommen konnte. Hoffentlich ging der Plan auch auf.

Gegen sechzehn Uhr tauchte Herr Huber in Alecs Büro auf, um die offizielle Aussage mit ihm aufzunehmen. Abby und Elisabet kamen gute dreißig Minuten später am Hotel an, in dem die Familie des Mannes auf dessen Rückkehr wartete. Mutter und Tochter saßen eng umschlungen auf dem Doppelbett der Eheleute.

„Ihr Mann ist gerade weg? Das ist ja schade. Wissen Sie, wir haben eine neue Kollegin, mit der gestaltet sich die Kommunikation etwas schwierig. Aber wenn wir schon einmal hier sind ... mit Ihnen haben wir noch nicht über den Vorfall gesprochen", meinte Abby und sah zu der Mutter, die ihre Tochter um ein Haar mit ihrem Klammergriff erdrückte.

„Muss das sein?" Sie schniefte und drückte den Kopf ihrer Tochter noch fester an sich.

Normalen Jugendlichen wäre so ein Auftritt sicherlich peinlich gewesen. Aber dieses Mädchen war anders. Offenbar hatte ihr Großvater sie geprägt.

„Wir werden nicht darum herumkommen, fürchte ich", sagte Elisabet und setzte sich neben die beiden.

„Je eher wir anfangen, desto eher sind wir durch", meinte Abby.

„Mein Mann hat doch schon alles erzählt."

„Schon, aber wir wollen es von Ihnen hören. Haben Sie die Liste mit Personen zusammengestellt, die in den letzten Wochen im Haus waren?"

Die Mutter nickte und riss sich von dem Mädchen los, welches sie nicht einmal eines Blickes würdigte. Es hatte dunkelbraune Haare wie seine Mutter, ein rundliches Gesicht und war stark übergewichtig. Sein Körper war in unvorteilhaft enge Klamotten gezwängt worden und das Mädchen hatte einen merkwürdigen Gesichtsausdruck. Das war kein normaler Teenager.

Als würde ihre Mutter Abbys Gedanken lesen können, kam sie mit der Liste angerannt, drückte sie Elisabet in die Hand und nahm ihre Tochter wieder in die Arme.

Elisabet lächelte selig. Hoffentlich dachte sie nicht, dass das bei ihr und Josie genauso werden würde. Eine enge Bindung zur Mutter war schön und gut, aber das half dem Kind doch in der Schule und im Leben nichts.

„Ist Ihnen denn gar nichts an Ihrem Schwiegervater aufgefallen? Hast du etwas Ungewöhnliches bemerkt? Hat er dich öfter mal komisch angesehen?" Abby kauerte sich zu dem Mädchen hinunter und suchte

Blickkontakt, doch es vergrub sein Gesicht nur wieder in den Haaren der Mutter.

„Nein. Uns ist nichts aufgefallen", sagte die Mutter, die wieder zu weinen anfing. Das würde heute vermutlich nichts mehr werden. Abby spürte den Frust in sich brodeln. Frust, den sie sich heute Abend von der Seele boxen würde.

„Mein Schwiegervater war schon immer ein Schwein. Alleine wie der die jungen Mädchen immer anschaut." Die Mutter umklammerte ihren Nachwuchs und weinte noch bitterlicher. Sie sagte noch etwas, das man jedoch kaum verstehen konnte.

Irgendwann reichte es Abby, sodass sie Elisabet sanft in die Seite pikste und beide den Raum verließen. Diese Frau suhlte sich in ihrer Opferrolle, anstatt das Problem in die Hand zu nehmen. Doch das wirklich Schlimme daran war, dass sie ihre Tochter von der Welt abschottete. Frieda hatte nie gelernt, mit fremden Menschen umzugehen, weil ihre Mutter das nicht zugelassen hatte. Und ihr war nicht klar, welche Konsequenzen das für ihr Kind haben würde. Wie sollte sich Frieda jemals allein im Leben zurechtfinden?

„Was machen wir jetzt?", wollte Elisabet wissen, als sie am Auto angekommen waren.

„Wir fahren ins Krankenhaus. Ich will wissen, ob ich noch ein Geständnis aus dem Schwein rausprügeln kann."

Allein beim Anblick des Marien-Krankenhauses in Rosenheim hatte Abby das dringende Bedürfnis, sofort wieder umzukehren. Sie hasste Krankenhäuser. Wobei, eigentlich konnte ja das Krankenhaus nichts dafür, also traf es wohl eher die Ärzte. Die brasilianischen wie die deutschen Ärzte, es war dasselbe. „Wenn man gesund in ein Krankenhaus geht, wird man mit Sicherheit wieder krank nach Hause geschickt", hatte ihr Vater einmal zu ihr gesagt. Wobei sie auch die Ärzte nicht für Krankenhaus-Trauma verantwortlich machen konnte. Als sie noch MMA in der Profiklasse betrieben hatte, hatte sie nach fast jedem Kampf mit gebrochenen Extremitäten im Krankenhaus gelegen. Und dennoch hatte er ihr keine Pause gegönnt. Kaum war sie wieder halbwegs fit, hatte er sie erneut in den Ring geschickt. Sie hatte immer alles mitgemacht und trotzdem war es niemals genug für ihn gewesen. Ihr Verhältnis hatte sich nach dem Tod ihrer Familie nicht gebessert. Ihr Vater gab ihr die Schuld an ihrem Tod. Und irgendwie hatte er recht damit. Er hatte sich nicht einmal von ihr verabschieden wollen, als sie in einer Nacht-und-Nebel-Aktion ihre Reisetaschen gepackt hatte, um nach Deutschland zu fliegen. Ein anderes Land war nie infrage gekommen. Ihre Mutter war gebürtige Deutsche gewesen, Abby war mehrsprachig aufgewachsen, hatte sogar eine deutsche Schule besucht. Ihre Großeltern lebten in Deutschland, doch bei ihnen gemeldet hatte sie sich nie. Wenn sie selbst sich den Tod ihrer Familie nicht verzeihen konnte, wie sollten es dann andere tun?

„Ich darf Ihnen das gar nicht sagen. Ich habe Schweigepflicht", lautete die Antwort einer jungen Ärztin, als sie nach Huber fragten.

„Wir sind von der Polizei und wollten nur wissen, ob die eintägige Nichteinnahme des Blutdruckmedikamentes Ramipril einen Herzinfarkt auslösen konnte", sagte Abby.

„Nein. Also wenn, dann muss er die Medikamente öfter nicht genommen haben", meinte sie schließlich.

Abby gab sich mit dieser Aussage zufrieden und verabschiedete sich höflich. Mehr würden sie ja doch nicht aus ihr herausbekommen. Als Abby und Elisabet gerade den Gang entlangliefen, sahen sie Huber. Er war quietschfidel, schüttelte die Hand einer lachenden Krankenschwester und stolzierte aufrecht den Gang hinunter.

„Das glaube ich nicht. Was sagst du dazu?", fragte Elisabet.

„Wunderheilung. Der hatte keinen Herzinfarkt. Der hat das vorgetäuscht, um aus dem Knast zu kommen. Oder kennst du einen Arzt, der dich keine vier Stunden nach einem schweren Herzinfarkt wieder fröhlich durch die Gegend flanieren lässt?" Abby und Elisabet rannten auf den Mann zu, Abby packte ihn an der Schulter und stellte sich vor ihn. Er fasste sich demonstrativ ans Herz, fing zu keuchen an und ging in die Knie. Die Krankenschwester kam angelaufen.

„Ganz ruhig, Herr Huber. Das ist wahrscheinlich nur wieder ein Asthmaanfall."

„Mein Herz", meinte er stöhnend.

„Während so eines Anfalls können sie durch die Anspannung auch Schmerzen im Herz verspüren. Das haben wir gleich", meinte sie beruhigend, rief aber sofort nach einem Arzt, der auch direkt angerannt kam.

„Er simuliert. Während des Verhörs hatte er auch so einen Herzanfall", sagte Abby und malte während des Worts *Herzanfall* Gänsefüßchen in die Luft.

„Das mag sein, aber ich werde mich deshalb nicht auf einen alten EKG-Befund verlassen. Vielleicht hat er einen schweren Asthmaanfall mit einem Infarkt verwechselt", meinte der Arzt und half der Krankenschwester, den Mann auf die Liege zu hieven.

10. Samstagabend

Sina war nicht zu Hause, als Abby dort ankam. An einem Samstag hätte sie aber auch nichts anderes erwartet. Eigentlich war sie froh, denn dann musste sie nichts kochen und konnte ihren angestauten Frust an ihrer Trainingspuppe auslassen.

Ihr war bewusst, dass sie jetzt eigentlich bei Louis' Ausweihungsparty zu Gast sein sollte. Aber das ertrug sie nicht. Nicht heute. So wurde aus dem leichten Aggressionsabbau ein zweistündiges Intensivtraining. Ihre Haut war mit einer Schweißschicht überzogen, die nach und nach von ihrem Körper auf den Boden tropfte. Ihre Muskeln brannten. Je erschöpfter sie wurde, desto mehr Kampflust flammte in ihr auf.

Sie versuchte, die Stimme ihres Vaters aus ihrem Kopf zu verbannen. Er war nicht hier. Hier war niemand, der sie anbrüllen konnte, wenn sie den Rücken zu krumm machte. Niemand, der ihr einredete, dass sie zu untrainiert war. Als sie an ihn dachte, wurde ihr erst bewusst, wie schwindelig ihr war. Früher hatte ihn das nie interessiert.

„Hasst du mich wirklich so sehr?" Abby stellte sich ihren Vater anstatt der Trainingspuppe vor. Dann boxte sie ihm ein letztes Mal in die Magengrube. Die Puppe wackelte auf ihrer Halterung, aber ihren Vater Luíz hätte so ein Schlag bestimmt nicht ins Schwanken gebracht. Oder doch? Hatte sie ihn überhaupt jemals kämpfen sehen? Nein, eigentlich hatte er selbst nie einen Finger gerührt. Außer wenn es ums Schießen ging. Das war einer der wenigen schönen Momente, die sie noch in Erinnerung hatte. Luíz hatte ihr das Schießen mit zwölf Jahren beigebracht. Erst mit einer Büchse, dann mit kleinen, handlichen Feuerwaffen. Das alles hatte erst aufgehört, als sie mit dem Kampfsport angefangen hatte. Es klingelte an der Haustür. Auf dem Display der Kamera draußen sah sie Alec. Er hielt zwei Styroporboxen in die Höhe. Es wäre unhöflich, nicht zu öffnen. Also ließ sie ihn eintreten und hielt genügend Abstand zu ihm, sodass er ihren Schweiß hoffentlich nicht mehr riechen konnte.

„Du warst nicht bei der Ausweihungsparty. Da dachte ich, dass ich mal bei dir vorbeischaue."

„Okay. Aber lass mich erst mal duschen gehen." Abby löste den Klettverschluss an ihren Manschetten.
Doch Alec hielt sie am Handgelenk fest. „Du hast doch bestimmt noch ein paar alte Sachen von mir im Schrank, oder? Na ja, vielleicht nicht im Schrank, aber auf dem Speicher oder in einer Kiste, oder so." Ohne eine Antwort abzuwarten, ging er durch das kleine Wohnzimmer in den winzigen Nebenraum, in dem ihre Trainingspuppe Matt stand. An dem kleinen Regal hingen noch immer seine Sportklamotten.
Alec zog Hemd und Jeans aus und wechselte sie gegen eine Jogginghose und ein ausgeleiertes Shirt. Abby kniff die Augen zusammen. In dreißig Jahren würde er etwa so aussehen, wie ihr Vater jetzt. Dieselbe Haarfarbe, eine ähnliche Frisur und einen bulligen Körperbau. Nur was den Charakter anging, unterschieden sich die zwei Männer gewaltig.
„Alles gut?" Alec zog sich seine Manschetten an und steckte sich seinen Zahnschutz in den Mund. Der Kampfsport war nie seine große Leidenschaft gewesen. Zeichnen und Handwerken lag ihm viel mehr. Aber das sah man seinem Körper lange nicht mehr an. Er konnte so eitel sein.
„Ja. Darf ich dich jetzt nicht mal mehr anschauen?", fragte sie. Es klang genervter als beabsichtigt. Sie war noch immer sauer auf ihn.
„Was soll das denn heißen?" Alec dehnte seine Arme nur kurz und schlug dann gezielt auf Matts Kopf ein.
Abby ging nach oben, um sich frisch zu machen. Als sie wieder unten war, hatte sich bereits Schweiß auf seinen Armen gebildet, der im Abendlicht verführerisch glitzerte. Sein Körper wirkte plötzlich noch stärker.
Nach einer Weile drehte er sich zu ihr um. „Was?", fragte er und kniff die Augen zusammen. Grinsend wischte er sich den Schweiß aus dem Gesicht.
„Nichts. Ich schaue dir nun mal gerne zu." Ihre Wut auf ihn schien sich in Luft aufgelöst zu haben. Sie spürte, wie sich ihr Puls um einiges beschleunigte. Sie wollte so gerne sauer auf ihn sein, aber der Ärger schien mit einem Mal wie weggeblasen. Aber sie war sich nicht ganz sicher, ob Alec das genauso sah. Was, wenn er nur hergekommen war, um mit ihr weiter zu diskutieren? Abby kam näher und schlang vorsichtig ihre Arme um seinen gewaltigen Oberkörper.
„Ich bin nass", sagte er und beugte sich ein bisschen nach hinten.
„Ich weiß." Trotzdem versetzte ihr seine abwehrende Geste einen

Stich. Erschrocken trat sie zurück. Er war nicht hergekommen, um einen schönen Abend mit ihr zu verbringen. Nein, er wollte lieber eine völlig unnötige Diskussion weiterführen. „Okay, lass uns was essen." Abby drehte sich zur Tür.

Er wollte sie an der Schulter packen, erwischte aber nur noch einen Träger ihres roten Sport-BHs. „Mein Schweiß riecht bestimmt nicht so bezaubernd, wie die drei Tonnen Deo, mit denen du dich eingesprüht hast." Er schlang seine Arme von hinten um sie und gab ihr einen Kuss auf die Wange.

„Bezaubernd vielleicht nicht. Momentan eher … anziehend."

„Momentan?", fragte er und klang schon fast belustigt.

„In zwei Stunden nicht mehr."

„Du bist schon wieder so charmant."

Sie drehte sich zu ihm um. „Ich bin einfach nur ehrlich."

„Du hast wirklich ein Talent dafür, jede Restromantik kaputtzumachen."

Abby streckte die Nase frech zu ihm hoch. Wirklich unglücklich sah er nicht aus. Eher belustigt. „Das heißt, ich soll meine spitze Zunge zumindest jetzt ein bisschen zügeln?"

„Bloß nicht."

11. Sonntagmorgen

„Aufgestanden, Herr Hauptkommissar!"

Abby stellte seine Kaffeetasse auf dem Nachtkästchen ab und hielt mit ihrer Weckorgie inne. Sein Rücken lag frei, er hatte sein Kopfkissen mit beiden Armen umklammert und sein Gesicht darin vergraben. Abby fuhr mit den Händen über seine Schultern, seine Muskeln zuckten kurz, dann war er wieder ruhig. Er hatte schon immer geschlafen wie ein Stein.

„Alec. Wach auf." Sie beugte sich grinsend vor und biss ihm sanft in den Hals, aber als selbst das ihn nicht weckte, steckte sie beide Finger in den Mund und pfiff einmal laut.

Er schreckte nicht hoch. Er wachte ganz gemächlich auf. „Es ist Wochenende, leg dich her, lass uns ausschlafen", murmelte er in sein Kopfkissen.

„Es ist zehn Uhr morgens und dein Kaffee wird kalt."

„Den lasse ich gerne kalt werden, wenn du dich zu mir legst. Seit wann bringst du mir Kaffee ans Bett? Ich kann mich noch an Zeiten erinnern, in denen du mich äußerst liebevoll mit dem Inhalt deiner Wasserflasche geweckt hast."

„Genieße es."

Alec ging ins Bad. Als er zurückkam, setzte er sich wieder neben sie. Sie kroch neben ihn und lehnte sich gegen seine Schulter.

„Ich habe Mist geredet gestern Mittag. Das, was ich über Opfer und Täter gesagt habe, habe ich nicht so gemeint. Und das sollte keine Anspielung auf deine Familie sein. Weißt du, ich war aufgewühlt und …"

„Schon gut. Ich bin bei dem Thema etwas überempfindlich." Abby legte den Kopf in seinen Schoß und schloss die Augen.

Sie schwiegen eine ganze Weile. Als Alec erneut zu sprechen begann, war sie schon fast wieder eingeschlafen. „Hast du eigentlich jemals mit jemandem über Brasilien geredet?"

„Mit Matt", sagte sie müde.

„Mit deiner Trainingspuppe? Wow. Nein, Abby, ich meine es ernst. Wenn du nicht mal mir sagen willst, was damals passiert ist …"

„Du kennst die Geschichte doch schon."

„Das klang aber mehr nach einem Bericht von der ermittelnden Kommissarin."

„Das sind harte Fakten. Wie soll ich es denn sonst sagen?"

„So wie jemand, dessen Familie beim Frühstück hingerichtet wurde."

Abby richtete sich auf. „Du willst meine Gedanken hören? Am Abend vorher bin ich vollkommen übermüdet von einem Einsatz zurückgekommen. Wäre ich damals nicht zu faul gewesen, meine Waffen gleich aus dem Wagen zu laden, hätte ich nicht rauslaufen müssen. Dann wäre ich nicht ins Kreuzfeuer geraten und der Schütze hätte keine Gelegenheit gehabt, sie hinzurichten. Ist es das, was du hören willst?"

„Wo war dein Vater? Wäre es nicht seine Aufgabe gewesen, seine Familie zu schützen?"

„Mein Vater war im Einsatz. Mir fehlen die Bilder, als er zurückkam. Und das ist wohl auch besser so." Abby nahm die zwei leeren Kaffeetassen und stand auf. Sie ging normal zur Tür, doch als sie auf dem Flur stand, wäre sie am liebsten die Treppe hinuntergesprungen.

Plötzlich sah sie wieder die offenen, leblosen Augen ihrer Schwester vor sich. Und die riesige Blutlache, in der sie lag.

Abby stellte die Tassen in die Spüle und drehte sich zu Alec um, der sich klammheimlich in die Küche geschlichen hatte.

„Wärst du im Haus gewesen, würdest du heute vermutlich nicht mehr hier stehen", sagte er.

„Ich würde hier mit meiner Familie stehen. Dann hätte ich dich meiner Mutter vorstellen können. Du hast ja keine Ahnung, wie sehr sie mich damals genervt hatte, weil sie unbedingt wollte, dass ich ihr meinen Freund vorstelle." Abby legte ihre Stirn an seine Brust und schlang ihre Arme um ihn, damit er nicht sah, dass ihre Augen wieder glasig wurden.

„Warum hast du es nicht getan?"

„Leider hat er vorher versucht, mir Geld zu stehlen. Als ich ihn daran hindern wollte, habe ich in den Lauf meiner eigenen Waffe gesehen. Am Ende ist er dann durch die Glasscheibe des Hotelzimmers geflogen und zwanzig Meter weiter unten auf dem Asphalt gelandet." Abby wich zurück, als hätte sie Angst, Alec würde genau das jetzt auch mit ihr vorhaben.

„Warum hast du mir nie was gesagt?"

„Das hätte doch nichts geändert."

„Aber ich hätte dir gesagt, wenn meine Freundin versucht hätte, mich umzubringen."

„Felipe war drogenabhängig und an dem Morgen auf Entzug. Ich hätte es wissen müssen. Und vor allem hätte ich ihn nicht direkt durch die Scheibe befördern dürfen. Er war erst einundzwanzig."

„Du kannst dir nicht die Schuld an allem geben."

Alec sah sie eindringlich an, als würde er auf eine Reaktion ihrerseits warten. Aber die würde sie ihm nicht geben. Abby wollte sich umdrehen und nach oben gehen. Sein sanfter Blick ließ erneut die Emotionen hochkochen. Aber in dem Moment hörte sie, wie die Tür aufgesperrt wurde und ein paar Absätze auf dem Flur klackerten. Sina kam nach Hause. Das war ungewöhnlich, denn sie kam am Wochenende sonst nie vor zwölf Uhr mittags aus dem Bett.

„Okay. In welchem Schrank soll ich mich verstecken?", fragte Alec und öffnete prüfend eine Schranktür unter der Küchenzeile.

„Ich weiß nicht … meinst du, du kannst dich in den Ofen quetschen?"

„Ich dachte, du findest mich schon heiß genug."

Die Tür ging auf. Sina sah furchtbar aus. Aber nicht wegen ihrer langen, schwarzen Haare, dem verschmierten Make-up, den Piercings und ihrem Punk-Style. Da war irgendetwas in ihren Augen. „Hey, Sina. Ist alles okay, bei dir?"

Sie drehte sich zu Abby und Alec um und nickte. „Ja. Ich bin nur müde." Sina machte sich einen Kaffee, nahm die Tasse und verschwand wortlos in ihrem Zimmer.

„Dieser Typ hat ihr das Herz gebrochen, da wette ich drauf!", knurrte Alec.

„Selbst wenn, wird sie bestimmt nicht mit dir darüber sprechen wollen." Abby nahm sich ihr Handy vom Tresen und sah darauf.

Ist alles okay? Du warst nicht bei der Ausweihungsparty. Bist du sauer? LG, Louis

Den Kommentar, dass sie den Anblick nicht ertrug, löschte sie wieder und schrieb einfach: *Nein.*

Lissy hat mir die Bilder im Umschlag gegeben. Wir könnten sie ansehen.

Okay. Ich richte den Tisch draußen her.

„Louis kommt gleich vorbei", sagte sie zu Alec.
„Ich dachte, wir können heute mal zu zweit ..."
Abby zuckte mit den Schultern, ging nach oben, um sich umzuziehen, und baute anschließend die Sitzecke auf der Terrasse auf.
„Es war nicht nett, dass du nicht zur Ausweihungsparty gekommen bist. Mir fällt das doch auch nicht leicht, aber wenn ein Kapitel zu Ende geht, dann muss man sich trauen, auch das zweite aufzuschlagen."
Während Abby die zweite Ladung Kaffee vorbereitete, sah sie aus den Augenwinkeln, wie Alec irgendetwas auf seinem Block skizzierte.
„Ich bin nun mal kein netter Mensch."
„Abby. Ich meinte doch nur, dass er das deinetwegen gemacht hat."
Abby überreichte ihm stumm seinen Kaffee. Alec hatte noch einen alten Block aus Zeiten ihrer Ehe in einer Schublade gefunden und sich damit in die Wiese gelegt, um zu zeichnen, während sie drinnen auf Louis wartete.
Nach einer halben Stunde klingelte es.
„Ich habe ein paar Standaufnahmen von dem nachbearbeiteten Video gemacht und mir dann die Bilder dazu angesehen", sagte Louis und breitete alles auf dem Tisch in ihrer Sitzecke aus. „Ich fand es komisch, dass sich jemand so viel Mühe macht, Kameras aufzustellen und ein Video nachzubearbeiten, dann aber mit einem Fotoapparat ein paar wackelige Bilder schießt, um die dann unter dem Bett zu verstecken", fuhr er fort.
„Lissy meint, dass er das für seine Community gemacht haben könnte", sagte Abby.
„Ja, schon. Aber wie viele Sechzigjährige kennt ihr, die ein Video so professionell nachbearbeiten können? Also ich kenne niemanden."
„Du willst uns jetzt aber nicht erzählen, dass Huber unschuldig ist? Es spricht alles gegen ihn." Alec schlug seinen Block zu und legte ihn hinter die lange Palettencouch auf den Boden.
„Überhaupt finde ich es absurd, dass ein Sechzigjähriger, der es am Herz, an den Knien, Augen und was weiß ich noch wo überall hat, einen Mord begeht. Da schießt doch der Blutdruck in die Höhe. Außerdem braucht man recht viel Fingerspitzengefühl und ein bisschen Ahnung von Technik, um solche Minikameras zu platzieren und zu installieren." Louis öffnete seine Umhängetasche.

Nach einer Weile krochen ein paar behaarte, schmale Beinchen hervor. Louis' Vogelspinne Esmeralda tänzelte langsam und andächtig über den Tisch und strebte auf Abby zu. In ihrem Ausschnitt war es ja auch schön dunkel.

„Na gut. Ich füge mich für ein paar Augenblicke der Theorie des Meisters der Forensik und seiner lesbischen Vogelspinne. Deiner Version nach ... wer wäre dann der Täter? Ich meine, vom Typ Mensch her", sagte Abby und sah aus den Augenwinkeln, wie Esmeralda an Geschwindigkeit zugenommen hatte und zielstrebig ihren Arm hoch hetzte, kurz auf ihrer Schulter pausierte und dann den ersten Schritt in Richtung ihres Ausschnitts machte.

„Das kann Esmeralda doch nicht ahnen." Louis grinste verrückt unter seiner hellblonden Mähne hervor.

Aber ihr Top war zu eng, sodass Esmeralda sich nicht komplett darin verkriechen konnte. Sie schaffte es nur, ihren Kopf in Abbys Ausschnitt zu verstecken.

„Madame schämt sich wohl ein bisschen für ihren guten Geschmack", sagte Alec.

„Warum reden wir gerade über mein Dekolleté?"

„Du hast mit der lesbischen Vogelspinne angefangen. Aber kommen wir zurück zu Huber. Ich glaube nicht, dass er das getan hat. Vielleicht hat sich sein Filmkollege einen zweiten Account zugelegt und wollte mit seiner Aussage von sich ablenken, um die Schuld auf Huber abzuwälzen", meinte Louis.

Abby bemerkte Alecs Blick auf die Spinne. War er jetzt schon eifersüchtig auf ein Tier, das sich nur verstecken wollte? Sie griff nach der wild strampelnden Esmeralda und setzte sie in den Lampenschirm über ihnen. „Okay, weißt du, wie so eine Installation funktioniert?", fragte Abby.

„Ja, aber ich habe das nur während meines Studiums einmal gemacht. Wenn man so eine gute Kamera hat, dann macht man doch keine Fotos mit dem Fotoapparat, oder? Also, ihr braucht jemanden, der Zutritt zum Haus hat. Ihr könnt euch von der Familie eine Liste geben lassen, wer alles in den letzten Wochen dort war."

Louis begutachtete die Lampe. „Wo habt ihr die her? Das sieht mit dem Stein bestimmt auch abends richtig toll aus."

Abby deutete nicht ohne Stolz auf Alec.

„Du hast die selber gebastelt? Wow."

„Wenn du irgendwann mal eine Schraubhilfe brauchst …", sagte Alec und deutete verstohlen auf sich.

Louis nickte begeistert und erzählte von ein paar Ideen für seine Bar, bei denen Abby gar nicht hinhören wollte. Er sprach ohne Punkt und Komma von seinen Umbauplänen, sah zu Abby und wurde plötzlich still. „Es tut mir leid", sagte er.

„Nein, mir tut es leid, dass ich so ein Gesicht ziehe", sagte sie.

„Schon okay. Habt ihr euch die Videos angesehen, die Romeo2.0 hochgeladen hat? Vielleicht findet ihr etwas", sagte Louis.

Alec trank von seinem Kaffee und sah prüfend in den Lampenschirm, um nach Esmeralda zu schauen, die ihre Beinchen immer wieder über den Rand streckte, aber jedes Mal abrutschte, da der Schirm selbst aus Plastik und offenbar zu glatt für sie war.

„Nein. Die Videos sind stark nachbearbeitet und zusammengeschnitten. Unsere Nerds haben da ein besseres Auge drauf. Außerdem will ich einer fremden, bloßgestellten Frau nicht beim Duschen zusehen müssen", sagte Alec.

„Aber du hast doch einen Account. Wenn es dir hilft, sehe ich mir die Videos im Standbild an."

„Lukas hat einen Account", verbesserte Alec und holte wenig begeistert das Tablet aus dem Wohnzimmer. „Romeo2.0 hat ein neues Video hochgeladen." Alec tippte darauf und schrie auf. „Oh Mann. Diese Typen sind so was von tot! Ich schwöre bei Gott, wenn ich die in die Finger bekomme, dann …" Er war dunkelrot angelaufen.

Abby nahm ihm das Tablet weg. Auf dem Video war sie. Nackt. Also, nachbearbeitet nackt, wie sie mit Huber rang. Im Schuppen gab es also auch eine Videoüberwachung. Sie war im Internet bloßgestellt worden. Jedes perverse Schwein konnte sich ihren nachbearbeiteten Körper im Internet ansehen und das Video herunterladen.

„Mach mal auf Standbild", sagte Louis.

Alec sah ihn säuerlich an. „Das Video wurde nicht mit so einer Kamera wie in den Wohnungen aufgenommen. Dafür ist es zu verwackelt und unscharf. Ich tippe auf eine Handykamera. Seht ihr das, dort unten? Das sieht aus wie ein Finger, und zwar ein Finger von demjenigen, der das gefilmt hat. Das Video muss nicht unbedingt Romeo2.0 gedreht haben. Wenn Hubers Filmkollege einen zweiten Account hatte, dann würde er das Video nur hochgeladen haben, damit die anderen nicht zusätzlich Probleme bekamen."

Alec war tiefrot, er hatte die Zähne aufeinandergebissen und umklammerte ihre Hand. Louis vergrößerte das Bild, bis es pixelig wurde. „Lade mir das Video auf einen Stick. Mit meinen forensischen Babys kann ich den Fingerabdruck klarer machen und durch die Datenbank jagen."
Abby nickte und holte einen USB-Stick. Sie versuchte, nicht weiter darüber nachzudenken. Es war besser, Louis das Video so zu geben, als es ins Labor zu schicken. Lange würde es sowieso nicht mehr auf der Plattform existieren. Mit so einem eifersüchtigen Alec im Schlepptau würde selbst sie sich nicht gerne anlegen.

Abby wusste zwar nicht, ob die Versammlung im Schuppen auf der Ratzinger Höhe komplett war, aber die Männer, die beim letzten Mal dagewesen waren, hatten sich auch heute hier getroffen. Vermutlich war das eine Art Krisensitzung mit den Fragen, wie sie das ihren Frauen erklären würden.
Sie hatten sie noch nicht bemerkt, als sie durch die Tür traten und im Hintergrund lief ausnahmsweise kein geschmackloser Videoclip. Man konnte sie nur diskutieren hören.
„So, die Herren, die Versammlung ist beendet, Gespräche werden eingestellt, jetzt stellen wir hier die Fragen!" Abby trat gegen ein Stuhlbein, der Opa darauf zuckte zusammen.
„Ach sieh an. Na, hat Ihnen ihr Körper gefallen?" Der vorlaute Zwanzigjährige stand auf und kam näher. Alec holte Luft, um etwas zu sagen, aber sie legte ihm den Zeigefinger auf die Lippen.
„Ich habe mir schon gedacht, dass Sie sich so etwas in Ihrer kranken Fantasie vorstellen. Aber ich denke, ich habe jetzt auch das Recht, Ihnen zu zeigen, was ich mir vorgestellt habe, während ich das Video gesehen habe", raunte sie und trat nahe an den jungen Mann heran. Er sah an ihr herab, knetete seine nassen Hände und sah sie machomäßig an, was sie nur albern fand.
Alec sah aus, als könnte er jedem Einzelnen einzig und allein mit seinen Blicken die Halsschlagadern aufritzen.
Der junge Mann trat jetzt so nahe an sie heran, bis sich ihre Körper berühren. Sie grinste, sah ihm eine Weile in die Augen und warf dann urplötzlich ihren Kopf nach vorne. Der Typ taumelte zurück, sie brauchte ihm bloß ein Bein stellen, schon lag er am Boden.
„Abby, nein!"

Alec hielt sie an der Hand fest. Er hatte ja recht. Die Einzige, die hier Ärger bekommen würde, war sie selbst. Zu gerne hätte sie jetzt einmal nachgetreten, mit der Ferse direkt in die Magengrube des jungen Mannes.

Der aber lachte nur, er fand das hier offenbar wahnsinnig amüsant.

„Sie sind so was von tot!", sagte er schmunzelnd.

„Sie haben meine Frau nackt ins Internet gestellt und ich hätte ein paar Milliarden Gründe, Sie perverses Arschloch kaltzumachen!"

Seine Frau, ja? Abby grinste in sich hinein.

„Wer hat das Video von mir aufgenommen?", fragte sie.

Es herrschte Schweigen unter den älteren Herren. Niemals hätte sie gedacht, dass sich gerade Männer in diesem Alter so pervers aufführen konnten.

„Hören Sie mir zu! Wir haben Ihre Personalien und nachdem ich nicht davon ausgehe, dass Ihre Frauen von der netten Aktion hier wissen und die Post bestimmt erst nächste Woche ankommt, könnte ich dafür sorgen, dass Ihre Familien telefonisch von den netten Filmchen hier erfahren! Und davon, dass sie zu richtigen Netz-Stars auf Ihrer Plattform wurden." Abby legte ihre Hand in den Nacken des jungen Mannes, damit der nicht aufstehen konnte. „Und ich und mein …" Abby zögerte kurz. „… Mann haben keinerlei Probleme damit, Sie mit Gewalt zum Reden zu bringen." Sie bog den Arm des Typen unnatürlich weit nach hinten, bis er aufschrie. „Zur Information: Das wäre mäßige Gewaltanwendung", knurrte sie.

„Das ist Ihre letzte Chance, uns zu sagen, welches Schwein unter Ihnen dieses perverse Video aufgenommen hat!", zischte Alec.

Natürlich wollte das keiner zugeben. Dann würde eben die Forensik für sie sprechen. Alec nahm Abby bei der Hand und zerrte sie nach draußen. „Aber ich weiß trotzdem, wer uns weiterhelfen könnte", sagte er.

Am liebsten hätte Alec sie alleine auf das Boot geschickt und sie dann wieder abgeholt. Aber er musste mit. Es half alles nichts. Alec war leichenblass und seine Hände waren schweißnass.

„Ich stelle dir jetzt eine Rechenaufgabe und du versuchst, mir das Ergebnis unter einer halben Minute zu sagen, okay? Ich stoppe die Zeit", schlug sie vor, um ihn abzulenken.

„Ich kann gerade nicht rechnen."

„Hör auf, nachzudenken. Wir können auch Wölkchen zählen."
„Mach dich nur lustig", presste er hervor.
„Ich mache mich nicht lustig. Ich stelle mir immer Rechenaufgaben, wenn ich nervös bin. Das lenkt mich ab. Dein Hirn braucht eine sinnvolle Beschäftigung."
„Lass gut sein. Es sind ja nur noch zwei, drei Minuten."
Abby nickte und verschwieg ihm lieber, dass er da wohl eine Null vergessen haben musste.

Alec hatte es für besser gehalten, wenn er mit dem Mädchen sprach. Oder er versuchte es zumindest. Der Familienvater war aktuell nicht da, was für sie ein Vorteil war, da sie sonst kaum auch nur den Versuch unternehmen durften, mit dem Mädchen zu sprechen. Abbys Aufgabe war es, die Mutter im Nebenzimmer abzulenken, was sich als überflüssig erwies, denn das Mädchen sprach nicht. Wie auch? Das Mädchen hatte von klein auf gelernt, dass Fremde böse waren. Ihre Mutter hatte sie von der Welt abgeschottet, als die ersten Probleme in der Schule aufgetaucht waren. Doch das hatte Frieda nicht geholfen. Im Gegenteil. Sie war an die Grenzen einer sozialen Phobie gelangt. Und Abby konnte es ihr kaum verdenken.
Alec sah sich im Raum um. Abby folgte seinem Blick, der an einem Blatt Papier auf dem Tisch hängen geblieben waren.
„Ich glaube, du hast uns gestern nicht ganz die Wahrheit gesagt. Kann es sein, dass du noch etwas weißt? War noch jemand im Haus, der nicht auf der Liste steht?", fragte er leise.
Das Mädchen, Frieda, zögerte. Schließlich nickte sie.
„Willst du mir den Namen sagen?"
Frieda schüttelte den Kopf.
„Okay." Er stand auf und ging zum Tisch, nahm das Blatt Papier und setzte sich wieder zu Frieda aufs Bett. „Hast du das gezeichnet? Meinst du, wir bekommen zusammen ein Bild von der Person hin, die im Haus war? Du musst mir zeigen, wie du das machst. Also, mit was fängst du an? Mit der Nase? Oder mit den Augen?"
„Mit der Nase", sagte sie gerade so laut, dass Abby es noch hören konnte.
Friedas Mutter lächelte Abby durch einen Schleier von Tränen hinweg an. „Ihr Kollege macht das toll. Sie hat in der Schule ein paar Probleme, weil sie nicht so viel spricht. Dabei ist sie hübsch und intelligent."

Wenn es wirklich so schlimm war, warum nahm Frieda dann ihr Problem nicht in die Hand? Warum half sie sich nicht selbst? Später würde ihr auch niemand helfen. Je eher sie lernte, sich selbst zu verteidigen, desto besser war es für alle.

„Ja, er kann super mit Menschen."

„Wie machst du denn die Nase?"

Abby konnte sehen, wie er eine ziemlich grob aussehende Handbewegung machte.

„Ich kann das nun mal nicht so gut, wie du", verteidigte er sich lachend.

Das war glatt gelogen. Abby hatte in ihrem ganzen Leben keinen Zeichner getroffen, der auch nur ansatzweise an Alecs Porträts herankam.

„Weißt du, ich mit meinen dicken Fingern ...", fuhr er fort und sah zu Abby. Seine Augen konnte sie noch aus der Entfernung leuchten sehen.

„Wissen Sie, die Lehrer an der Schule müsste man verklagen. Sie geben ihr schlechtere Noten als den anderen und ihre Zeugnisbewertungen müssten Sie sich mal durchlesen. Am liebsten würde ich sie zu Hause unterrichten."

Abby rang sich ein Lächeln ab und ging dann zu Alec und dem Mädchen hinüber. Kein Wunder, dass Frieda solche Schwierigkeiten hatte, mit Fremden zu kommunizieren, wenn die Mutter bei der ersten Gelegenheit angerannt kam und ihr Kind beschützen wollte.

Eigentlich konnte sie Frieda nicht die Schuld für ihr Verhalten geben. Aber der Rest der Welt würde sie auch nicht verschonen können. Was wollte sie beispielsweise bei einem Vorstellungsgespräch machen? Oder bei einer mündlichen Prüfung im Abschluss? Kam da auch Mutti angerannt und schrieb ihr eine Entschuldigung? Eigentlich konnte Abby froh sein, dass sie in dem Alter niemanden gehabt hatte, der sie in Schutz genommen hätte.

„Wow. Alec, da hast du dich selbst übertroffen", meinte Abby.

Sie hörte die Ironie in Abbys Stimme und sah auf. Ihr traten die Tränen in die Augen.

„Ich höre jetzt lieber auf, bevor ich noch mehr kaputt mache", sagte Alec, nicht ohne Abby einen strafenden Blick zuzuwerfen. Musste Frieda jetzt wirklich auch noch zu heulen anfangen?

„Abby, hast du die Handbremse angezogen?"

„Ich habe noch nie vergessen, die Handbremse anzuziehen. Und ich fahre nicht erst seit gestern. Davon abgesehen sind wir nicht mit dem Auto hier."

„Ich wollte ja nur sichergehen. Du solltest Louis dringend anrufen, um ihn zu fragen, ob er schon etwas Neues herausgefunden hat."

Abby verdrehte die Augen, stand auf und ging zurück zur Mutter, die am Fenster stand.

„Abby meint das nicht böse. Sie denkt darüber gar nicht nach. Weißt du, sie kann es doch selbst nicht besser als ich. Und schon gar nicht besser als du", flüsterte er.

„Sie ist sehr sensibel", sagte die Mutter und sah Abby böse an.

„Das war an meinen Kollegen gerichtet. Nicht an Ihre Tochter."

„Ich weiß. Setzen Sie ihre Kollegen immer so herab?"

Abby atmete tief ein. „Bleib ganz ruhig", dachte sie.

„Ich finde, es ist gut geworden. Dafür, dass ich daran rumgedoktert habe", sagte Alec und nahm das weinende Mädchen fest in den Arm. „Schon gut. Abby will mich nur ein bisschen aufziehen. Damit warst du nicht gemeint."

Die Mutter kam angelaufen und nahm ihr weinendes Kind in den Arm. Wie konnte man sich in dem Alter nur so aufführen?

„Sie ist immer gemein zu mir. Aber weißt du, das … meint sie nicht ernst. Sind die anderen auch gemein zu dir?"

Aber das Mädchen wollte jetzt gar nichts mehr sagen.

Sie war immer gemein zu ihm? War das sein Ernst? Hatte er denn kein bisschen Freude an den kleinen Neckereien?

„So, meine Liebe. Wir haben jetzt noch ein Hühnchen zu rupfen", sagte er grinsend und legte die Hand auf Abbys Schulter.

„Ich rupfe auch gleich wen", knurrte sie zurück.

„Hui, merkst du es? Das traut sie sich nicht", sagte er zu dem Mädchen.

„Und ob. Das zeige ich dir schon noch."

„Na schön. Von dir lasse ich mich gerne rupfen." Alec schob sie nach draußen.

Alec hatte recht. Sie war furchtbar unsensibel. Ein Trampel. Das Mädchen hatte es schon schwer genug. Und sie hatte nichts Besseres zu tun, als ihren Unmut über den Umbau ihrer Lieblingskneipe an dem armen Mädchen auszulassen. Alec mit so etwas aufzuziehen, war das eine. Er kannte ihren Humor. Er wusste, wie das gemeint war. Frieda mit solchen Kommentaren zu beleidigen, war etwas ganz anderes. Und dabei hatte sie das nicht einmal beabsichtigt. Im Gegenteil. Das Mädchen tat ihr doch leid. Es konnte nichts dafür.

„Ich finde, dass Frieda dringend einen Psychologen aufsuchen sollte. Oder mal zu ein paar Problemkindern in einen Anti-Aggressionskurs gesteckt werden sollte." Abby bemerkte erst im Nachhinein, dass auch diese Worte anders ankamen, als sie gemeint waren.

„Abby, bitte. Zeig mal ein bisschen mehr Mitgefühl! Das Mädchen wurde nackt gefilmt!"

Abby sah Alec an. „Entschuldige. Das kam falsch an. Ich meine ja nur, dass Kampfsport schon vielen Menschen bei Problembewältigung geholfen hat. Mir zum Beispiel. Es ist gut, mal den Frust abzulassen und jemanden zusammenzuschlagen. Selbst wenn es nur die Puppe ist." Abby zwinkerte ihm zu.

Doch irgendwie verstand er den Witz über ihre Gewaltbereitschaft nicht. Nicht heute. Sein Blick driftete in die Ferne ab. „Ich weiß", sagte er langsam. Dann sah er sie lange an."

„Tust du mir einen Gefallen?"

Abby kniff die Augen zusammen.

„Bitte. Gib Frieda und mir nur zwei Stunden mit Matt."

Abby wollte sich umdrehen, aber er hielt sie an der Hand fest. Eigentlich konnte sie ihm das gar nicht abschlagen. Matt war auch seine Trainingspuppe.

„Oh, bitte, mein Schatz." Er sah sie ganz warm an. Plötzlich sah sie nicht mehr ihn vor sich, sondern einen kleinen, traurigen Jungen, der von seiner Mutter kein Eis bekommen hatte.

„Von mir aus", sagte sie. Wenn er sie schon so ansah, konnte sie ihm sowieso nichts abschlagen.

„Du bist ein Schatz, mein Schatz!", sagte er und gab ihr einen Kuss auf die Wange.

„Und du bist ein Schleimer!"

„Ich habe dich einfach nur ganz lieb gefragt", verteidigte er sich schmunzelnd.

12. Sonntagnachmittag

Louis kam gegen zwei Uhr nachmittags erneut vorbei. Mit den Ergebnissen der forensischen Untersuchung. „Einer aus der Computerabteilung hatte noch was gut bei mir, weil ich ihm Linda als Paartherapeutin vorgeschlagen habe. Er hat das Video von dir gelöscht. Und bevor ihr weiter wild in der Gegend herumspekuliert: Romeo2.0 wurde identifiziert. Na? Irgendwelche Vorschläge?" Louis setzte Esmeralda aus seiner Umhängetasche auf den Tisch.

„Ich tippe auf unseren Unbekannten. Auf unser Phantom", sagte Alec sofort.

„Ich halte mit Hubers Filmkollegen dagegen. Unser Tattoo-Freund könnte einen zweiten Account haben, über den er das Video dann hochgeladen hat."

„Ihr liegt beide daneben. Der Mann ist kein Jugendlicher. Und er hat auch kein so langes Vorstrafenregister wie euer Tattoo-Kumpel."

„Okay. Ich switche um. Auf Huber senior", rief Alec, als Louis schon grinsend Luft holte, um den Namen triumphierend zu verkünden.

„Hey, das gilt nicht. Aber du liegst auch daneben."

„Dann einer dieser anderen, sexuell frustrierten Rentner aus dem Schuppen?", fragte Abby.

Louis schüttelte den Kopf. „Aber über einen eurer Rentner habe ich noch etwas zu sagen. Einer von ihnen hat das Video von dir mit der Handykamera aufgenommen. Das Pixelmuster ist typisch für ein altes Samsung-Klapphandy-Modell. Ich habe meine Ergebnisse natürlich sofort in euer Revier gefaxt, eure Streifenkollegen sind hingefahren und wurden Zeugen eines heftigen Ehestreits, der einen Herzinfarkt des Mannes zur Folge hatte." Offenbar hatte die arme Frau von den Filmchen ihres Gatten Wind bekommen.

„Das wird wohl nichts mit der kostenlosen Nasenkorrektur. Wenn der Mann Pech hat, wird er heute noch Organspender. Da nützt ihm seine neue Nase auch nichts mehr. Auch wenn ich mir den Mann gerne persönlich vorknöpfen würde!" Alec rieb sich die Hände, um seinem Satz noch etwas mehr Nachdruck zu verleihen.

„Okay, Louis, jetzt sag uns schon, wer dieser Romeo2.0 ist. Alleine der Nickname ist albern", meinte Abby und legte die Hände in den Schoß.

„Der Mann heißt Lorenz Huber. Er ist der Sohn von eurem Hauptverdächtigen."

„Nein!"

„Doch."

„Dieses Schwein hat seine eigene Familie gefilmt?" Alecs Stimme sprang einige Oktaven nach oben, bis er sich anhörte wie ein erkälteter Synchronsprecher einer Comicfigur.

„Er hat seine Familie gefilmt und das seinem Vater in die Schuhe geschoben?", kombinierte Abby.

„Ja. Aber ihr wisst, was das heißt, oder? Er könnte noch einmal Kameras im Hotel platziert haben. Der Mann wird kaum seine eigenen Kameras zertrampelt haben. Die Dinger kosten ein kleines Vermögen", meinte Louis.

Abby und Alec sprangen auf. Vielleicht stand gerade in diesem Moment eine der Damen wieder unter der Dusche.

„Hey, Frieda. Wo ist denn dein Vater?", fragte Alec, als sie die Hoteltür einen Spalt weit öffnete.

„Was wollen Sie hier? Ich habe gehört, Sie haben meine Familie belästigt!", rief Herr Huber und kam auf sie zu, noch bevor sie richtig im Raum standen.

Alec ging auf den Mann zu, packte ihm am Kragen und schlug ihm ins Gesicht.

„Alec, nein!" Abby sprang zu ihm, aber es war schon zu spät. Hubers Nase blutete.

„Und ich habe gehört, Sie haben die Kameras aufgestellt und Ihre und meine Frau nackt ins Internet gestellt!"

Abby quetschte sich zwischen die zwei Männer und stieß Alec weg. Seinem Gesichtsausdruck nach zu urteilen, hätte er gerne noch ein zweites Mal zugeschlagen.

„Was für ein Irrsinn! Ich verklage Sie, bis Ihnen Ihr Prozess um die Ohren fliegt!"

Friedas Mutter umklammerte ihre Tochter und hielt ihr die Ohren zu, als würde sie keine Fünfzehnjährige, sondern ein Kleinkind in den Armen halten. „Das ist nicht wahr!", rief sie von hinten.

„Ach nein? Soll ich Ihnen Ihre Auftritte vorführen?", fragte Abby, weil ihr diese naive Gutgläubigkeit gehörig auf die Nerven ging.

Alec strafte sie für ihre Unsensibilität mit einem warnenden Blick.

„Ich sage Ihnen was, Herr Huber. Sie haben ein richtiges Problem!" Alec drehte ihm die Hände auf den Rücken und stieß ihn gegen die Wand.

„Ich bin gespannt, wie Sie ihre nette Geschichte beweisen wollen! Schatz, alles wird gut. Ruf den Anwalt an, dann bin ich ganz schnell wieder bei euch."

„Ja, da wird sich Ihr Schatz freuen. Wenn wieder neue Videos von ihr auf die Plattform gestellt werden. Was glauben Sie, wer Sie sind? Sie haben Ihren richtigen Namen auf der Seite verwendet, um sich anzumelden. Unsere Computerabteilung hat das zurückverfolgen können. Wir verhaften Sie also wegen Verletzung der höchst intimen Privatsphäre, Irreführung einer Behörde, Behinderung von Ermittlungen und Verdacht auf Mord." Abby sah an ihm herab. Hätte sie das schon früher geahnt, wenn er nur etwas anders aussehen würde? Der Mann sah so unauffällig aus. Hatte sie sich von dem Äußeren seiner Familie blenden lassen oder von deren Vorstrafenregister?

„Moment mal! Was? Wieso Mord?"

„Weil wir glauben, dass Sie Frau Stöbl mit dem Ramipril Ihres Vaters vergiftet haben", sagte Abby und ging ins Bad, bevor ihre Faust auch noch zufällig in seinem Gesicht landete.

Am Handtuchständer des Hotels klebte ein kleiner, schwarzer Knopf, der sie frech anzugrinsen schien. „Alec, kommst du mal?"

Der stieß Huber voran, bis er neben ihr stand.

„Was macht denn die Kamera hier im Bad? Die hat wahrscheinlich das Zimmermädchen hier platziert", sagte Abby, um Hubers Ausrede schon einmal vorauszugreifen.

„Ist mal eine schöne Abwechslung, so ein schmuckes Hotelzimmer zu filmen. Immer nur das verdreckte Bad Ihres Vaters aufzunehmen, ist ja auch langweilig auf die Dauer", sagte Alec.

„Die hat mein Vater da platziert! Wahrscheinlich war er hier, während ich bei Ihnen war! Daran sind Sie schuld! Sie hätten mich niemals von meiner Familie trennen dürfen, dann wäre das nie passiert!"

„Was Blöderes fällt Ihnen nicht ein?" Alec schob Huber nach draußen, während Abby die Kamera abmontierte und eine weitere über der Dusche fand.

„Bitte, ich liebe meine Familie! Ich wollte doch nur zeigen, was für eine wunderschöne Frau ich habe!"

„Bitte hören Sie auf, zu sprechen!", hörte sie Alec im Nebenzimmer. Abby sah Alec vernichtend an. Am liebsten hätte sie ihm einen Tritt in die Kniekehle verpasst. Irgendwann würde seine Emotionalität noch mal sein berufliches Aus bedeuten.

„Ich habe noch eine Kamera gefunden. Ein Liebesbeweis an Ihre Familie, wie er im Buche steht", sagte sie, als sie wieder neben Alec stand und die zwei Kameras in die Höhe hielt. „Frau Huber, Frieda, Sie müssten auch mit uns kommen. Wir holen uns einen Durchsuchungsbeschluss für Ihre persönliche Habe. Sie können derweil Ihre Aussage bei den Kollegen machen." Aber Abby war sich nicht ganz sicher, ob die Frau das überhaupt vernommen hatte. Sie war zu sehr damit beschäftigt, ihr Kind zu umklammern und Friedas T-Shirt mit Tränen zu durchnässen. „Alec", sagte Abby, als ihr das Drama zu viel wurde. „Ich gehe schon einmal mit Herrn Huber vor. Kommst du dann gleich?"

Er nickte und kauerte sich vor das Bündel aus Hubers weinender Familie.

Abby packte den Familienvater am Arm und zerrte ihn die Treppe hinunter. Am liebsten hätte sie ihm seine Hände mit Kabelbindern nach hinten gefesselt. Aber solange er keinen Widerstand leistete, gab es dafür keinen Grund.

„Hören Sie, die Geschichte mit dem Video von Ihnen ... das war vielleicht nicht ganz so witzig."

„Nicht ganz so witzig? Ist das Ihr Ernst?"

Ein paar Hotelgäste blieben stehen, drehten sich nach ihr um. Hatten Sie das Video gesehen? Abby hoffte indirekt, dass er die Flucht ergriff. Möglicherweise attackierte er sie auch, dann würde sie ihm schon zeigen, dass sie nicht so wehrlos war wie seine Frau und seine Tochter. Dem würde das Lachen noch gehörig vergehen! Ihr graute es richtig davor, jetzt mit diesem Mann im Schlepptau über den Chiemsee zu schippern und sich seine Ausreden anhören zu müssen. Um ihm nicht länger ins Gesicht sehen zu müssen, konzentrierte sie sich auf die bunte Blumenwiese vor dem Hotel. Und auf das Schloss von König Ludwig, das sie in der Ferne sehen konnte. Das weit entfernte Märchenschloss war zur Hälfte von einem Wald bedeckt, der an die riesige Wildblumenwiese angrenzte.

Plötzlich hatte sie gar nicht mehr das Gefühl, bereits zu oft hier gewesen zu sein. Irgendwie hatte sie sich doch in dieses naturberührte Fleckchen Erde verliebt. Hier gab es viel weniger Straßen und schon gar keine hässlichen Hochhäuser wie in Rosenheim. Die Bayern waren zwar noch mürrischer als auf dem Festland, aber selbst daran hatte sie sich mittlerweile bereits gewöhnt.

Abby drehte sich kurz um ... und Huber war weg. Er lief, als wäre der Teufel hinter ihm her. Das stimmte in einer gewissen Weise sogar, denn Alec kam in dem Moment mit der Familie Huber aus dem Hotel.

Abby und Alec sahen sich an und sprinteten gleichzeitig los. Abby holte Huber schnell wieder ein, aber größer hätte der Abstand nicht mehr werden dürfen. Über eine längere Strecke im gleichbleibenden Tempo zu laufen, war nie so ihr Ding gewesen. Hubers Stärke war das offenbar auch nicht, denn er wurde immer langsamer, er rannte aus Verzweiflung in einen kleinen Waldstreifen. Abby sprang ihn von hinten an, er ging zu Boden, bekam einen Stock zu fassen und holte damit aus.

„Denken Sie nicht einmal daran!", keuchte sie und blockte den Schlag gerade noch rechtzeitig ab. Er stieß sie von sich und wollte aufstehen, als sie ihm einen Tritt in die Kniekehle verpasste und er jaulend einsackte. Ihr juckte es in den Knöcheln, ihre Waden brannten. Aber sie durfte sich nur vorstellen, jetzt nach seinem Gesicht zu treten und seinem Magen Fausthiebe zu verpassen, bis er Blut spuckte und an seinem rot gefärbten Erbrochenem erstickte. Abby zog stattdessen ihre Handschellen hervor. Alec müsste lange hier sein. War ihm etwas passiert?

Eine Faust schoss auf sie zu und traf sie direkt am Auge. Abby taumelte zurück, fing sich aber wieder, bevor Huber weiterlaufen konnte. Aber das hatte er gar nicht vor. Er hob den Ast auf und holte aus. Diese Gewaltbereitschaft hätte sie ihm nicht zugetraut. Sie merkte, wie sich ihr Verstand langsam ausschaltete, fast so, als würde ihr Gehirn in eine Art Überlebensmodus schalten. Ihre Hand wanderte automatisch neben ihren Kopf, um den Schlag abzuwehren, mit der anderen Hand riss sie ihn an sich und rammte ihm ihr Knie in den Magen. Huber stöhnte einmal kurz und sackte wieder ein.

Alec kam aus dem Gebüsch gesprungen und hielt ihn fest, während sie ihm die Handschellen anlegte. Abby sah ihn an. Kein Dreck an der Hose, kein schmerzverzerrtes Gesicht. Hatte er im Gebüsch auf ihren Kniestoß gewartet?

„Ich wünschte, ich wäre nicht aufgetaucht", meinte Alec.

„Ich auch", sagte sie. Wäre ihr Traum dann doch noch wahr geworden? Die Vorstellung, wie Huber sich in seinem Blut wand und röchelnd vor ihr lag, war aber auch zu schön.

„Ich nicht", keuchte Huber.

„Das glaube ich Ihnen gerne", sagte Alec und zerrte ihn auf die Beine. Er legte ihm die Kabelbinder an und zog ihn fest, fester als eigentlich nötig.

Die Rückfahrt war für Abby die reinste Geduldsprobe. Frau Huber weinte und Herr Huber schimpfte. Abby hätte jeden dieser Familie aus dem Boot werfen können. Sollten sie doch zurückschwimmen! Merkwürdigerweise ging ihr gerade Frau Huber mit ihrem Verhalten auf die Nerven. Es mochte herzlos klingen, aber sie selbst hätte in dieser Situation zumindest den Stolz, sich nicht auch noch die Emotionen anmerken zu lassen.

Während Alec sich ganz auf die Familie konzentrierte, um sich nicht noch weiter in seine Angst zu steigern, drehte Abby sich erneut weg und richtete den Blick auf den scheinbar endlos weiten Chiemsee und den tiefblauen Himmel mit vereinzelten, weißen Wolken am Himmel. Das Wasser war aufgewühlt durch den Wind und die Wellen, die gegen das Boot schlugen. Das Wasser spritzte ihr ins Gesicht, aber das machte ihr nichts aus. Sie liebte das Wasser, wenn es aufgewühlt war. Das hatte etwas von Freiheit für sie. Denn Wasser konnte man nicht aufhalten.

„Nicht mal ein Wochenende gönnt man uns", seufzte Elisabet, die im Büro auf ihre Kollegen gewartet hatte.

Nach der Rückfahrt waren sie zuerst ins Krankenhaus gefahren, um sich bestätigen zu lassen, dass Huber keine inneren Blutungen oder sonstige schwere Verletzungen von ihrem Kniestoß davongetragen hatte. Das war Abby aber eigentlich auch vorher schon klar gewesen. Kein Schwerstverletzter konnte so viel Energie aufbringen, in seinem Zustand noch mit Drohungen in Form von Anklagen und Dienstaufsichtsverfahren um sich zu werfen.

„Wir haben Hubers Anwalt nicht erreicht, was mich aber auch nicht sonderlich wundert, immerhin hat der ja auch irgendwann mal Wochenende", sagte Abby. Ihr Blick fiel auf Elisabets geöffnete Thermoskanne. Ein säuerlicher Geruch drang daraus hervor. „Herzliches Beileid zum Tod deiner Schwiegermutter. Weiß man schon, was genau passiert ist?", fragte Abby nach einer ganzen Weile. Sie konnte einfach nicht anders.

Elisabet sprang auf. „Was ist passiert?"

„Das musst du doch wissen, wenn du schon ihren Mageninhalt trinkst." Abby deutete auf die Thermoskanne, aus der ein säuerlicher Geruch nach oben drang.

„Also!" Elisabet knüllte einen Zettel von ihrem Schreibtisch zusammen und warf ihn in Abbys Richtung. „Du bist unmöglich! Das ist Zitronentee mit einem Hauch von Zimt und sanfter Karamellnote!"

„Es riecht wie Mageninhalt", meinte Abby zu ihrer Verteidigung.

„Du riechst auch gleich deinen Mageninhalt!" Elisabet hob drohend den Zeigefinger.

„Das glaube ich gerne, wenn du das Gemisch weiter auf dem Schreibtisch stehen hast."

Es klopfte kurz und Alec kam herein. „Hey, Lissy. Sorry, dass wir dich aus deinem Wochenende geworfen haben", sagte er zur Begrüßung. Alec setzte sich auf die Lehne der Couch, weil auf der Sitzfläche alles mit Aktenmappen zugestellt war.

„Kein Problem. Wenn ihr mich möglichst bald wieder entlasst. Also, wie seid ihr darauf gekommen, dass Huber seine Familie gefilmt hat?", fragte sie und trank einen Schluck von ihrem Gebräu.

„Unsere Nerds haben den Account zurückverfolgt. Huber ist selbst schuld, wenn er sich unter richtigem Namen dort anmeldet. Wir sind hingefahren und haben zwei Kameras im Hotelbadezimmer gefunden. Er hat sich ein bisschen widersetzt, deshalb habe ich jetzt ein blaues Auge", erzählte Abby.

„Ein bisschen widersetzt? Er ist zweimal mit einem Stock auf dich losgegangen!", warf Alec ein.

„Okay. Ich schlage vor, wir lassen ihn die Nacht über in seiner Zelle gammeln. Morgen sehen wir weiter", meinte Elisabet.

Abby nickte. Viel war nicht mehr von ihrem Nachmittag übrig geblieben. Sie hoffte, dass sie diesen Rest wenigstens genießen konnten.

Als Abby nach Hause kam, hätte sie ihr Haus am liebsten direkt rückwärts wieder verlassen. „Frau Huber. Kann ich Ihnen helfen?", fragte sie, als diese plötzlich vor ihr stand. Was zur Hölle machte diese Frau in ihrem Flur? Ihr fiel erst im zweiten Moment ein, dass Alec sich ihre Trainingspuppe hatte ausborgen wollen. Abby sah auf ihr Handy. Er hatte ihr eine Nachricht geschrieben, dass die Familie vorbeikommen würde. Das hatte sie davon, wenn sie einmal nicht direkt nach Hause fuhr, sondern vorher noch bei Louis vorbeischaute, um sich für ihr Nichterscheinen bei der Ausweihungsparty zu entschuldigen.

Ihre Kneipe war inzwischen restlos leer, die ganzen schönen Möbel vernichtet und ihre Ohren fühlten sich nach dem therapeutischen Gespräch mit Linda ähnlich an.

Sina erschien oben auf der Treppe.

„Ich brauche einen Kaffee!" Abby rieb sich die Schläfen und ging zu ihrer Kaffeemaschine. Sie konnte verstehen, weshalb Alec das tat. Auch ihr tat das Mädchen leid. Doch für die Mutter hatte sie keinerlei Sympathien übrig. Sie projizierte ihre eigenen Probleme auf die Tochter, sie klammerte sich an sie, weil sie sonst niemanden hatte, und zerstörte damit auch Friedas Leben. Abby verstand nicht, weshalb Alec zugelassen hatte, dass Frieda mit ihrer Mutter herkam. Sie störte Friedas Entwicklung doch nur. Und wenn Abby ganz ehrlich war, ging sie ihr mit ihrer Opferrolle gewaltig auf die Nerven.

„Oder gleich einen Schnaps!", fügte sie halblaut hinzu.

Frau Huber, die ihr in die Küche gefolgt war, sah sie böse an. Aber das war ihr Haus. Und in ihrem Haus konnte sie ja wohl sagen, was sie wollte.

„Abby. Es tut mir leid, dass ich dich so überfallen habe, aber … ich wollte nicht absagen, und … ich dachte, du hättest meine Nachricht gelesen." Sie drehte sich um. Alec stand verschwitzt vor ihr und Frau Huber wären beinahe die Augen aus ihrem Kopf gefallen. Sein Schweiß glitzerte im Sonnenlicht auf seinen Muskeln. Doch das war es nicht, was ihr so gut an ihm gefiel. Er hatte diesen weichen, liebevollen Ausdruck in den Augen und diesen spitzbübischen Zug um die Mundwinkel.

Hinter ihm tauchte Frieda auf. Sie sah Alec ganz verliebt an, aber das bemerkte er natürlich nicht. Wie naiv er doch war! Oder war das doch nur ihre Fantasie?

Alec war nach dem Vorfall schuldbewusst gegangen. Sie konnte nicht wirklich nachvollziehen, warum er jetzt ein schlechtes Gewissen hatte. Es war auch sein Haus, seine Trainingspuppe und Abby hatte die letzten Jahre darin wohnen dürfen. Sina hatte sich oben in ihrem Zimmer verschanzt. Hatte das etwas mit diesem Jungen zu tun? Wenn ja, war es besser, wenn sie nicht nachhakte.

13. Sonntagabend

Alec klingelte an ihrer Haustür. Als sie ihn hereinließ, schickte er sie nach oben, um sie einige Minuten später wieder herunterzuholen.

„Alec, warum veranstaltest du hier so ein Affentheater? Es ist doch nicht schlimm, dass du hier warst", sagte Abby, als er sie auf ihre Terrasse führte.

Auf dem Tisch stand ein Tablett, abgedeckt durch einen Teller. Feierlich hob Alec ihn herunter. Unter dem Teller stand ein kleineres Tablett mit einer Portion Eis und Bananenscheiben.

„Was ist das?"

„Was das ist? Das ist Cappuccino-Eis mit frischen Bananenstücken, die ich mit warmer Schokoladensoße übergossen habe. Und ich weiß, dass du es liebst, seit wir einmal bei diesem Spanier waren. Natürlich würdest du das niemals zugeben und du hast keinen Ton damals gesagt, aber ich habe das Funkeln in deinen Augen gesehen. Wie bei einem kleinen Mädchen unter dem Weihnachtsbaum." Er setzte sich ihr gegenüber und beugte sich weit über den Tisch.

„Ach, Alec. Um deine romantische Ader tut es mir leid."

Er schüttelte den Kopf. „Was hat das denn mit Romantik zu tun? Ich kann ja gerne noch eine Kerze anzünden und einen Geiger engagieren." Alec hatte sich so viel Mühe gegeben. Und sie saß hier, mit verschränkten Armen, und wusste überhaupt nicht, wie sie reagieren sollte. Mit jeder Sekunde, die verstrich, kam sie sich noch undankbarer vor.

„Ich weiß überhaupt nicht, was ich sagen soll." Diese Situation versetzte ihr einen Stich. Warum tat sie so etwas nie für ihn? Warum war sie nicht auf diese Idee gekommen? Warum war sie so schrecklich unkreativ?

„Alles gut. Ich habe nicht damit gerechnet, dass du vor Glück weinst", sagte er und wollte vermutlich beschwingt klingen. Aber aus seiner Stimme konnte sie ein bisschen Enttäuschung heraushören. „Jetzt probiere endlich!" Er rutschte ungeduldig auf seinem Kissen hin und her und wirkte selbst wie ein kleiner Junge, der sich auf die Geschenke unter dem Baum freute.

Abby nahm einen der Löffel und teilte eine Bananenscheibe in der Mitte. Niemals hätte sie gedacht, dass Alec sich noch an diesen Abend erinnern konnte. Sie selbst hatte ihn lange vergessen.

„Und?", fragte er.

„An dir ist ein richtiger Gourmet-Koch verloren gegangen." Abby stellte ihre Füße auf das weiße Sitzkissen und lehnte sich gegen seine Schulter. „Weißt du, Alec, ... nur weil ich nicht weiß, wie ich es zeigen soll, heißt das nicht, dass ich mich nicht freue. Ich bin einfach ein Trampel."

„Ja, das stimmt. Aber das weiß ich ja mittlerweile. Komm, jetzt lass uns erst mal essen, bevor der Cappuccino wieder flüssig wird." Alec stieß sie sanft an.

Sie aßen schweigend und Abby räumte schnell ab, bevor sich die Wespen über die Reste hermachten. Auf ihrem Rückweg brachte sie einen alten Whiskey und zwei Gläser mit.

„Stopp, nicht so viel, ich muss noch fahren!", rief er entsetzt, als sein Glas zu einem Viertel gefüllt war. „Oder willst du mich abfüllen, damit ich hierbleibe?"

„Mit so einem Whiskey fülle ich dich bestimmt nicht ab. Das würde ein teurer Rausch", sagte sie und legte sich auf ihre Kissen. Abby legte ihren Kopf auf sein Bein und ließ ihre Füße über die Lehne baumeln. Sie sah zu ihm hoch. Warum konnte sie Gefühle nicht zeigen? Warum konnte sie ihre Gefühle nicht zum Ausdruck bringen wie jeder normale Mensch auch? „Alec."

Er sah sie an.

„Ich muss dich doch hoffentlich nicht abfüllen, damit du heute Nacht hier schläfst, oder?"

Alec lächelte. „Nein", sagte er leise.

Sie nahm seine Hand und umschloss sie mit ihren Fingern. Abby hätte für den Rest ihres Lebens so liegen bleiben können.

14. Montagmorgen

Abby merkte, wie ihre Laune im Sekundentakt den Bach runterging, als sie am nächsten Tag in ihrem Büro auf Elisabet wartete. Sie hatte komisch geschlafen, sich von einer Seite auf die andere gewälzt und von Alec geträumt.

„Na? Du bist schon hier? Ist alles okay? Bist du krank? Oder konntest du einfach nicht schlafen? Das kommt von dem Kaffee, den du jeden Tag in dich schüttest. Auf Dauer ist das nicht gut."

„Guten Morgen, Lissy. Ich finde es echt lieb, dass du dich um mich sorgst, aber es geht mir gut. Wir haben einen Durchsuchungsbeschluss vom Richter für das Hotelzimmer und Hubers Laptop bekommen. Diesem Huber wird es noch vergehen, das verspreche ich dir!"

Elisabet packte ihren kleinen Schminkspiegel aus und klatschte sich irgendeine grüne Paste ins Gesicht, die innerhalb von einer Minute einzog. Anschließend öffnete sie ihr Puderdöschen und pinselte ihre eben gereinigten Poren wieder mit Make-up zu. Dann griff sie nach ihrer Thermoskanne und trank einen Schluck.

„Schmierst du dir jetzt schon grünen Babybrei ins Gesicht?", fragte Abby und deutete auf die Schachtel mit der Creme.

„Erstens ist das eine Kräutercreme-Mischung. Und zweitens wirkt sie wahre Wunder. Die Haut wird weich wie ein Babypo."

„Wen willst du damit beglücken? Einen Pädophilen?"

Elisabet sah sie mit zusammengekniffenen Augen an. Sie wollte vermutlich gerade etwas sagen, als die Tür aufging.

Alec kam herein, aber er war nicht alleine. Neben ihm stand Frieda. Abby schwante Böses. Es war wichtig, ihr zu helfen, doch so hart es auch klang, darum konnten sie sich gerade nicht auch noch kümmern. Frieda brauchte professionelle Hilfe. Doch so, wie sie Alec kannte, übertrieb er es wieder einmal maßlos mit seiner Hilfe. Sie liebte sein gutes Herz, nur deshalb hatte sie sich in ihn verliebt, doch sie fürchtete, dass Alecs Hilfe am Ende auf dasselbe hinauslaufen würde wie die Fürsorge ihrer eigenen Mutter. Alec nahm sie zu sehr in Schutz. Vielleicht war sie selbst einfach zu hart, doch Abby glaubte nicht, dass sich so ein Problem auf diese Weise lösen ließ. Frieda musste ins kalte Wasser springen. Sie musste auf neutralem Boden in die Gesellschaft eintreten, ohne beschützt zu werden.

„Darf ich euch unsere neue Praktikantin vorstellen?", sagte Alec. Elisabet stand sofort auf. „Hallo, Frieda. Wir kennen uns ja schon. Aber damit das jetzt offiziell wird: Ich bin Lissy, Abby und Alec kennst du ja auch."

Abby stellte sich vor, wie Alec und Frieda geschaut hätten, wenn sie nur ein paar Minuten früher gekommen wären. Dann hätten sie Elisabets Babybrei-Maske noch miterleben dürfen. „Seit wann haben wir Schülerpraktikanten?", fragte sie.

„Seit heute", antwortete Alec in einem Ton, der ihr offenbar klarmachen sollte, dass Frieda eine weitere Bemerkung gar nicht guttun würde.

Alec konnte sie doch nicht noch mehr in Watte packen! Das würde später auch keiner tun. „Also, ich würde mal sagen, dass Frieda unsere Telefonprotokolle durchlesen kann. Alles, was dir wichtig erscheint, heftest du in den Ordner, den ich dir gleich geben werde."

Der Regen ließ weiter auf sich warten. Es war trocken, heiß und windstill. Das Einzige, was ihre Laune etwas hob, war das spritzende Wasser des Chiemsees, als sie erneut mit dem Boot auf die Herreninsel fuhren.

Die Durchsuchung von Hubers Hotelzimmer begann gegen neun Uhr. Viel zu suchen gab es nicht. Abby wühlte sich dieses Mal zuerst durch die Koffer des Herrn Huber, da sie hoffte, das Ramipril zu finden. Aber offenbar hatte er die Tabletten direkt aus der Schachtel seines Vaters genommen. Das würde die leere Schachtel erklären, die sie bei ihm im Haus gefunden hatten. Den Koffer hatte bestimmt Frau Huber gepackt. Es sah alles ziemlich ordentlich aus. Man könnte meinen, das Zimmer würde einer glücklichen Familie im Urlaub gehören. So konnte man sich täuschen.

„So ein skrupelloser Typ wie Huber hat doch mit Sicherheit auch Geld in Kameras investiert, die man nicht einfach an einen Handtuchspender kleben kann. Wir sollten alles mitnehmen, in dem sich eine Kamera verstecken könnte und seine Kontoabrechnungen überprüfen. Da können wir zurückverfolgen, was er gekauft hat", sagte Alec.

Also wurden alle herumliegenden Gegenstände sichergestellt. Kugelschreiber, Wecker, Schminkutensilien und Behälter in jeglicher Art wurden eingesammelt und in Kisten verstaut. Notizbücher oder Kalender gab es keine. Dafür fanden sie den Block des Mädchens. Sie hatte immer wieder Personen gemalt, unter anderem meinte Abby, auf einigen der Zeichnungen Herrn Huber, ihren Vater, zu erkennen. Er saß vor dem Computer und starrte auf den Bildschirm. „Lissy, Alec. Ich glaube, ich habe da etwas", meinte sie schließlich. „Das ist der Zeichenblock des Mädchens. Herr Huber sitzt vor einem PC", fügte sie hinzu.

„Ja und? Sie wird ihn gezeichnet haben, weil ihr gerade nichts anderes in den Sinn kam", meinte Elisabet.

„Für mich ist mein Zeichenblock eine Art Tagebuch. Für ein so labiles Mädchen wird das auch eine Art Ventil für ihre Gefühle sein", sagte Alec.

„Du meinst, dass sie von den Videos ihres Vaters gewusst hat?", fragte Elisabet.

Alec zuckte mit den Schultern. Aber das war die Lösung! Deshalb wollte Huber nicht, dass sie mit seiner Tochter sprachen. Das war kein väterlicher Beschützerinstinkt. Frieda machte das Praktikum, um die Beweise gegen ihren Vater zu manipulieren. „Mein Gott, wie blöd bin ich denn noch?" Abby stürzte zur Tür, rannte die Treppen hinunter, als könne sie jetzt einfach so über den Chiemsee ins Revier fliegen.

Alec war sofort hinter ihr. „Abby, das Mädchen braucht Hilfe, keinen Einlauf!"

Aber das war ihr egal. Sie rannte den gesamten Weg vom Hotel bis zum Steg und stieg in die nächstbeste Fähre, die gerade ablegen wollte. Als sie wieder auf dem Festland waren, fuhr sie so abrupt los, dass Alec in seinen Sitz geschleudert wurde, noch bevor er angeschnallt war.

Abby öffnete die Tür zu ihrem Büro, in dem Frieda in einem Meer von Berichten auf der Couch saß. Sie schluckte und sah zu Alec, den das Chaos jedoch nicht großartig zu stören schien. Kein Wunder. Als sie das letzte Mal in seiner Wohnung gewesen war, hatte sie der Versuchung, einfach alles zu nehmen und aus dem nächstbesten Fenster zu werfen, nur mit Mühe widerstehen können. „Den Ordner hat Alec dir nicht zur Dekoration unseres Büros gegeben", sagte Abby.

Frieda sah auf, blickte erst zu Alec und sah Abby dann mörderisch an. Als ob es einen Sinn hätte, sich mit ihr einen Starr-Wettkampf zu liefern.

„Frieda, wir haben deinen Block gefunden", sagte Alec, schob die

Protokolle beiseite und setzte sich neben sie. „Wusstest du, dass dein Vater hinter den Filmen steckt?", fragte Abby. „Hat dein Vater gesagt, dass du es für dich behalten sollst? Möchtest du deshalb nicht mit uns kommunizieren?"
„Abby."
„Frieda! Wusstest du, dass es dein Vater war?" Abby kauerte sich vor sie. Sie hatte geglaubt, dass Frieda einfach nur schüchtern war. Doch in Wahrheit nutzte sie Alecs Helfersyndrom schamlos aus, um ihren Vater zu decken. Sie wusste, wie es um ihn stand. Bestimmt war sie sauer und traumatisiert davon, dass er sie gefilmt hatte. Doch Frieda hatte nur ihre Familie. Sie war offensichtlich in der Entwicklung zurückgeblieben und wollte nicht, dass ihr Vater Ärger bekam.
Abby klatschte in die Hände. „Frieda. Jetzt schau mich doch wenigstens an, wenn ich mit dir spreche!" Abby schlug auf den Tisch.
Aber Frieda starrte nur weiter auf den Boden. Dann hob sie die Hände und fuchtelte damit wild in der Gegend herum.
„Ist schon gut. Dein Vater sitzt bei uns hinter Schloss und Riegel. Der kann dir nichts tun", sagte Alec sanft.
„Frieda, du weißt, dass Vorenthaltung von ermittlungsrelevanten Informationen strafbar ist. Du bist fünfzehn, also strafmündig. Da rollt ganz schön was auf dich zu und deine Mutter kann dir das dann auch nicht mehr abnehmen!"
„Abby, bitte."
Alec hatte recht. Sie war unsensibel. Ihre Zündschnur war kurz. Doch sie war sich nicht wirklich sicher, ob Frieda hier nur ein Praktikum begonnen hatte, weil sie bereit dazu war, sich von ihrer Mutter loszulösen. Denn diesen Anschein machte es gerade gar nicht. Und Abby mochte es nicht, wenn Menschen Alec zum Narren hielten. Manchmal hatte sie das Gefühl, ihn schützen zu müssen. Er wurde selbst viel zu oft enttäuscht. Er hatte sich in sie verliebt, weil er wusste, dass sie sich im Notfall vor ihn werfen würde, wenn ihn jemand ausnutzte. Und Abby hatte das Gefühl, dass genau das gerade dringend nötig war.
Alec nahm sie in den Arm. „Es ist okay. Aber du solltest das nicht in dich fressen."
„Weiß es deine Mutter?", fragte Abby. „Hast du es ihr erzählt?"
Aber Frieda gab noch immer keine Antwort. Abby riss die Tür auf, weil sie in Friedas Gegenwart schlecht ihre aufgestaute Wut rauslassen konnte, und wäre beinahe gegen Frau Huber geprallt. Nicht die auch

noch! „Frau Huber. Ich würde gerne wissen, ob Sie von den Filmchen ihres Mannes gewusst haben?", fragte sie.

Das hätte Abby sich sparen können, denn die Mutter stürmte an ihr vorbei, zu ihrem Kind, um mit Alec eine Art Frieda-Sandwich zu bilden.

Elisabet erschien am anderen Ende des Flurs mit einigen Kisten. „Das müssen wir jetzt alles auf versteckte Kameras durchsuchen. Hat der Richter den Beschluss für die Kontoabrechnungen abgesegnet?"

Abby schüttelte den Kopf, legte den Zeigefinger auf die Lippen und deutete zur Tür.

„Oh. Frieda, was ist passiert?"

Elisabet stellte die Kiste auf Abbys Schreibtischhälfte ab und sah zu Frau Huber, die sich vor das weinende Mädchen gekauert hatte.

„Frieda, Schatz. Ich rede noch mal mit deiner Chefin, vielleicht darfst du ja doch bei ihr ein Praktikum machen."

„Sie helfen Ihrer Tochter nicht, wenn Sie sie ständig in Schutz nehmen", sagte Abby. Sie selbst war früher auch nie in Schutz genommen worden. Es hatte ihr nicht geschadet. Sie hatte gelernt, sich selbst zu helfen, und konnte es nicht ausstehen, wenn sich Menschen lieber in ihrer Opferrolle suhlten, anstatt ihr Problem selbst in die Hand zu nehmen.

„Und Sie sollten versuchen, ihre spitze Zunge zu zügeln. Vielleicht hören Sie jetzt auf, auch noch alle um meine Tochter herumzustehen!", sagte Frau Huber.

„Sie wollen uns jetzt aber nicht aus unserem eigenen Büro werfen, oder?", konterte Abby scharf.

„Frieda, Schatz, wir gehen." Frau Huber stand auf und streckte ihr die Hand hin.

„Frau Huber, bitte. Lassen Sie Ihre Tochter doch mal ein paar eigene Erfahrungen machen. Ich passe auch gut auf sie auf, versprochen", sagte Alec.

„Ist das wirklich in Ordnung, mein Schatz?" Frau Huber kauerte sich wieder zu ihrer Tochter hinunter und strich ihr sanft über die Wange. Frieda nickte zaghaft. „Na gut. Bis heute Abend, mein Engel." Frau Huber gab ihrer Tochter einen dicken Kuss auf die Wange und schickte Abby ein paar tödliche Blicke, bevor sie hoch erhobenen Hauptes an ihr vorbeimarschierte.

Abby floh in die Revierküche, weil sie jetzt ganz dringend dem Chaos in ihrem Büro entkommen musste. Alec folgte ihr. „Abby, ich weiß, was du denkst. Sie nutzt mich aus, um ihren Vater zu decken. Aber das glaube ich nicht. Nicht bei ihr."

Langsam drehte sie sich nach ihm um und legte die Hand auf seine Brust. „Du gehst zu weit", sagte sie leise. „Ich weiß, du meinst es gut. Aber es ist keine gute Idee, sie hierzubehalten. Wir ermitteln gegen ihren Vater!"

Alec verschränkte die Hände vor der Brust. „Jemand muss ihr helfen."

Und dieser jemand musste ausgerechnet er sein? Abby verkniff sich den Kommentar. Sie würde nur das Gegenteil damit bewirken. Außerdem konnte sie ihn ja sogar verstehen. „Tu, was du tun musst, um dich nachher nicht schuldig zu fühlen", sagte sie widerwillig und streichelte über seinen Arm. Sie wechselte das Thema. „Hat Frieda noch was dazu gesagt?

„Sie wusste davon. Aber ihr Vater, dieses perverse Arschloch, hat sie gezwungen, das für sich zu behalten."

„Was machen wir jetzt?", fragte Abby und machte ihnen zwei Tassen Kaffee.

„Der Richter hat das mit dem Konto abgesegnet. Wir nehmen uns die Kiste mit den Gegenständen vor, an oder in denen sich möglicherweise Kameras befinden, dann gleichen wir die Produkte mit den Nummern auf den Kontoauszügen ab." Sie setzten sich an einen kleinen Metalltisch, der in der Küche stand.

„Weißt du, was ich mich frage?" Abby starrte nachdenklich in ihre Kaffeetasse. „Wie kann man diese Ausgaben für Minikameras so lange vor seiner Ehefrau verheimlichen? Ich meine, das kann man doch nicht mit drei Kaffee, einem Mittagessen und ein bisschen Trinkgeld für den Kellner erklären." Abby sah zu ihm auf.

Alec blickte ihr in die Augen. Eine ganze Zeit lang blieb er stumm und sah sie einfach nur an, als würde er überlegen, ob ihr Satz einen tieferen Sinn hatte. „Die Frau ist vielleicht einfach ein bisschen naiv." Mit den Fingern fuhr er sanft über ihre wunden Knöchel.

„Aber du weißt doch, dass ich dich niemals filmen würde. Und du weißt doch, dass du das merken würdest, oder?"

Abby lächelte ihn an. Sie hatte nicht einmal selbst gewusst, dass dies insgeheim eine ihrer Ängste war. Aber Alec hatte recht. Sie hatte vor nichts mehr Angst, als davor, ihren Stolz zu verlieren. „Na ja, weißt du … wir alle vertrauen doch unseren Ehepartnern, oder? Ich meine, wenn wir einen Streit haben oder wenn wir uns fragen, woher die Ausgaben auf den Kontoauszügen kommen, dann denken wir doch an eine Affäre. Aber wir würden sicherlich niemals darauf kommen, dass wir nackt gefilmt und ins Netz gestellt wurden", sagte sie leise. Sie hielt sich die Hände vor die Brust, als müsste sie ihr eigenes Herz schützen. „Woher sollte sie denn wissen, dass sie gefilmt wurde?" Abby fasste sich in ihr Haar und richtete ihren Blick erneut in ihre Kaffeetasse.

„Du hast recht. Das ist das Letzte, was man von seinem Ehepartner erwartet. Aber Abby, ich weiß, dass du niemals auf so einen Mann reinfallen würdest. Und weißt du, warum? Weil du nicht naiv bist. Du bist vorsichtig, wem du dich anvertraust. Du willst dich immer zu hundert Prozent unter Kontrolle haben, weil du panische Angst hast, verletzt zu werden." Mit dem Zeigefinger schob er ihr Kinn nach oben, sodass sie ihn wieder ansah. „Abby, du weißt genau, wie du deine Emotionen verstecken kannst. Du hast vielleicht keine ausgeprägte emotionale Ader, aber du hast einen sehr scharfen Verstand. Mehr als wir alle hier."

Sie lächelte. Dann beugte sie sich über den Tisch und küsste ihn sanft. „Danke", sagte sie leise und stand auf.

Um halb zwölf waren Huber und sein Anwalt endlich bereit für ihre Befragung. Offenbar hatte sein Anwalt ihm das Ausmaß seiner Strafe verdeutlicht, denn Huber war recht blass um die Nase. Sie hoffte nur, dass Hubers Anwalt nicht in Alecs Emotionalität ein Schlupfloch für seinen Mandanten sah. Alec könnte für Hubers gebrochene Nase großen Ärger kassieren.

Und sie auch. Immerhin hatte sie ihren Bericht ein wenig aufpoliert. Alecs Ausraster kam darin natürlich nicht vor. Hubers gebrochene Nase hatte sie mit ihrem Gefecht im Wald erklärt. Ein Ton von Huber und sie beide konnten zusammen ihren Job an den Nagel hängen und eine Privatdetektei aufmachen.

„Ich wollte Sie nicht angreifen. Es tut mir ehrlich leid. Ich weiß nicht, was in mich gefahren ist. Ich bin froh, dass ich Sie nicht schwerer verletzt habe", sagte Huber zur Begrüßung.

Abby nicke langsam und hoffte, dass Alecs Nasenkorrektur im ganzen Gespräch nie erwähnt werden würde. Nicht einmal Elisabet hatte sie etwas davon erzählt. Hätte sie es doch bloß getan!

„Sie sind mit einem Stock auf mich losgegangen. Das kann als versuchter Totschlag gewertet werden."

„Mein Mandant war emotional aufgewühlt. Also für mich war das ein tätlicher Angriff auf eine Polizeibeamtin."

„Das wird das Gericht entscheiden. Geben Sie zu, die Kameras in Ihrer Wohnung und in der von Ina Stöbl platziert zu haben, um die Frauen beim Duschen zu filmen und diese Videos dann nachbearbeitet auf die Webseite zu stellen?", fragte Abby.

„Ich wollte doch nur zeigen, was für eine wunderschöne Familie ich habe."

„Warum haben Sie dann die Kameras auch in Ina Stöbls Wohnung platziert?", fragte Abby.

„Harald, also Herr Mooser, hat mir von dieser hübschen, jungen Frau erzählt, die er an der Angel hat. Er hat mir ein Bild von ihr gezeigt und da dachte ich, dass es unfair wäre, wenn nur er diese Schönheit nackt sehen würde. Auf dem Bild, das er mir gezeigt hat, stand die Frau vor ihrem Haus, da stand die Adresse und alles drauf. Mooser hat mir erzählt, wann sie in ihrem Gottesdienst ist. Also bin ich da mit dem Ersatzschlüssel unter der Fußmatte ins Haus, habe die Kameras platziert und bin wieder gegangen. Dann habe ich alles auf Moosers Laptop installiert und ihm gezeigt, wie man so ein Band nachbearbeitet. Alles, was er im Gegenzug für die Kameras machen musste, war, dreimal die Woche ein neues, bearbeitetes Video hochzuladen", erzählte Huber. Er schien kein bisschen Einsicht zu zeigen und hörte sich an, als würde er von seinem letzten Einkauf erzählen. Als wäre das alles ganz normal.

„Irgendwann konnten Sie die Realität aber kaum noch von den nachbearbeiteten Bildern unterscheiden, oder? Also haben Sie sich das Ramipril Ihres Vaters geschnappt und sind zur Konditorei gefahren. Dann haben Sie die Schachtel über Frau Stöbls Saftglas ausgeleert. Wie praktisch. Durch die Farbe und den Geschmack des Saftes hat sie überhaupt nicht gemerkt, dass sie da gerade eine tödliche Dosis Ramipril zu sich nimmt. Sie wollten mal schauen, ob sie wirklich so gut aussieht, wie auf den Bändern, aber dann kam irgendetwas dazwischen und Sie sind abgehauen", sagte Abby.

„Nein. Mit dem Tod der Frau habe ich nichts zu tun. Ich kann es beweisen. Ich habe ein Alibi. Ich war an dem Mittwoch von neun bis halb zwölf im Schuppen."

„Ich bin sicher, dass Ihre Kameraden das bestätigen können. Ihr Anwalt hat Ihnen erklärt, was auf Falschaussage steht?"

„Die Männer waren nicht alleine. Es gibt vier Damen von einem

Escort-Service, die das bestätigen können", sagte der Anwalt. Abby und Elisabet sahen sich an. Hatte er sich das ausgedacht? Warum hatte er ihnen das nicht schon früher gesagt?

„Das überprüfen wir." Abby sah zu Huber.

Jetzt würde er sagen, dass Alec ihm ins Gesicht geschlagen hatte. Jetzt würde gleich alles aus sein.

„Es tut mir leid. Auch das mit dem Film von Ihnen. Darf ich jetzt wieder zu meiner Familie?"

„Ist das ein Witz? Das wird kein Gericht dieser Welt zulassen. Davon abgesehen, bin ich mir ziemlich sicher, dass Ihre Familie auch nicht scharf darauf ist, Sie noch mal zu sehen." Abby sah zu einem wütend aussehenden Streifenpolizisten, der den Mann daraufhin wieder abführte. Noch heute würde er der Justizvollzugsanstalt Bernau überstellt werden. Da würde er dann auch Mooser wiedertreffen.

„Ein bisschen dünn, meint ihr nicht?", fragte Abby, während sie ihren Ofen mit acht belegten Baguettes vollstopfte und die Temperatur hochdrehte. Louis zuckte mit den Schultern. „Das schafft Huber locker. Erst amüsiert er sich mit seinen Escort-Damen, dann fährt er um kurz nach halb zwölf zur Konditorei, kommt um kurz vor zwölf dort an, vergiftet Frau Stöbl, will sie vergewaltigen, aber etwas kommt dazwischen. Das Alibi ist dermaßen dünn, damit kommt er nie durch", meinte Abby.

Alec sah vom Wohnzimmertisch auf und nickte. Dann beugte er sich wieder über Sinas Heft und murmelte irgendetwas von binomischen Formeln und mathematischen Regeln.

„Also …" Louis verstummte. Dann sah er liebevoll zu seiner Vogelspinne Esmeralda, die gerade gemächlich über einen Pappkarton wackelte und dabei, elegant wie sie war, jedes ihrer zarten, behaarten Beinchen ausstreckte.

„Also was?", fragte Abby.

„Ihr habt aber doch die Zeit der Vergiftung mit einberechnet, oder? Ich meine … Ramipril ist kein toxisches Gift, das innerhalb von ein paar Minuten zum Herzstillstand führt. Das ist ein Blutdruckmedikament. Wenn man eine Schachtel davon intus hat, dann dauert das bestimmt zwei Stunden bis man umkippt. Also zweieinhalb Stunden vom Zeitpunkt der Vergiftung bis zum Zeitpunkt des Todes müsst ihr schon einplanen."

Alec sah auf.

„Warum sagt uns das keiner? Das wirft den gesamten Zeitplan durcheinander!", sagte Abby.

„Ich war zu jeder Zeit der festen Überzeugung, dass ihr das wüsstet!", verteidigte sich Louis.

„Woher denn? Wir sind weder Forensiker noch Apotheker oder Rechtsmediziner. Wir haben Kriminalistik studiert, nicht Chemie oder was auch immer."

Louis seufzte.

„Das heißt aber im Klartext, dass jeder die Frau vergiftet haben könnte. Bis auf unseren Filmclan. Die haben laut Escort-Service alle ein Alibi. Keiner hat den Schuppen verlassen", sagte Alec und blickte von Sinas Schulheften auf.

15. Montagnachmittag

„Na schön. Alle, die wir bisher verdächtigt haben, fallen weg. Was machen wir jetzt?", fragte Abby und sah in die Runde.

Elisabet zuckte mit den Schultern. Dann schloss sie die Augen, lehnte sich in ihrem Stuhl zurück, trank etwas von ihrem Tee, der dieses Mal irgendwie nach Omas Schlafzimmer roch, und atmete tief durch. Nach einer Weile öffnete Elisabet ihre Augen wieder. „Sagt mal. Da war doch noch etwas. Auf Ina Stöbls Laptop." Sie wühlte auf ihrem Schreibtisch herum, bis sie endlich das gefunden hatte, wonach sie suchte. „Im Bericht der Kollegen von der Computerabteilung steht, dass Frau Stöbl Kontakt zu einem Makler aufgenommen hatte und laut der E-Mail des Herrn ein Café kaufen wollte. Eventuell finden wir da unseren Täter."

„Dann bewirkt deine Meditation ja doch was", stellte Abby fest.

„Eine im Team muss ja klar denken können. Und das nennt man nicht Meditation, sondern Entspannung. Solltest du auch mal versuchen." Elisabet lächelte sie frech an. Dann richtete sie ihre Augen wieder auf den Bericht. „Ich rufe den Makler an und mache einen Termin aus."

Alec stand auf und beugte sich zum Telefon hinüber. Abby angelte nach dem Bericht der Computerabteilung über Ina Stöbls Laptop und tippte den Namen des Maklers in ihren Computer ein. Bis auf seine Strafzettel wegen Falschparkens konnte sie nichts über ihn finden.

Gegen zwei Uhr trafen sich Abby und Elisabet mit dem Makler Thomas Klein in einem Wirtshaus am Eichental in Prien. Sie gingen einmal quer durch den Park bis zu einer kleinen, alten Holzbrücke, über welche man die halb ausgetrocknete Prien überqueren konnte. Der sonst so laute Wasserfall am Ende des Parks gab nur noch ein schwaches Plätschern von sich. Vor ihnen erstreckte sich ein riesiges Feld, das an ein weiteres Waldgebiet angrenzte. Die Luft stand zwar, doch der lang ersehnte Regen schien bei einem Blick an den graublau gefärbten Himmel schon ein Stückchen näher gerückt zu sein.

Abby hatte kurz auf der Webseite des Mannes vorbeigeschaut. Nun ließ sie ihre Blicke über die Bierbänke gleiten. Thomas Klein saß an einem Vierertisch, etwas abseits, mit einem Bierkrug. Sie hatte ihn nicht lange suchen müssen, denn sein giftgrünes Jackett in Kombination mit einer schweinchenrosa farbenen Hose und einem weißen Hemd mit Minipalmen darauf war auffällig genug.

„Guten Tag. Mein Name ist Perez, das ist meine Kollegin Bauer. Ein Kollege von uns hat mit Ihnen telefoniert. Es geht um Ihr Geschäft mit Frau Stöbl."

Der Makler stand auf, schüttelte beiden die Hand und öffnete geschäftig seinen Aktenkoffer. „Es tut mir leid, dass wir uns hier treffen müssen. Mein Büro hat leider einen Wasserschaden. Ich habe dennoch alle Unterlagen zum Café Rieger, das Frau Stöbl übernehmen wollte." Er gab ihnen eine weiße Aktenmappe.

„Der Kaufvertrag wurde noch nicht unterschrieben. Frau Stöbl war sich dennoch sicher, dass sie das Café übernehmen würde. Sie hatte die finanziellen Mittel, sie sagte nur, dass sie sich erst aus ihrem Vertrag mit den Inhaberinnen der Konditorei Holzner boxen müsste. Soweit ich weiß, hatte sie schon ein paar zukünftige Mitarbeiter in Betracht gezogen und einen Kostenvoranschlag für den Umbau des Café Rieger eingefordert." Herr Klein nahm einen Schluck von seinem Bier. Der Schaum blieb in seinem Bart hängen, der die Dreitagesfrist ganz offensichtlich schon länger überschritten hatte. Sein Haar war schulterlang und entweder voller Gel oder einfach nur fettig.

„Was wollte sie denn aus dem Café machen?", fragte Abby und dachte an die strengen Regeln bei den Jüngern Gottes, gegen die sie verstoßen haben könnte.

„Ein Familiencafé, in dem einmal die Woche ein kleinerer Kindergottesdienst stattfindet. Das Café Rieger liegt auf einem Hügel, Sie wissen schon, an der Heubergstraße hinten, in Richtung Ernstdorf, nahe am See. Das Grundstück ist voller Wiesen. Frau Stöbl wollte einen Streichelzoo als Touristenmagnet vor ihr Café setzen."

Also wollte sie ihr Café als Art Werbung für ihren Glauben einsetzen. Auch eine geschickte Idee.

„Dürfen wir die Unterlagen mitnehmen?", fragte Elisabet und deutete auf die Akte.

„Ja, sicher. Ich hoffe, Sie haben nichts dagegen, wenn ich mich nach einem neuen Käufer umsehe?"

„Gibt es denn weitere Interessenten?", wollte Elisabet wissen.

„Soweit ich weiß, wollte das Ehepaar Holzner ein weiteres Café eröffnen. Die Damen hatten deshalb schon mal bei mir angefragt. Ich hatte nur das Café Rieger im Angebot, dass ich Frau Stöbl aber bereits per Handschlag zugesichert hatte. Na ja, jetzt werde ich mal bei den Damen anfragen, ob noch Interesse besteht."

„Vielen Dank. Sie haben uns wirklich geholfen! Wir melden uns vielleicht noch einmal bei Ihnen", sagte Abby und schüttelte seine Hand zum Abschied. Die Holzners waren sowieso nicht gut auf Frau Stöbl zu sprechen gewesen. Kein Wunder bei der Diskriminierung. Die Damen hatten also durchaus ein Mordmotiv. Aber es war bestimmt besser, vorher noch einige Hintergrundinformationen zu sammeln.

Herr und Frau Stöbl senior hatten den Kauf nicht mit einer Silbe erwähnt. Mit ihnen sollten sie zuerst sprechen.

Beim Ehepaar Stöbl bot sich ihnen ein altbekanntes Bild. Herr Stöbl saß mit tiefen Ringen unter den Augen blass auf demselben Platz auf der Eckbank und wärmte sich die Hände an seiner Brühe. Frau Stöbl umklammerte den Arm ihres Mannes und hatte sich an seine knochige Schulter gelehnt. Wie zwei Ertrinkende, die die letzten Sekunden ihres Lebens unbedingt zusammen verbringen wollten. Irgendwie versetzte Abby dieses Bild einen Stich.

„Sie haben uns gar nicht erzählt, dass Ihre Tochter das Café Rieger übernehmen wollte", sagte Elisabet und setzte sich neben die zwei.

„Ist das denn wichtig? Sie haben doch Ihren Täter schon", meinte Frau Stöbl.

„Leider nein. Die Männer, die die Videos Ihrer Tochter ins Internet gestellt haben, können es nicht gewesen sein. Sie haben ein Alibi. Aber sie werden bestraft", sagte Elisabet leise.

„Ich weiß, sie werden bestraft. Irgendwann werden alle Ungläubigen bestraft." Elisabet richtete ihren verlegenen Blick auf die Tischplatte vor sich.

„Können Sie uns etwas über den Kauf des Cafés erzählen? War das schon sicher?", fragte Abby, als hätte sie den letzten Satz der Frau nicht gehört.

„Ja. Wir hatten schon ein paar Leute in unserem Bekanntenkreis auf die Hand zugesichert, dass sie dort arbeiten könnten. Einer Bedienung und einem jungen Mann, der gerade seine Bäckerlehre abgeschlossen hat", erzählte sie.

„Und jetzt? Der Makler sagte uns, er müsse sich nach einem neuen Käufer umsehen."

„Das wird wohl nicht nötig sein", meinte Frau Stöbl. „Wir, also mein Mann und ich, werden Inas Idee leben. Sie hätte es so gewollt. Gerade eben vor ein paar Minuten habe ich mit dem Makler gesprochen. Er hat uns das Café zugesichert. Wir waren mit Ina schon einmal dort, haben mit dem Inhaber gesprochen. Er fand die Idee gut. Wir werden noch einmal mit Herrn Rieger und Herrn Klein alles durchsprechen, dann unterschreiben wir den Kaufvertrag."

„Hat Ihre Tochter mal etwas von Ihren Chefinnen erzählt? Wollten die das Café auch?", fragte Elisabet.

„Sie wollten ein weiteres Café eröffnen, ja. Aber ihnen fehlte ja schon jetzt das Personal. Ina hatte ihnen bereits vor ein paar Monaten gesagt, dass sie aufhören wollte. Ich glaube, sie haben noch immer keinen Ersatz gefunden. Es gibt glücklicherweise genügend Menschen, die so ein Verhalten auch nicht tolerieren."

Wenn es ein Verhalten gab, das man nicht tolerieren sollte, dann war es ja wohl das, welches Frau Stöbl gerade an den Tag legte. Obwohl, so wie Abby das Ehepaar beim Gottesdienst erlebt hatte, waren Jünger Gottes ziemlich arm. Eigentlich grenzte es schon fast an ein Wunder, dass Herr und Frau Stöbl überhaupt so alt geworden waren, wenn sie jegliche medizinische Versorgung ablehnten.

„Es gab also niemanden, der etwas gegen den Kauf hatte, oder?", fragte Abby weiter.

„Nein. Unser Glaubenskreis wollte uns unterstützen. Und er will es noch immer."

Herr Stöbl griff nach der Hand seiner Frau. Er trug noch immer den Ring mit dem Tauben-Symbol am Ringfinger. Was war ihm wohl wichtiger? Sein Glauben oder seine Frau? Wahrscheinlich wollte Abby die Antwort gar nicht erst hören.

Der Inhaber des Cafés hatte mit Sicherheit noch ein paar relevante Informationen, die ihnen bei dem Gespräch mit dem Ehepaar Holzner behilflich sein könnten.

Der Himmel hatte eine geradezu dunkelgraue Färbung angenommen, als sie schließlich am Café Rieger ankamen. Hoffentlich schafften sie es noch trocken nach Hause.

Der Immobilienmakler hatte nicht übertrieben. Das Café lag einfach perfekt. Man konnte vom Hügel aus über den dunklen Tannenwald hinweg bis über den Chiemsee sehen. Um das Café Rieger herum standen keine anderen Bauten. Das Café lag einsam und war vermutlich früher einmal ein Bauernhaus gewesen. Es war noch aus altem, dunklem Holz gebaut und hatte die typisch altbayerischen Kleinbalkone mit übermäßigem Blumenschmuck, der bis weit über das Geländer hing. Von den Tischen und Bierbänken im Garten aus konnte man über die gesamte Landschaft sehen. Kein Wunder also, dass das Geschäft gut lief. Die Kellnerinnen eilten zwischen den Gästen hin und her.

Das alte Bauernhaus war geradezu perfekt für die Stöbls. Irgendwie konnte sie sich die zwei Rentner, die mit ihrer Glaubensgemeinschaft Kinder zum Gebet aufforderten, recht gut in diesem Haus vorstellen.

„Herr Rieger? Wir sind hier, um mit Ihnen über den Verkauf Ihres Cafés zu sprechen." Abby ging auf den Wirt zu. Sie schätzte ihn auf Anfang fünfzig. Er trug ein weißes Hemd unter den Trägern seiner Lederhose und Kniestrümpfe, die aussahen, als wären sie vor ein paar Jahrzehnten per Hand gestrickt worden.

„Ich habe schon gehört, dass Frau Stöbl verstorben ist", sagte er und lotste sie in einen Nebenraum, eine Art Abstellkammer.

„Frau Stöbl wollte mit dem Café Werbung für die Jünger Gottes machen. Hätte Sie das nicht gestört?", fragte Abby. Sie konnte Elisabets warnenden Blick im Nacken spüren. Hoffentlich war Herr Rieger nicht selbst bei den Jüngern Gottes, sonst konnten sie gleich wieder gehen.

„Nein. Ich bin froh, einen Käufer gefunden zu haben. Frau Stöbl schien mir recht engagiert", antwortete er mit bayrischem Akzent.

„War das Ehepaar Holzner mal bei Ihnen? Haben die beiden sich für Ihr Café interessiert?", fragte Abby erleichtert.

„Sie haben wohl mal angefragt, ja. Aber da war das Café schon den Stöbls zugesichert worden. Also, wenn Sie mich jetzt irgendetwas zum Umbau fragen wollen, darüber weiß ich gar nichts. Das läuft alles über den Makler." Herr Rieger hatte eine tiefe und laute Stimme. Sein Gesichtsausdruck war mürrisch, typisch bayrisch eben. Bayern wie ihn traf man in Rosenheim selbst eher selten.

Als Abby vor Jahren nach Deutschland gekommen war, hatten sie Männer dieser Sorte eher abgeschreckt. Inzwischen wusste sie, dass die Bayern einfach nur mürrisch und stur waren, dafür aber einen unglaublich trockenen Humor hatten. Ob sie ernst meinten, was sie sagten, konnte man nie so richtig abschätzen.

„Darf ich fragen, warum Sie das Café aufgeben wollen?", fragte Elisabet.

Herr Rieger zögerte. Seine braunen Augen fixierten einen unsichtbaren Punkt an der Wand. „Private Gründe", sagte er nach einer Weile.

„Hat sonst mal jemand angefragt? Wollte noch jemand das Café?", fragte Abby.

„Nein. Das Haus ist alt. Der Schimmel sitzt in jeder Ecke, bei den Fenstern zieht es rein, der Putz draußen bröckelt und die Heizung fällt im Winter regelmäßig aus. Vernünftige Menschen schreckt das ab. Ich glaube, die Stöbls unterschätzen das. Sie haben sich für die Probleme am Haus wenig interessiert. Haben ständig von ihren tollen Möbeln gesprochen, die ihnen ein befreundeter Schreiner anfertigt. Dass die Möbel dann ebenfalls schimmeln, wenn die Feuchtigkeit durch sämtliche Wände zieht, war ihnen egal. Aber das ist dann nicht mein Problem."

„Sie konnten wohl nicht so viel mit den Stöbls anfangen?", fragte Abby. Sie tat sich noch immer schwer damit, den altbayerischen Dialekt zu verstehen, wie ihn Herr Rieger beispielsweise sprach. Dabei wohnte sie schon fast sieben Jahre hier in Oberbayern. Vor allem die ältere Generation sprach derart unverständlich, dass Abby sich meist nur ungefähr zusammenreimen konnte, was sie sagte. Die meisten Bayern sprachen dann aber erst recht im Dialekt, wenn sie bemerkten, dass Abby keinen blassen Schimmer hatte, was sie von sich gaben. Sie genossen das richtig. Gut, dass diese Kandidaten selbst in einer eher ländlichen Gegend die absolute Ausnahme waren. Dennoch war sie immer wieder fasziniert davon, wie kreativ Menschen doch im Erfinden von neuen Wörtern mit absurder Aussprache sein konnten.

„Wissen Sie, im Prinzip ist mir das egal. Ich hab das Haus von einem Gutachter schätzen lassen, die Kosten einer Renovierung sind fast so hoch wie die Kosten für das Haus selbst. Mit ein paar neuen Möbeln ist es da nicht getan. Aber das braucht mich nicht zu kümmern. Das Café wirft recht viel ab, diese Saison mache ich noch und dann setze ich mich in eine kleine Alpenhütte ab."

Abby lächelte. Das konnte sie sich prima vorstellen. Herr Rieger, der in Lederhosen durch den Berg stiefelte und ab und an nach seinen Kühen sah. Den Rest des Tages zog er sich in seinen Garten zurück und genoss die stille Aussicht auf endlose Berggipfel. So ließ es sich mit Sicherheit leben.

„Wir kommen noch mal, falls wir noch ein paar Fragen haben sollten", meinte Elisabet schließlich und die beiden Beamtinnen verabschiedeten sich. Sie bahnten sich den Weg zwischen den Gästen hindurch. Der Laden machte bestimmt viel Umsatz. Die Frage war nur, ob die Stöbls den auch halten konnten. Sie selbst würde sich nicht in ein Café setzen, in dem es hauptsächlich um Werbung für eine Sekte ging. Aber unwissende Touristen würde es mit Sicherheit anlocken.

Als sie am Priener Marktplatz ankamen, herrschte dort gähnende Leere. Ein paar Blätter fegten über die Steine, der Wind war recht stark, als hätte er die Bewohner aus den Straßen in ihre Häuser geweht. Bei dem Wetter ging Abby gerne durch diese Gegend. Sie konnte sich noch gut daran erinnern, wie sie vor Jahren, als sie in Deutschland gelandet war, über das Wetter geschimpft hatte. Grauer Himmel, Regen und Kälte, das war sie damals nicht gewohnt gewesen. Heute gefiel es ihr, vor allem, weil sie die Straßen, den Ausblick auf die alten Fachwerkhäuser und die Naturgewalt ganz für sich hatte.

Abby drückte die Tür zur Konditorei Holzner auf. Nicht einmal an diesem Ort war viel los. Dabei aßen hier sonst oft irgendwelche Rentner ihre Henkersmahlzeit. „Frau Holzner? Können wir noch mal mit Ihnen sprechen?"

Die stämmigere Dame mit der blonden Bobfrisur und der babyblauen Schürze drehte sich zu ihnen um. „Ja, sicher. Kommen Sie." Frau Holzner lotste sie in den leeren Speisesaal und schloss die Tür hinter sich.

„Wir haben gehört, dass Frau Stöbl Sie demnächst verlassen wollte", fing Abby an und wartete auf eine Reaktion.

Doch die kam nicht.

„Warum sagten Sie das nicht?", fragte sie.

„Ich dachte nicht, dass das wichtig wäre. Aber ja, Ina wollte aus dem Vertrag. Und wir haben dann vereinbart, dass wir sie sofort gehen lassen, wenn wir einen Ersatz gefunden hatten. Rieger wollte die Saison ja eh noch fertig machen, geeilt hat es also nicht", sagte Frau Holzner.

„Haben Sie Ersatz gefunden?", fragte Elisabet.

„Nein. Aber ehrlich gesagt hätten wir sie auch so aus dem Vertrag gelassen. In den letzten Wochen war sie immer unausstehlicher geworden. Hat uns beleidigt und unterstellt, wir würden sie doch bloß nicht gehen lassen wollen. Ich war froh, als ich hörte, dass sie das Café übernehmen wollte."

„Aber Sie hatten auch Interesse. Sie wollten das Café Rieger doch auch. Frau Stöbl hätte Ihnen damit Konkurrenz gemacht, oder?", fragte Abby.

„Nein. Mit ihrem tollen Werbekonzept für ihren Glauben wäre sie nicht weit gekommen. Meine Frau und ich, wir wurden zu einem richtigen Geheimtipp. Aber wenn es schon heißt, dass Ina ein Café betreibt und dort einmal die Woche Familiengottesdienste hält, wäre sowieso niemand gekommen. Das ist doch klar, wenn man von allen Seiten mit geistlicher Werbung zugeschallt wird. Sie wäre auf ihren Kosten für Strom, Umbau und Lebensmittel hocken geblieben." Frau Holzner holte Luft. Dass es mit Frau Stöbl nicht einfach war, konnte sich Abby vorstellen. Nur, dass sie nicht die Geduld gehabt hatte, die Frau so lange bei sich arbeiten zu lassen. Beim ersten Kommentar hätte sie sie rausgeworfen, sodass sie sich ihren Dickkopf am Asphalt aufgeschlagen hätte.

„Also wollten Sie gar kein zweites Café eröffnen?", fragte Elisabet.

„Doch. Aber nicht in Prien. Die Schwester meiner Frau will bald aus München herziehen. Sie hat das gelernt, sie wird unter unserer Führung ein Café im Umkreis betreiben. Wir haben einen guten Ruf in der Gegend. Wir wären doch schön blöd, wenn wir noch ein Café im selben Ort aufmachen würden."

Da hatte sie gar nicht mal unrecht. Trotzdem hatte sie kein Alibi.

„Sie sagten, sie waren bis zu Ihrer Fahrt nach München mit Frau Stöbl hier?", fragte Abby.

„Ja. Warum? Stimmt etwas nicht?"

„Der Tatzeitpunkt hat sich etwas verschoben. Wir müssen wissen, was Sie so gegen halb zehn gemacht haben?", fragte Elisabet.

„Meine Frau und ich haben den Kuchen für den Tag vorbereitet. Und den Mittagstisch. Ina hat währenddessen vorne bedient. Moment. Sie glauben aber nicht, dass wir Sie umbringen wollten, oder? Was ist mit dem Perversen, der sie begafft hat?"

„Der hat ein Alibi. Und wir müssen natürlich überprüfen, ob Sie etwas damit zu tun haben. Das ist schließlich unser Job", erinnerte Abby sie.

„Wenn Ihnen noch etwas einfällt, das Sie entlasten könnte, dann kommen Sie bitte zu uns, ja?" Elisabet stieß Abby unsanft an und bugsierte sie nach draußen. War das irgendwie unsensibel gewesen?

Es war vier Uhr, als sie wieder zurück im Präsidium waren. Inzwischen regnete es bereits recht stark. Als Abby die Tür zu ihrem Büro öffnete, fühlte sie sich wie am Tag zuvor, als Alec Frieda und ihre Mutter einfach in ihr gemeinsames Haus gelassen hatte, hintergangen und wütend zugleich.

Frieda saß an ihrem Schreibtisch. An ihrem PC. Auf ihrem Schreibtisch herrschte pures Chaos. Stifte lagen kreuz und quer, der Schreibtisch war voll mit Protokollen. Alec war nicht da, vermutlich musste er sein Büro renovieren. Das war auch nötig, wenn Frieda dort vorher gewütet hatte.

Elisabet bemerkte offenbar Abbys Blick und reagierte genau richtig. Sie knallte ihr die Tür vor der Nase zu, bevor sie hineinstürmen und das Mädchen zur Schnecke machen konnte. Sie schob Abby hinauf in Alecs Büro. Er räumte tatsächlich etwas in Kisten und sah erstaunt auf, als Abby und Elisabet bei ihm auftauchten.

„Was macht Frieda ausgerechnet an meinem Schreibtisch? Hätte sie ihr Chaos nicht woanders veranstalten können?", fragte Abby.

Elisabet holte Luft, um etwas zu sagen, aber Alec kam ihr zuvor. „Auf deinem Schreibtisch? Mist. Ich habe sie einem Kollegen übergeben. Dass der sie ausgerechnet bei dir ablädt, habe ich nicht geahnt. Tut mir leid." Er sah ehrlich zerknirscht aus.

„Jetzt beruhige dich erst einmal!", sagte Elisabet.

„Warum hockt die überhaupt am Computer?", entfuhr es Abby.

„Sie zieht alle wichtigen Telefonprotokolle in einen separaten Ordner. Ich habe gerade einen Anschiss bekommen. Wegen Papierverschwendung und so. Na ja. Jedenfalls geht jetzt auch das Lesen der Protokolle nur noch am Bildschirm."

„Hast du ein bisschen recherchiert?", fragte Abby ihn und versuchte, das Bild ihres verwüsteten Schreibtisches schnell aus ihrem Kopf zu verbannen.

„Ja. Also, dass Rieger verkaufen will, wundert mich nicht. Er hat eine schwere Zeit hinter sich. Vor drei Jahren wurde seine Tochter auf dem Weg von der Disco nach Hause vergewaltigt. Sie starb noch am Tatort an ihren Verletzungen. Der Täter wurde trotz verwertbarer Spuren nicht gefunden, da er nicht vorbestraft ist. Daraufhin fiel Frau Rieger in eine schwere Depression. Sie hat sich vor einem Jahr das Leben genommen. Rieger sucht seither einen Käufer für das Café, das seine Frau geleitet hat", erzählte Alec.

„Jetzt verstehe ich, warum er dringend da raus will. Hast du sonst noch etwas?", fragte Abby.

„Ehrlich gesagt, nein."

„Die Holzners halte ich für sehr verdächtig. Die haben ein Motiv. Diskriminierung. Und, dass Ina Stöbl das Café Rieger kaufen wollte. Sie behaupten zwar, dass sie es selbst nicht wollten und dass Frau Stöbl keine Konkurrenz gewesen wäre, aber ich glaube nicht, dass es ihnen so egal war. Vielleicht gibt es einen Verwandten, der Ramipril nimmt? Oder sie kommen sonst irgendwie an das Zeug", sagte Abby.

„Die Mariannen-Apotheke ist ja keine hundert Meter vom Café Holzner entfernt. Meinst du, man kann in die Apotheke von Frau Drexl einbrechen?", fragte Alec.

„Es wäre einen Versuch wert, oder?", meinte Abby.

Eigentlich war das keine schlechte Idee. „Das wird dem Richter noch nicht für einen Durchsuchungsbeschluss der Holzners reichen. Irgendeinen Hinweis brauchen wir noch", sagte Elisabet.

„Ich durchleuchte die Damen. Vielleicht finde ich etwas. Aber wenn wir die Wahrheit herausfinden wollen, dann müssen wir jemanden fragen, der nichts mit den Betreiberinnen zu tun hat, aber häufig im Café war. Einen Stammgast", schlug er vor.

„Ich finde, wir sollten Mooser fragen. Es gibt bestimmt kaum jemanden, der mehr über Ina Stöbl weiß. Und er war bestimmt oft in der Konditorei. Aber der wird uns entweder nicht sehen, hören oder er bekommt bei der ersten Gelegenheit einen Herzinfarkt." Alec lachte mit vorgehaltener Hand, sah zu Elisabet und versuchte vergebens, seine Gesichtsmuskeln wieder unter Kontrolle zu bekommen.

„Das ist nicht lustig! Das sind ältere Menschen, die mehr Lebenserfahrung haben als wir drei zusammen!", zischte sie.

„Schon okay. Aber habe eh eine bessere Idee für alle Beteiligten. Wenn wir Mooser befragen, bekomme ich keinen Wutanfall, weil mich der Rentner nicht versteht, er bekommt keinen Herzinfarkt und, Lissy, du musst dich nicht aufregen, weil ich unsensibel bin. Mooser war mit Sicherheit oft in der Konditorei", schlug Abby vor.

Elisabet seufzte und verdrehte die Augen. „Gut, dann fahren wir jetzt in die Justizvollzugsanstalt Bernau."

Alec schrieb sich etwas auf einen Notizzettel, verließ dann sein Büro und ging mit ihnen ins Erdgeschoss, in dem sie ihr Büro hatten. Vermutlich wollte er Frieda von Abbys Schreibtisch scheuchen.

„Ich muss Sie bitten, Ihre Waffen abzulegen", meinte der Justizbeamte, als sie in Bernau angekommen waren.

Elisabet hatte damit kein Problem, bei Abby sah es da schon anders aus. Widerwillig trennte sie das Magazin von der Waffe und gab beides separat ab.

„Tragen Sie sonst noch Waffen bei sich?"

Elisabet verneinte und sah zu Abby.

„Lassen Sie uns jetzt durch?", wich sie seiner Frage aus.

„Tragen Sie noch Waffen an sich?", hakte er weiter nach.

„Was für eine Polizistin wäre ich wohl, wenn ich nicht noch ein Messer bei mir tragen würde?"

Elisabet war das sichtlich unangenehm. Sie lächelte den Mann nervös an und trat von einem Fuß auf den anderen.

„Ich muss Sie bitten, das auch abzugeben."

„Vergessen Sie es! Das Messer gebe ich nicht im Traum in fremde Hände. Wir wollen auch nur in den Vernehmungsraum. Mooser wird so oder so bewacht", zischte sie.

„Bewaffnet kann ich Sie nicht zu ihm lassen", sagte der Beamte geduldig.

Abby nickte, kauerte sich auf den Boden, schob ihr Hosenbein hoch und zog das Messer hervor, welches sie in ihrem Schuh stecken hatte. Es war mickrig und eigentlich mehr zum Werfen gedacht. Ihr brasilianisches Kampfmesser würde sie ihm im Leben nicht überlassen. Der Mann ließ sie durch und Abby schaffte es, ihr Messer durch die Sicherheitskontrolle zu schmuggeln. Elisabet sah sie böse an, sagte aber nichts.

Schließlich wurden sie in den Befragungsraum des Gefängnisses geführt. In seiner blauen Gefängniskleidung sah Mooser anders aus. Aber er hatte Wunden im Gesicht. Offenbar waren Schweine wie er selbst hier nicht gern gesehen.

„Wir sind hier, weil wir noch etwas über die Holzners in Erfahrung bringen wollen. Sie sagten, die Inhaberinnen der Konditorei hatten mit Frau Stöbl Streit. Worum genau ging es?"

„Ich weiß es nicht. Sie haben nur wieder einmal über Ina ... also, über Frau Stöbl geschimpft. Sie würde sich noch wundern und sie würde noch ihr blaues Wunder erleben und irgendwann könne ihr ihr Gott auch nicht mehr helfen. So was eben."

Abby und Elisabet sahen sich an. Waren das Morddrohungen? Werten könnte man es so.

„Ist Ihnen sonst noch irgendetwas aufgefallen? Jede Kleinigkeit könnte wichtig sein", meinte Elisabet.

„Ina hat …" Er verstummte.

„Sie hat was?", hakte Abby nach.

„Sie hat aus dem Café rausgewollt", antwortete er nach einer Weile.

„Das wissen wir bereits", sagte Elisabet.

Mooser holte Luft. Er faltete die Hände, starrte auf die Tischplatte und öffnete den Mund. Dann schloss er ihn wieder. Wieder holte er Luft, wollte etwas sagen, doch es kam nur ein einsamer Laut aus seinem Mund. Verlegen rieb er sich die Stirn. „Ja, dann kann ich Ihnen aber auch nicht helfen", sagte er schließlich.

Die Morddrohungen könnten dem Richter für einen Beschluss reichen. Wenn sie bei den Holzners das Ramipril fanden, dann hatten sie ihre Täter eigentlich schon. Abby sah auf die Uhr. Es war schon nach fünf. Vielleicht hatte Alec in der Zwischenzeit etwas in Erfahrung gebracht?

Wie auf wundersame Weise war Abbys Schreibtisch bei ihrer Rückkehr wieder ordentlich. Für sie selbst zwar nicht, für Alec, der den Schreibtisch vermutlich aufgeräumt hatte, grenzte das an zwanghaftes Verhalten. Er beteuerte, dass Frieda ihr Chaos selbst weggeräumt hatte, aber Abby war sich ziemlich sicher, dass die nicht wusste, wo bei ihr welche Zettel in welcher Reihenfolge lagen. Alec hatte die Lage ihrer Notizzettelchen oft genug studiert, als er wieder einmal einen davon schräg gerückt hatte, um sie ein bisschen aufzuziehen.

Klebeband und Stifthalter waren vertauscht, das Bild ihrer Familie stand nicht akkurat am Schreibtischrand und die Tastatur war nicht parallel zum Computerbildschirm. Ansonsten hatte sie kaum etwas auszusetzen.

„Also, die Holzners haben eine Oma im Altersheim. Die ist dement, aber ob sie das Ramipril zu sich nimmt, weiß ich nicht", sagte Alec, der sich auf das Sofa in ihrem Büro gesetzt hatte.

„Dann sollten wir mal bei der Dame vorbeisehen", meinte Abby.

„Aber nicht mehr heute. Wir wollen deine Nerven ja nicht überstrapazieren", sagte Alec und zwinkerte.

„Ich habe mir erlaubt, Frau Drexl, Moosers Ex-Frau, anzurufen und ihr Bescheid gesagt, dass zwei Beamte heute den Versuch starten, in ihre Apotheke einzubrechen, um zu prüfen, ob man nicht doch irgendwie an Ramipril kommen kann. Sie hat zugestimmt, der Laden macht in einer halben Stunde zu, danach können wir rein", sagte er.

„Alec, wegen so was können wir in den Knast kommen! Ich will Mooser keine Gesellschaft leisten!", meinte Abby.

Elisabet schraubte ihre Thermoskanne auf. Der Geruch von Omas Schlafzimmer drang aus der Flasche.

„Musst du jetzt schon Waschmittel trinken?", fragte Abby und sah sie mitleidig an.

„Ha, ha, das ist Lavendeltee, meine Liebe. Und der wirkt wahre Wunder zur Beruhigung."

„Jetzt stiehlst du den Bienen schon ihr Essen weg, um es in deinen Tee zu kippen. Das ist aber nicht nett."

„Tja, wir haben auch einen großen Garten mit ganz vielen bienenfreundlichen Blumen. Du hättest auch einen Garten."

„Die Pflanzen sind nach unserer Trennung alle eingegangen. Abby hat nicht verstanden, dass man selbst Kakteen öfter als alle vier Jahre gießen muss." Alec grinste und sah sie spöttisch an, ohne gemein zu wirken. Seine Mundwinkel zuckten schelmisch.

Abby drehte den Kopf schnell weg, um nicht doch noch rot zu werden. „Vier Jahre waren wir gar nicht getrennt. Aber zurück zum Thema. Wir haben mit Mooser gesprochen und laut dem haben sich die Holzners öfter mal mit Frau Stöbl gestritten. Die Holzners sagten Sachen wie *sie würde noch ihr blaues Wunder erleben* und *Gott könne ihr irgendwann auch nicht mehr helfen*. Für mich sind das Morddrohungen", sagte Abby.

„Ja, aber im Streit schreit man sich an und sagt alle möglichen Dinge", ergriff Elisabet Partei für die Damen.

„Es ist nur komisch, wenn die Dinge auch eintreten", sagte Abby.

„Okay, ich würde sagen, wir prüfen erst mal, ob man in die Apotheke einbrechen und dort Ramipril klauen kann. Dann fahren wir morgen zu der dementen Oma im Altersheim. Ich werde Fotos von den Holzners rumzeigen und die Apotheken im Umkreis fragen, ob die zwei versucht haben, irgendwie an Ramipril zu kommen. Ich versuche dann, rauszukriegen, ob die Schwester Zugang zu so einem Medikament hat", sagte Alec und schrieb sich alles der Reihe nach auf einen Schmierzettel.

„Das kann ich mir kaum vorstellen. Die ist laut Frau Holzner auch in der Gastronomie tätig. Sie soll das zweite Café im Umkreis eröffnen, wenn sie bald von München herzieht", warf Elisabet ein.

„Ich schlage vor, wir brechen erst einmal in die Apotheke ein. Heute Abend", sagte Alec.

„Du und deine brillanten Ideen", spottete Abby.

„Erzählt mir, wie es war", meinte Elisabet.

„Nein, wir brauchen jemanden, der Schmiere steht", sagte Alec.

„Das ist unrealistisch. Die Holzners waren auch nur zu zweit", sagte Elisabet.

„Das könnt ihr schön selbst machen. Ich werde nicht mitten in der Nacht aufstehen, nur um mich in peinliche Situationen zu bringen. Nein, da liege ich lieber neben meinem Mann im Bett und träume was Schönes." Elisabet lächelte sie spitzbübisch an.

„Okay. Wenn du meinst."

Die Tür wurde geöffnet und Frieda kam herein. „Ich habe es gemacht", sagte sie leise.

„Du hast die ausgedruckten Protokolle in separate Ordner gezogen? Okay. Dann kannst du die unwichtigen Protokolle jetzt schreddern. Die dürfen wir nicht in den normalen Müll werfen. Wegen Datenschutz und so", erklärte Alec. Frieda nickte und verließ das Büro wieder.

Abby war die Kinnlade runtergeklappt. „Sie hat gesprochen!", wisperte sie ungläubig und stand auf, um Alec einen Kuss auf die Wange zu geben.

„Tja. Das muss die Geduld sein, die ich ausstrahle." Er grinste und verschränkte die Arme hinter dem Kopf.

16. Montagabend

Ein Blick in ihren Kleiderschrank verriet: Abby war für Einbrüche und andere Verbrechen jeglicher Art perfekt ausgestattet. Im schwarzen Kapuzenhoodie mit schwarzer Jeans und gleichfarbigen Schuhen mit leichtem Absatz trat sie vor die Tür. Für den geplanten Einbruch war eine nasse Kleidung nicht optimal, aber anders ging es im Moment nicht. Eine Regenjacke besaß sie nicht, meist trug sie nur eine Lederjacke, die das Wasser fernhielt, was mit dem dicken Hoodie aber unmöglich war.

Mit Taschenlampen und Messern bewaffnet rannte sie durch die Dunkelheit zu ihrem Wagen, um Alec abzuholen. Er trug ähnliche Klamotten. Schweigend fuhren sie zur Mariannen-Apotheke. Es war nach zehn Uhr abends und ziemlich finster.

„Und jetzt?", fragte er, als sie am Straßenrand vor dem Marktplatz in Prien geparkt hatten. Zwar standen sie direkt auf dem Zuliefererweg, aber nachts würde das wohl sowieso keinen interessieren.

„Die Fenster sind vergittert. Die einzige Möglichkeit wäre die Hintertür", raunte Abby durch den Lärm der Regentropfen hindurch, die gegen die Scheibe peitschten.

Alec hob ein Dietrichset in die Höhe. „Damit bekommen wir besagte Hintertür mit Sicherheit auf", sagte er.

Dann lehnten sie sich schweigend zurück. Abby dachte an die Kamera. Vielleicht schafften sie es, sie zu umgehen?

„Irgendwie romantisch, findest du nicht?", fragte Alec nach einer Weile.

„Nein", sagte sie wahrheitsgemäß.

Er schmunzelte und sah sie an. Abby richtete schnell den Blick aus dem Fenster. „Gut", sagte sie, als sein Blick zu lange dauerte. Fluchtartig riss sie die Autotür auf und rannte mit übergezogener Kapuze zur Tür, die zum Flur führte. Alec sprang hinterher, sie hörte seine riesigen Füße hinter sich durch die Pfützen springen. Er schimpfte leise.

Abby drückte die Tür zum Flur auf und huschte auf Zehenspitzen zum Hintereingang der Apotheke, damit man ihre Absätze nicht hallen hören konnte. Alec kauerte sich mit seinem Dietrichset neben sie und begann, am Schloss herumzufummeln. Mit jeder Sekunde, die verstrich, wurde sie nervöser. Abby ertappte sich dabei, wie sie ungeduldig von einem Fuß auf den anderen sprang und von Alec zum Eingang und wieder zurücksah. Er fluchte leise.

„Gib her", zischte sie nach einer Weile. Der Dietrich verhakte sich im Schloss, sie zog ihn raus. „Was ist das denn für ein Schrott? Wo hast du das Teil her?", fragte sie kaum hörbar.

„Aus der Asservatenkammer", antwortete er genauso leise.

„Warum zur Hölle klaust du Beweise aus der Asservatenkammer?"

„Das Ding lag da schon ewig. Das hat da wohl schon eine ganze Weile … Urlaub gemacht."

„Ja, wahrscheinlich genauso wie der Besitzer. Und du auch, wenn das rauskommt!", meinte sie. Abby stand auf und trat ein paar Schritte zurück.

„Dann fahre ich aber nicht alleine ein." Er zwinkerte wieder. Abby verdrehte die Augen und kauerte sich wieder vor das Schloss.

„Nehmen Sie mich mit."

Sie beide zuckten zusammen. Es donnerte. Offenbar war Zeus auf ihrer Seite. Hätte es nicht der Himmel getan, hätte sie jetzt losgedonnert. Abby drehte sich zum Schloss um, damit sie Angelina Koch nicht ansehen musste. Der Blick, mit dem diese Alec ansah, machte sie aggressiv. Eine Mischung aus schutzbedürftig und aufreizend. Die blonden Haare fielen ihr gewellt in die Stirn.

„Ich helfe Ihnen auch, die Beute rauszuschaffen", sagte Angelina Koch.

Abby brauchte gar nicht erst hinzusehen. Der Ton der Frau sagte alles. Sie konnte ihren Augenaufschlag in ihrem Kopf sehen. Den Blick, mit dem sie Alec musterte. Eine Mischung aus Hilfsbedürftigkeit und Begehren. Nur, dass Alec zweiteres aus den meisten Gesichtern nicht lesen konnte. Die Menschen erkannten sein Helfersyndrom innerhalb von Sekunden. Er war so leicht durchschaubar. Abby rammte den Dietrich ins Schloss, zog einen kleineren aus dem Set und drehte daran herum, bis es knackte.

„Wir brechen hier nicht ein", sagte Alec und die Frau lachte.

Alec hatte recht. Sie war eifersüchtig. Und wie. Und damit bot sie ihm eine enorme Angriffsfläche.

„Ach nein?", raunte die Frau und blinzelte.

„Das ist abgemacht. Mit Frau Drexl", sagte Alec.

„Ich hoffe, es ist auch mit den Kollegen abgemacht, wenn gleich die Alarmanlage losgeht", sagte Abby und versuchte, ihren Ärger nicht durch ihre Stimme zum Ausdruck zu bringen, was ihr hervorragend gelang, wie sie selbst fand.

„Du kannst auch an irgendwas denken", sagte er doch tatsächlich.

Abby drehte sich zu ihm um. „Wessen bescheuerte Idee war das denn bitte?", fragte sie sich.

„Bringen Sie sich immer in so gefährliche Situationen? Was, wenn jemand anderes hereingekommen wäre?"

Abby fühlte sich, als hätte ihr jemand dreimal hintereinander in die Magengrube geboxt. Stinkwütend. Es war doch seine Idee gewesen, hier einzubrechen. Doch anstatt ihr zu helfen, ließ er sich von Angelina Koch in ein Gespräch verwickeln. Sie wusste, sie musste sich da raushalten. Es war seine Angelegenheit. Am Ende würde er es ausbaden müssen, würde sich die Frau falsche Hoffnungen machen. Denn das tat sie gerade. Alec unterhielt sich nur aus Höflichkeit mit ihr. Aber am Ende des Tages wäre Abby diejenige, die das Bett mit ihm teilen würde.".

Es machte noch einmal *Klick* im Schloss. Die Tür war offen.

„Hey, ihr Turteltäubchen. Nehmt euch ein Zimmer, ja? Aber nicht jetzt. Jetzt müssen wir einen Fall lösen. Kommst du, Alec?" Es gab mit Sicherheit Frauen, die in so einer Situation herausschreien würden, dass sie zu besagtem Zielobjekt gehörten. Aber damit würde sie sich nicht nur zur Angriffsfläche für Alec, sondern auch für Angelina Koch machen. Also hielt sie den Mund. Abby drückte die Tür auf. Die Wut stieg weiter an, als sie eine weitere Tür entdeckte.

„Es ist nur ein Gewitter", hörte sie Alec draußen sagen.

„Ich weiß", antwortete die Frau.

Abby nahm ihre Taschenlampe in den Mund und biss so fest darauf, bis ihre Zähne schmerzten, was sie nur noch aggressiver machte. Jetzt durfte sie auch noch alleine mit einem gestohlenen Dietrich an einem fremden Schloss herumfummeln, während sich Alec vermutlich gerade rührend um Angelina Koch kümmerte. „Romântico, não é?", äffte sie ihn in portugiesischer Sprache nach. „Romantisch, nicht wahr?" Durch den Regen gingen ihre Worte unter, sodass sie sich selbst kaum hörte.

„Ich ... es ist nur, ich ... ich habe gesehen, wie der Blitz vor mir in einem Baum eingeschlagen ist. Ich habe noch versucht, zu bremsen, aber mein Pferd ist ..."

Abby wollte gar nicht hören, wie die nette Mädchengeschichte da draußen weiterging. Sie versuchte, sich ganz auf das Schloss zu konzentrieren.

„Hier drinnen passiert Ihnen nichts", hörte sie Alec sagen.

„Não, pelo menos não através da trovoada ou de algum cavalo assustado", keifte Abby leise weiter. „Nein, zumindest nicht durch das Gewitter oder irgendein verängstigtes Pferd." Sie hoffte, dass auch dieses Mal ihre Worte im Gewitter versunken waren.

Nach einer Ewigkeit sprang auch die zweite Tür endlich auf. Das rote Licht der Kamera, von der Frau Drexl gesprochen hatte, schmerzte in ihren Augen. Es gab definitiv keinen Weg an der Überwachung vorbei. Vielleicht hatte Frau Drexl ein gutes Verhältnis zu den Holzners. Dann wäre es durchaus möglich, dass sie versuchte, sie zu decken. Oder sie hatte einfach vergessen, die Kamera zu sichten. Die Bänder wurden gelöscht, die Inventur schlampig durchgeführt und der Einbruch unentdeckt bleiben.

Abby blieb vor einer Tür stehen. Das war vermutlich das Lager. Selbstverständlich war auch das gut abgeschlossen und gesichert. Also sah Abby sich in den Nebenräumen um. Der Computerbildschirm zeigte den Flur und die Lichter, die vom Gang hereinströmten. Das würde aber auch bedeuten, dass bei einem Stromausfall keine Aufnahmen gemacht werden konnten. Wer würde mitten in der Nacht schon einen Stromausfall in der Apotheke bemerken? Der Sicherungskasten lag mit großer Wahrscheinlichkeit im Flur. Oder im Keller. Aber Abby wollte nicht nachsehen, denn dann hätte sie an Alec und Angelina Koch vorbeigemusst. Nein, erst würde sie ihren Verstand wieder schärfen.

Abby ließ den Lichtkegel ihrer Taschenlampe an den Regalen vorbeigleiten. Die Holzners schalteten erst den Strom ab, dann brachen sie ein und anschließend stellten sie den Strom wieder an. Abby sah zum Schreibtisch des Büros. Plötzlich kam sie sich komisch vor, hier zu sein. Sie schnappte sich einen leeren Zettel und schrieb darauf.

Vielen Dank für Ihr Einverständnis. Sie haben uns sehr geholfen!

Dann setzte sie ihre Unterschrift darunter.

Schließlich ging sie wieder nach draußen. Alec kauerte vor der Frau, der die Tränen über die Wangen kullerten. Sie konnte über fünf Meter Entfernung sehen, dass das alles nur vorgetäuscht war. Aber irgendwas schien in Alecs Hirn komplett ausgesetzt zu haben. Abby sagte ihm nicht Bescheid, als sie in den Keller ging. Warum auch, war er ihr Vormund? Nein. Das wäre auch noch schöner.

Sie folgte dem Lichtkegel ihrer Taschenlampe die Treppen hinunter. Der Gang war eng, ziemlich schmal und verschimmelt. Es stank bestialisch. Kein Wunder bei dem alten Gemäuer. Das Licht ihrer Taschenlampe streifte den Sicherungskasten. Der wiederum war alles andere als gut gesichert. Jeder könnte hier problemlos den Strom in der Apotheke abstellen und wieder anschalten, um so einen Einbruch zu vertuschen. Abby ergriff die Flucht nach oben, weil der Gestank ihr die Tränen in die Augen trieb und ihre Nasenschleimhäute zu brennen begannen.

„Und?", fragte Alec, als sie wieder vor ihm stand.

„Die Kamera funktioniert nur mit Strom. Der Sicherungskasten ist fast schon fahrlässig unsicher, jeder könnte den Strom abgestellt haben, um eben schnell einbrechen zu können. Davon würde einen nur der Schimmel da unten abhalten", meinte sie und schob die Hände tief in die Taschen ihrer Jeans. Erst jetzt bemerkte sie ihren kalten, nassen Hoodie auf ihrer Haut und die klatschnassen Haare. Eine feine Gänsehaut hatte ihre Arme überzogen.

Alec half Angelina Koch auf und verabschiedete sich von ihr. Als die Tür hinter ihr zu war, grinste er Abby wieder an. Sie war wütend. Sie gab zu, dass auch ein klein wenig Eifersucht mitschwang, doch hauptsächlich störte sie etwas ganz anderes. Alec tat es schon wieder. Er ließ sich ausnutzen. Erst von Frieda, jetzt von Angelina Koch. Die Frau wollte etwas von ihm, sie hatte ihm etwas vorgespielt, um seine Aufmerksamkeit zu bekommen. Das Problem daran war nur, dass offenbar Alecs Hirn komplett aussetzte, wenn eine Person hilfsbedürftig wirkte. Er konnte dann nicht mehr unterscheiden, was echt und was gespielt war.

„Du bist rasend eifersüchtig", sagte er und nickte sich selbst zu.

„Bin ich nicht. Du hättest die Frau angeschrien und angefaucht, hätte ich mich um sie gekümmert." Er rieb über ihre Arme. „Lass uns fahren. Bevor du dir eine Erkältung holst." Als müsste er seine Treue bestätigen, legte er einen Arm um ihre Hüften, drückte die Tür auf und sie rannten zurück zum Wagen.

Alec stieg bei der Fahrerseite ein. Abby fror zu stark, um sich jetzt auch noch zu bemühen, ihm den Schlüssel abzuluchsen. Die Straßen waren leer, alles um sie war finster. Der Donner brüllte in ihren Ohren.

Was für eine atemberaubende Naturgewalt, so ein Gewitter! Es blitzte, als sie einstieg.

„Ich könnte dir einen Lavendeltee kochen. Zur Beruhigung. Und damit dir wieder warm wird", sagte Alec.

Sie konnte sich den Hintergrund des Gesagten nur anhand seines schelmischen Gesichtsausdrucks zusammenreimen. Zu laut war der Regen. Abby merkte, wie die Wut in Erschöpfung überging. Auf so was konnte auch nur sie kommen. „In beiden Fällen ziehe ich etwas anderes vor", sagte sie.

„Ich weiß." Alec fuhr los.

Abby war schon fast eingeschlafen, als sie das Geräusch von Alecs Türklingel aufhorchen ließ. Sie hob den Kopf. Er hatte die Klingel offenbar auch gehört. Dem Rascheln der Bettdecke nach zu urteilen, stand er auf und verließ das Zimmer.

Abby wartete direkt auf seinen Schmerzensschrei, wenn er über seine Sachen stolperte. Bei dem Chaos, das in seiner Wohnung herrschte, war sie ihm wirklich dankbar, dass er das Licht nicht angemacht hatte. Alec schloss leise die Schlafzimmertüre und machte das Licht im Flur an. Sie wartete, aber er kam nicht zurück. Also zog sie ein Shirt von ihm über und suchte den Lichtschalter. Aber sie bekam nur die Türklinke zu fassen, also ging sie direkt auf den Gang. Alec stand wie angewurzelt mit dem Rücken zu ihr, vor der Tür. „Wer steht denn draußen?", fragte sie.

Alec zuckte zusammen und drehte sich dann zu ihr um.

„Das ist jetzt unwichtig. Ich dachte, du schläfst schon."

„Nein. Jetzt sag schon, wer draußen steht."

Alec holte Luft, um etwas zu sagen, aber in diesem Moment ging das Licht aus. „Es ist die junge Frau von vorhin. Woher weiß sie, wo ich wohne?", fragte er leise.

Aber Abby wusste keine Antwort darauf.

„Hauptkommissar Moor! Ich wollte mich nur mit einem Wein dafür bedanken, dass Sie sich so nett um mich gekümmert haben!"

„Wie aufmerksam von ihr", sagte Abby und tastete sich an der Wand entlang.

„Abby, jetzt spar dir dein Gestichel bitte. Das ist doch nicht normal."

„Ich verschwinde dann mal", sagte sie und drehte sich einmal im Kreis. Aber es war so stockdunkel, dass sie nicht einmal grobe Umrisse erkennen konnte.

„Du glaubst doch wohl nicht, dass ich da jetzt aufmachen will?", fragte er und klang schon fast belustigt.

„Wollt ihr ein paar Kerzen anzünden? Wenn du morgen nicht zur Arbeit kommst, dann weiß ich ja, was passiert ist."

„Gut, dass es dunkel ist. Da findest du wenigstens die Tür nicht." Alec lachte, als hätte er gerade einen unwahrscheinlich lustigen Witz gerissen.

„Du solltest aufmachen. Nicht, dass sie eine Axt dabei hat und uns dann aus Rache in unseren Einzelteilen in deiner Tiefkühltruhe lagert."

„Du bist übermüdet. Komm, wir legen uns wieder hin. Von mir aus kann sie auf der Fußmatte schlafen." Alec wollte Abby an sich ziehen, bekam aber nur das Shirt zu fassen, welches ihr viel zu groß war. Er zog es ihr kurzerhand über den Kopf, hob sie auf und trug sie ins Schlafzimmer zurück, noch bevor sie protestieren konnte.

17. Dienstagmorgen

Elisabet war schon im Büro, als Abby dort ankam. Auf ihrer Schreibtischhälfte lag ein ganzer Stapel Liebesromane. Abby war müde. Sie hatte das Gefühl, kaum geschlafen, sondern mehr über die komische Situation mit Angelina Koch vor Alecs Wohnung nachgedacht zu haben. In aller Frühe war sie dann zu ihrer Wohnung gefahren, um Sina zu wecken, sich umzuziehen und die Müdigkeit in ihrem Gesicht mit Lidstrich, Wimperntusche und Abdeckstift zu vertuschen. Sie war sich bewusst, dass sie stark nach Alecs Duschgel roch und Elisabet sie vermutlich deswegen aufziehen würde.

„Hey, Träumchen. Boh, du riechst, als hättest du eine Flasche Männerduschgel als Haargel benutzt. Will ich wissen, was … nein, ich glaube, nicht."

„Hast du deinen Triumph dann endlich ausgekostet? Warum schleppst du Liebesromane mit zur Arbeit?"

„Das sind die von Frau Stöbl. Ich habe sie gelesen, also besser gesagt … durchgeblättert. Sie sind mir wieder eingefallen und ich fand es komisch, dass sie die versteckt hat. Es sind ein paar sehr pikante Szenen darin. Aber Frau Stöbl hat sich da einiges angemarkert. Vielleicht war sie verliebt?" Elisabet richtete ihren Blick zur Tür, durch die Alec gerade hereinpolterte.

„Ach, ich weiß nicht. Also ich habe mir nie irgendwelches Liebesgesülze in Romanen angemarkert. So verliebt konnte ich gar nicht sein. Wir sollten uns eher mal um die Holzners kümmern. Es ist nämlich gar nicht schwer, unbemerkt in diese Apotheke reinzukommen. Nach einigen kleinen Problemchen mit dem Dietrich haben wir die Tür recht schnell aufbekommen", erklärte Abby.

„Du hast die Tür aufbekommen", verbesserte er.

„Auf jeden Fall glaube ich, dass der Einbrecher einen Stromausfall verursacht hat, indem er die Sicherung rausgedreht hat. Dann ist er oder sie mit dem Dietrich oder einem Schlüssel in die Apotheke gegangen und hat sich das Ramipril besorgt", fuhr Abby fort.

„Na gut, aber kein normaler Mensch hat daheim einen Dietrich rumliegen. Ich glaube eher, dass wir mit der dementen Oma eine Spur haben", sagte Elisabet. Sie schraubte ihre Thermoskanne auf und nahm ein paar genüssliche Schlucke.

Noch während Abby rätselte, an was sie dieser süßsaure Geruch in ihrer Nase erinnerte, sah sie Alec schmunzeln, und zwar über die grüne Creme, die Elisabet gerade wieder einmal ins Gesicht schmierte, aber er hielt sich die Hand vor den Mund und sagte nichts. „Dann fahren Lissy und ich zu dieser Holzner-Oma. Und du zeigst deine Bilder rum?", sagte sie schließlich.

Er nickte. „Aber ihr solltet warten, bis Lissys Marsmännchen-Maske eingezogen ist. Sonst bekommt die arme alte Frau auch noch einen Schlaganfall. Das wäre wohl nicht sehr förderlich für ihr Gedächtnis", sagte er schließlich vorsichtig. Alec machte sich keine Mühe, sein Grinsen zu verbergen.

„Ja, ja. Macht euch nur lustig. Sagt mal, glaubt ihr, dass Frau Stöbl einen Schwarm hatte? Vielleicht war er nicht bei den Jüngern Gottes und sie wurde deshalb getötet." Elisabet lehnte sich in ihrem Stuhl zurück, als sei es das Natürlichste der Welt, mit so einer giftgrünen Kräuterpastete im Gesicht auf ihrem Stuhl im Präsidium zu sitzen.

„Jetzt fang doch nicht schon wieder mit dem Mist an", maulte Abby.

„Gläubige Jünger Gottes würden alles tun, um so eine Situation zu vermeiden. Und wenn, dann würden sie sich für ihren Glauben entscheiden. Dann müsste sie schon abtrünnig gewesen sein", sagte Alec.

„Das wäre doch ein Grund, sie zu töten, oder?", fragte Lissy unbeirrt weiter.

„Schon", gab Alec zu.

„Aber das ist ein bisschen weit hergeholt. Wir sollten erst alle anderen Theorien abwägen. Momentan erscheinen mir die Holzners als Täterinnen am wahrscheinlichsten zu sein", fügte er hinzu.

Seufzend packte Elisabet die Stöblschen Liebesromane in eine ihrer Schubladen, massierte den Rest der Creme mit liebevollen, kreisenden Bewegungen ins Gesicht ein und klatschte sich ihre Poren schließlich wieder mit Puder zu.

Abby überlegte, ob es für ihre Nerven besser war, jetzt erst einen Kaffee zu trinken und dann ins Altersheim zur Holzner-Oma zu fahren, oder umgekehrt. Sie entschied sich dagegen.

Das Altenheim St. Stephan lag weit außerhalb der Stadt, direkt neben einem Wald. Ob das so eine gute Idee gewesen war, ein Altersheim ausgerechnet neben einer Hauptstraße zu errichten? Die Straße führte in den kleinen Nachbarort Griebling. Auch wenn man dieses winzige Örtchen kaum als eine eigene Gemeinde bezeichnen konnte. Abby wollte sich die vorherrschende Panik gar nicht vorstellen, wenn hier ein demenzkranker Rentner plötzlich verschwand. Auf der einen Seite war der Wald, auf der anderen die Hauptstraße.

Sie betraten das Gebäude.

„Ist doch eigentlich ganz schön hier, nicht?"

Elisabet sah sich in dem Saal um. Es hatte fast schon ein bisschen was von einem Schloss. An den Tischen und Bänken saßen an die hundert Rentner. Die Stimmung schien gut zu sein. Trotzdem fühlte sich Abby fehl am Platz. War es das Gefühl, später selbst einmal auf Hilfe angewiesen zu sein? Nein, so weit würde sie es nicht kommen lassen.

„Lieber erschieße ich mich mit fünfzig", dachte sie. „Oder mit sechzig." Laut sagte sie: „Komm, wir suchen Frau Holzner senior."

Ältere Damen tunkten ihre Croissants in ihren Kaffee oder tranken Tee, während sie noch an ihrem Wurstbrot kauten, und sprachen mit vollem Mund. Abbys Arme wurden von einer Gänsehaut überzogen. Beim Kauen mit vollem Mund zu trinken oder gar zu sprechen, empfand sie als äußerst unappetitlich. Vor allem für den Tischnachbarn. Während sich die Bilder in ihrem Kopf von versehentlich ausgespuckten Wurststückchen und Bröseln am Rand der Tasse nur so häuften, wurde sie immer nervöser.

Wie gut, dass eine Pflegerin mit Namensschild auf sie zukam. „Kann ich Ihnen helfen? Wollen Sie einen Angehörigen besuchen?"

„Nein. Wir suchen eine Frau Holzner. Mein Name ist Perez, das ist meine Kollegin Bauer, wir kommen von der Kriminalpolizei Rosenheim."

Der freundliche Gesichtsausdruck der Frau änderte sich in Misstrauen. „Sie glauben doch nicht, dass sie etwas getan hat, oder? Sie wissen, dass sie dement ist?"

„Wir glauben eher, dass Frau Holzner Mittel zum Zweck war. Dürfen wir dennoch mit der Dame sprechen?", fragte Abby.

Die Pflegerin nickte. „Frau Holzner ging es heute Morgen nicht so gut. Sie hatte Bauchschmerzen und ist auf ihrem Zimmer geblieben. Bitte gehen Sie sensibel mit ihr um. Demenzkranke Patienten verstehen sich und ihr Verhalten oft selbst nicht. Das führt zu emotionalen Verwirrungen, deshalb sind viele Patienten sensibel und labil."

Elisabet warf Abby einen warnenden Blick zu. „War die Tochter von Frau Holzner in letzter Zeit mal hier? In den letzten zwei bis drei Wochen?", wollte Abby wissen, während sie die Treppen hinaufstiegen.

„Leider nein. Die Demenz bei Frau Holzner ist schon sehr weit fortgeschritten. Viele Angehörige ertragen das nicht, was ja auch verständlich ist. Die Patienten selbst bekommen das oft gar nicht mit. Bei ihrem letzten Besuch hat sie ihre Tochter nicht einmal mehr erkannt. Das war schlimm für die Tochter."

Frau Holzner saß apathisch auf ihrem Bett. Immer wieder versuchten sie, die alte Frau in ein Gespräch zu verwickeln, doch sie bekamen keine Antworten. Nicht von der älteren Dame.

„Frau Holzner ist müde. Sie sollten jetzt besser gehen." Die Pflegerin schob beide zurück auf den Flur.

„Können Sie uns denn unsere Frage beantworten?", fragte Abby.

„Sie nimmt das Medikament nicht. Aber wenn sie es nehmen würde, dann dürfte ich Ihnen das auch gar nicht sagen." Die Pflegerin schob sich an ihnen vorbei und ließ sie auf dem Flur stehen.

Beim Rausgehen sah sich Abby noch einmal um. Nein, so würde sie nie sterben wollen. Nicht hier, nicht auf diese Weise.

„Also gut, Alec ist noch in seiner Apothekensache unterwegs. Nehmen wir uns die Zeugenberichte vor?", fragte Elisabet, als sie zurück im Kommissariat waren. Sie schüttelte ihre nasse Mähne aus und setzte sich wieder hinter ihren Schreibtisch, der wieder einmal ziemlich unaufgeräumt war.

„Wenn ich jetzt wüsste, wo sich Frieda rumtreibt." Elisabet griff nach ihrem Telefonhörer.

Abby sah sie erwartungsvoll an.

„Mist." Elisabet stand wieder auf und riss die Bürotür auf. Sie fragte einen Streifenbeamten nach der Praktikantin, der einige Minuten später mit dem Mädchen erschien.

„Wir bräuchten die Berichte", sagte Abby.

Frieda verschränkte die Arme vor der Brust und blickte zu Boden.

„Die Berichte!", sagte Abby und klatschte in die Hände. Frieda zuckte zusammen und rannte aus dem Büro.

„Also, wo du das wieder gelernt hast! Das ist wirklich bewundernswert, wie dich deine brasilianischen Freunde ausgebildet haben. Wirklich exzellent", sagte Elisabet und nickte ihr anerkennend zu.

„Meine Aufgabenbereiche haben sich mit denen der Kollegen, die die Befragungen durchgeführt haben, nicht sehr oft gekreuzt, das gebe ich zu."

Frieda kam mit dem Ordner zurück. Sie gab ihn fast schon demonstrativ an Elisabet weiter. Abby nahm ihn ihr trotzdem weg, ohne Frieda dabei aus den Augen zu lassen. „Okay, dann wollen wir mal sehen. Neger raus! Iraner raus! Afghanen raus! Aha. Sehr aufschlussreich", sagte Abby. „Ist das die wichtige Message, die du uns unbedingt mitteilen wolltest?", fragte sie.

Frieda wurde rot. Gut, dass Abby solche Ausländerfeindlichkeiten lange nicht mehr ernst nahm.

„Was haben wir hier noch außer Rassismus? Eine Handtaschendiebstahlsmeldung, Hetzereien gegen Homosexuelle und was hat euer tolles Land noch so zu bieten? Oh, eine sexuelle Anspielung auf Polizistinnen in Uniform. Ja, sehr emanzipiert ist es, euer Deutschland! Sag mal, Frieda, kann es sein, dass du die unwichtigen Protokolle hier eingeheftet hast?" Abby ließ den Ordner auf ihren Tisch krachen.

Frieda zog den Kopf ein.

„Wo sind die Protokolle?"

„Ich … ich habe sie ge…"

„Ge… was?", fragte Abby und atmete hörbar aus.

Elisabet griff beruhigend nach Abbys Arm. „Du hast sie geschreddert, stimmt's?", fragte Elisabet.

Frieda nickte langsam.

„Wie kommst du dazu, einfach nach Lust und Laune Papier zu schreddern?" Erst da fiel es ihr wieder ein. Alec hatte Frieda gesagt, sie solle die unwichtigen Protokolle schreddern. Offenbar hatte sie dabei den falschen Stapel erwischt. „Oh Gott, wie dämlich kann man sein?" Abby hob den Ordner auf und knallte in Frieda vor die Füße.

Das Wasser stieg dem Mädchen in die Augen.

„Haben Sie noch nie einen Fehler gemacht, Frau Hauptkommissarin?", fragte Elisabet scharf. Sie funkelte Abby durch ihre grünen Kaa-Augen so giftig an, dass Abby kurzzeitig befürchtete, Elisabet wolle sie hypnotisieren.

Vielleicht hatte sie in ihrem Leben einfach schon zu viele Fehler selbst gemacht, um die der anderen zu akzeptieren. An anderen Tagen hät-

te sie Elisabets giftigen Unterton ausgehalten. Doch heute war keiner dieser Tage. Heute war ihr alles zu viel. „Doch. Natürlich", entgegnete Abby und nahm ihre Jacke.
„Wo willst du hin?"
„Weg."
„Abby, ich wollte dich nicht ...", ruderte Elisabet zurück.
„Schon gut. Ich mache heute frei. Wir können eh gerade nichts unternehmen. Sage dem Chef, er soll sich einen meiner siebenundzwanzig übrigen Urlaubstage aussuchen und von der Liste streichen." Dann schob sie sich an Frieda vorbei, zog ihre Jacke zu und ging hinaus in den Regen. Sie wollte weg, einfach nur weg. Und wenn sie auf dem Weg ins Eichental vom Blitz getroffen worden wäre, hätte ihr das auch nichts ausgemacht.

In der Nähe ihres Reviers gab es leider keinen Park. Der Friedhof lag jedoch ironischerweise nur zwei Straßen weiter. Wenn sie eine Pause brauchte, ging sie meist hierher. Dann verzog sie sich in eine der hintersten Ecken des Rosenheimer Friedhofes und starrte die Hecke an. Der Regen und das Gewitter, das erneut eingesetzt hatte, störten sie nicht. Sie hatte kein Problem damit, nass zu werden. Abby hatte sich mit dem Rücken zu den Gräbern gedreht, weil sie nicht auch noch an ihre verstorbene Familie erinnert werden wollte.
Wer zu Hause wohl das Familiengrab pflegte? Vermutlich brachte ihr Vater jeden Tag neue Blumen ans Grab. An Abbys letzten Ruheort hätte er garantiert keine Wüstenblümchen gepflanzt. Wer hätte überhaupt nach ihrem Grab gesehen, wäre sie damals auch verstorben? Ihr Vater hätte sie vor lauter Wut darüber, dass sie ihre Familie nicht besser beschützt hatte, womöglich eher in den nächstbesten Straßengraben geworfen.
„Na?"
Sie zuckte zusammen. Ein Mann kam auf sie zu. Er war Mitte dreißig, hatte dunkelbraunen Flaum auf dem Kopf und im Gesicht. Er hatte stechende Kastanienaugen und trug einen langen Mantel.
„Kann ich Ihnen helfen?", entgegnete sie ihm.
„Hören Sie, wir können das auf die sanfte oder auf die harte Tour machen." Er setzte sich neben sie auf die Bank und rückte gefährlich nahe an sie heran.
„Ich schlage vor, Sie suchen zeitnah Ihren Psychiater auf!" Abby stand

auf. Er hatte so eine Arroganz in den Augen, die sie direkt an ihren Ex-Freund in Brasilien erinnerte.

Der Unbekannte hielt sie am Handgelenk fest.

„Sie können froh sein, dass Sie noch kein Messer in der Brust haben! Das wird sich aber ganz schnell ändern, wenn Sie mich nicht sofort loslassen!", zischte sie.

„Ich habe schon gehört, dass mit Ihnen nicht gut Kirschen essen ist. Wir beide wissen, wie sie zu Gewaltaktionen stehen. Deshalb habe ich einen Vorschlag. Sie erzählen mir etwas über den Mord an Frau Stöbl, also den Teil, den ich noch nicht kenne, und Sie bekommen im Gegenzug eine Info über die Holzners."

„Wer zur Hölle sind Sie?"

„Jemand, der den Maulwurf in Ihrem Revier kennt."

Abby machte einen Schritt zurück. Der Mann umfasste ihr Handgelenk noch fester.

„Sie haben eine blühende Fantasie. Aber Sie sollten mich jetzt besser loslassen, bevor die lebende Fantasie in tote Fantasie übergeht!"

„Ihr Freund hat einem Verdächtigen bei der Verhaftung ins Gesicht geschlagen. Wollen Sie, dass ich das in meinem Entwurf mit einbringe?"

Abby sah ihn verständnislos an und versuchte, ihren Arm wegzuziehen. Aber es ging nicht. Der Mann hielt sie noch immer fest. Doch sie würde sich garantiert nicht einfach am Arm packen lassen wie eine ungezogene Göre. Abby ballte die freie Hand zu einer Faust und schlug dem Mann ungehemmt ins Gesicht. Damit schien der nicht gerechnet zu haben. Vor lauter Schreck taumelte er zurück und ließ sie los.

„Ihr Name lautet?"

„Das ist irrelevant."

„Na schön. Dann kommen Sie mit aufs Revier und wir nehmen eine Anzeige gegen Sie auf. Wegen Belästigung." Es donnerte. Abby packte den Mann am Arm und schickte ihm ein paar drohende Blicke. Blut lief über seine Lippe. Abby lachte schadenfroh und stieß ihn voran.

Kurz darauf zerrte die Beamtin den Mann am Kragen seines Mantels in ihr Büro und bugsierte ihn auf einen Stuhl vor sich.

„Dazu haben Sie kein Recht!"

„Oh doch. Wenn Sie nicht die nächsten achtundvierzig Stunden in einer hübschen Zelle bei uns im Präsidium verbringen möchten, sollten

Sie uns jetzt Ihren Namen verraten! Und uns erzählen, welchen Maulwurf wir angeblich im Revier haben." Abby schüttelte ihre dichten, nassen Locken aus, warf ihre Jacke über den Stuhl und setzte sich.

Elisabet sah interessiert von ihrem Schreibtisch auf, schraubte ihre Thermoskanne zu und verschränkte die Arme vor der Brust. „Was für ein Maulwurf?", fragte sie.

„Das würde mich auch interessieren. Aber fangen wir zunächst mal bei null an. Ich war gerade am Friedhof, als dieser Herr sich zu mir setzte, komische Sachen redete und mich am Arm festhielt, als ich gehen wollte. Ich habe mehrfach gesagt, dass er mich loslassen soll, aber er hat nichts dergleichen getan. Also habe ich mich wehren müssen." Abby deutete mit einer Kopfbewegung auf die blutende Nase des Mannes.

„Ich liebe es, mit so friedfertigen Kollegen zusammenzuarbeiten." Elisabet wickelte sich eine rote Strähne um ihre Finger und verbog sie dann in alle möglichen Richtungen, während sie Abby zulächelte.

„Warum hast du ihn zu uns geschleppt? Und was soll es mit dem Maulwurf auf sich haben?", fragte Elisabet weiter.

„Er hat angeblich Infos zum Mord an Ina Stöbl. Er gibt uns Infos und wir ihm", sagte Abby.

„Ist ja schön, dass Sie sich so engagieren, aber verraten Sie uns doch bitte zuerst einmal Ihren Namen", meinte Elisabet.

Der Mann grinste durch seinen Babyflaum hindurch.

„Wir bekommen das eh raus", sagte Elisabet verstärkend.

„Aber nicht sofort."

„Wir haben achtundvierzig Stunden Zeit. Bis dahin werden wir Ihren Namen kennen." Abby drehte sich zu dem Streifenpolizisten um, der gerade ihr Büro betreten hatte, und gab ihm die Anweisung, den Mann in eine Zelle zu bringen.

„Was machst du in der Mittagspause?"

Elisabet zögerte. „Ich wollte ... zu meinen Kindern. Also zu Josie. Sie hat immer noch Schmerzen."

„Schon gut", sagte Abby knapp.

Alec hatte geschrieben, dass er nicht rechtzeitig kommen würde, weil er noch immer in den Apotheken unterwegs war. Dann könnte sie Louis bei der Renovierung helfen. Das wäre eine gute Freizeitbeschäftigung an ihrem restlichen freien Tag.

Am Eingang des Ladens stand alles voller Farbeimer. Alte Möbel lagen in ihren Einzelteilen auf der Treppe zur Kellerkneipe und versperrten den Eingang.

„Oh, Abby. Es ist gerade ungünstig. Weißt du, die Neueröffnung ist bald und die neuen Möbel sind gerade gekommen … ich muss mich jetzt wirklich ranhalten. Es tut mir leid, ich kann jetzt gerade nicht mit dir sprechen, ich … ich habe keine Zeit", sagte Louis anstatt einer Begrüßung, als sie soeben durch die Tür gehen wollte. Louis legte ihr die Hände auf die Schultern und schob sie sanft zur Treppe hinauf.

„Natürlich. Ich habe viel weniger Kraft als deine Frau, die im Übrigen gerade einen Schrank alleine durch die Gegend schiebt."

Louis gefror das gequälte Lächeln im Gesicht. „Ich will dich nicht loswerden … komm doch mal mit Alec zu uns zum Essen. Heute Abend? Abby, du weißt, wie gerne Linda für Gäste kocht. Abgemacht? Gut."

Abby nickte nur knapp. Mit einem Mal machte sich die Enttäuschung in ihr breit. Sie hatte so viele Menschen um sich, doch egal, wohin sie auch ging, niemand konnte sich Zeit für sie nehmen. Manchmal konnte sie das sogar nachvollziehen. Sie war kein einfacher Mensch. Plötzlich fühlte sie sich unglaublich einsam.

In solchen Situationen wie jetzt vermisste sie ihre Schwester besonders. Ganz egal, was auch passiert war. Luíziana war immer da gewesen. Auch wenn sie schon immer geahnt hatte, dass sie nicht ihre wirkliche Schwester und Luíz nie ihr leiblicher Vater gewesen war. Sie war schließlich die einzig Dunkelhäutige in der Familie. Ein Genfehler, wie ihre Mutter ihr einmal erklärt hatte. Genau das war sie immer gewesen. Ein Fehler. Mit Tränen in den Augen trat sie hinaus in den Regen, stieg in ihr Auto und fuhr nach Hause.

Sina saß dort am Küchentisch und aß eine Pizza. Sie sah blass aus, fast noch blasser als sonst. Abby meinte, einen leichten Schimmer in ihren geröteten Augen erkennen zu können. Aber sie sprach sie nicht darauf an. Ohne etwas zu essen, ging sie in den Raum, in der ihre Trainingspuppe Matt stand, tauschte ihre enge Jeans und das schwarze Top gegen Sportklamotten ein und bearbeitete die Puppe mit Schlägen. In ihren Ohren konnte sie die Stimme ihres Vaters hören. Er hatte immer etwas zu meckern gehabt. Es kam nicht auf irgendeine Technik an, sondern auf die Ausführung. Brutal und ungehemmt. Das war sie auch meist gewesen, denn in ihrem kleinen Dorf in Brasilien hatte sie sich schon immer durchsetzen müssen.

18. Dienstagnachmittag

So gerne sich Abby auch einen freien Tag gegönnt hätte, so wusste sie doch, dass sie sich das während einer laufenden Ermittlung abschminken konnte. Nach ihrer regulären Mittagspause ging sie ins Büro zurück. Schon beim Öffnen der Tür sah sie, das Elisabet irgendwie geschafft ausschaute – gar nicht wie nach einem netten Mittagessen mit ihren Kindern. Alec machte auch einen seltsamen Eindruck. Warum hatte sie plötzlich das Gefühl, dass er gar nicht in seinen Apotheken gewesen war?

„Ich weiß jetzt, wer der Mann ist, den du wegen Belästigung angezeigt hast. Er heißt Pete Drowka und ist von der Presse." Elisabet deutete auf ihren Bildschirm.

„Er hat dich belästigt?" Alec sprang auf.

„Er hat mich festgehalten und ich habe mich gewehrt", sagte Abby ausdruckslos. „Jetzt sitzt er in der Zelle."

„Drowka wollte also Informationen von uns, um sie in seiner Zeitung zu veröffentlichen. Wenn er recherchiert hat, legt das nahe, dass er auch Informationen hat. Jetzt stellt sich mir bloß die Frage, warum sich die Presse erst jetzt einmischt. Wir haben doch recht sauber den Deckel drüber gehalten, oder?", fragte Elisabet.

„Eine tote Jüngerin Gottes, die an einer Überdosis Ramipril stirbt, ist nicht so interessant, als wäre die Tote von einem Axtmörder getötet worden. Es war die Rede von einem Maulwurf im Revier, also muss dieser Drowka oder ein Kollege von ihm schon einmal bei uns auf dem Revier gewesen sein", kombinierte Abby.

„Ich würde mich nur zu gerne mal mit diesem Reporter unterhalten", sagte Alec.

Abby ging nicht darauf ein. Natürlich würde er jetzt den besorgten Beschützer spielen. Aber sah sie aus, als würde sie Schutz brauchen? „Das halte ich für keine gute Idee. Arrangiere du lieber den Durchsuchungsbefehl für die Holzners. Den brauchen wir nämlich, um sie als Täter überführen zu können."

Abbys verspätetes Mittagessen bestand aus einer Tasse Filterkaffee und einem Apfel. Mehr zu essen kam ihr so kurz nach der Mittagspause komisch vor. Davon abgesehen war ihr der Appetit restlos vergangen, als sie Angelina Koch auf dem Gang erwischt hatte. Sie wusste, dass es keinen Grund gab, eifersüchtig zu sein. Alec hatte ihr niemals einen geliefert. Sie vertraute ihm, doch jetzt schien genau der Fall eingetreten zu sein, den sie befürchtet hatte. Angelina Koch machte sich Hoffnungen. Weshalb sonst tauchte sie hier im Revier auf? Alec hatte es mit seinem Helfersyndrom übertrieben. Doch das Schlimmste daran war, dass er selbst das noch nicht einsah. Sie hätte große Lust gehabt, ihm das alles um die Ohren zu werfen, doch das konnte sie nicht. Das würde nichts bringen. Sie kannte Alec. Er würde es nicht sehen wollen. Ihr blieb nichts anderes übrig, als zu warten, bis ihm diese Erkenntnis hoffentlich irgendwann selbst kam.

„Also gut, Herr Drowka. Bis jetzt haben wir Sie nur wegen Belästigung im Verzeichnis. Dazu können wir aber auch noch ganz schnell *Behinderung einer Ermittlung* in Ihre Akte schreiben", sagte Abby und schob sich einen Apfelschnitz in den Mund.

„Bitte, wenn Sie wollen, dass ich eine schöne Story über Sie schreibe, dann ..."

„Von mir aus können Sie schreiben, was Sie wollen. Ihre Redaktion bekommt die Einladung zur offiziellen Pressekonferenz. Mehr nicht. Aber jetzt sollten Sie mit den Infos herausrücken, die Sie haben. Ansonsten füge ich an die Liste Ihrer Straftaten noch das Zurückhalten von polizeilich relevanten Informationen hinzu und melde das Ganze Ihrem Redaktionsleiter. Oder besser noch dem Chefredakteur. Der wird sich mit Sicherheit freuen", sagte Abby, als sie den Apfel heruntergeschluckt hatte. Sie beugte sich bedrohlich zu dem Mann vor.

„Okay. Wenn Sie schon so höflich fragen. Ich weiß, dass die Holzners eine Art Sommersitz in Endorf haben. An einem Randstück von Endorf, das ist irgendeine verlorene Hütte an einem Teich."

„Warum glauben Sie, dass das wichtig sein könnte?", fragte Elisabet.

„Ich weiß nicht, ob das wichtig ist. Aber ich wüsste es wohl eher, wenn Sie meiner Redaktion mehr verraten hätten, als dass eine junge Frau tot im Café Holzner aufgefunden wurde und Sie um Mithilfe der Bürger bitten."

„Wir haben einen Pressesprecher, der darüber entscheidet, was wann wem wie gesagt wird. Das liegt nicht in unseren Händen. Aber es sind ja offenbar so oder so schon andere Informationen zu Ihnen durchgesickert", sagte Elisabet.

„Tja. Für Sie selbst sind Praktikanten meist nicht sehr förderlich. Für uns als Infoquelle …" Er verstummte grinsend.

Abby verschluckte sich an ihrer zweiten Apfelhälfte und hustete so heftig, dass Elisabet zu ihr eilen und ihr eine Weile auf den Rücken klopfen musste. Abby schluckte ihre Mahlzeit hinunter, stellte ihren Kaffee ab und holte Luft. Dann schrie sie: „Frieda!" Elisabet und der Presseheini zuckten zusammen.

„In deren Haut möchte ich jetzt nicht stecken", meinte Pete Drowka vergnügt und stand auf. „Darf ich jetzt gehen?"

Abby nickte heftig.

„Alec, was hast du uns da eingebrockt?", knurrte sie, den Kopf in Richtung Decke gewandt. Am liebsten hätte sie sich in den nächsten Flieger nach Brasilien gesetzt. Erst die Sache mit Louis, dann das merkwürdige Verhalten von Alec und Elisabet. Sie verschwiegen ihr doch etwas! Wenn sie jetzt doch nur wegkönnte. Weg von Alec, von Frieda und von den ganzen anderen Leuten um sie herum.

Mit hölzernen Schritten erschien die Praktikantin in der Tür. Elisabet sprang von ihrem Stuhl auf, auf dem sie soeben erst wieder Platz genommen hatte, und stürmte zu Abby. Wahrscheinlich befürchtete sie, Abby könnte auf eine ganz unpolizeiliche Art Friedas Hals packen, ihren Kopf im Mülleimer versenken und sie anschließend mit ihrem Messer bearbeiten, bis sie in ihre Tiefkühltruhe passte.

Abby krallte ihre Finger in die Platte ihres Schreibtisches, um Frieda nicht doch noch an die Gurgel zu gehen. „Du hast polizeilich geheime Informationen an die Presse weitergegeben! Hast du schon einmal etwas von Datenschutz gehört? Oder gelesen? Du weißt schon, diese Verschwiegenheitsklausel, die du unterschreiben musstest!", presste Abby hervor, ohne aufzusehen.

„Okay, jetzt beruhigen wir uns alle mal wieder." Elisabet schob Frieda zur Couch, setzte sich neben sie und zwang Abby, sich wiederum neben Elisabet zu setzen. Und so saßen sie eine ganze Weile da. Elisabet hatte die Augen geschlossen und machte irgendeine Atemübung. Doch die machte Abby nur noch aggressiver.

Die Tür ging auf. „Der Beschluss ist durch!", sagte Alec, der den Kopf ins Büro gestreckt hatte. „Darf ich fragen, was ihr hier treibt? Sitzstreik?", fragte er weiter und grinste.

„Sitzstreik beendet", meinte Abby. „Wann ist der Staatsanwalt da?"
„In einer Stunde."
Abby nickte, blieb vor einer Stahlkommode stehen und richtete ihren Blick auf die Wand. An ihrem rechten Fuß juckte es. Irgendwo musste sie ihre Energie rauslassen. Dann sah sie sich im Raum um. Nein, hier waren zu viele Zeugen. Also schnappte sie sich ihre Lederjacke und stürmte nach draußen. Es regnete noch immer. Das war genau das richtige Wetter für ihre Stimmung. Regentropfen klatschten ihr ins Gesicht. Der Duft von warmem Sommerregen stieg ihr in die Nase. Es roch wie damals bei ihrer Hochzeit mit Alec. Abby schmunzelte. Aber dann schrak sie zusammen. War sie gerade sentimental geworden? Diese Erinnerungen taten ihr nicht gut. Abby trat gegen einen Baum. Es war so wohltuend, die Wut herauszulassen. Also trat sie noch einmal dagegen. Und noch einmal.

Wenig später kam der Staatsanwalt auf sie zu. Er war etwas älter als sie und recht schlank, mit stechendem Blick, ohne jedoch zu arrogant zu wirken. Er schüttelte ihre Hand. „Ach, Perez. Musste Sie diesem Pressetypen wirklich mit der Faust ins Gesicht schlagen? Hätte es nicht gereicht, wenn Sie Ihr Handgelenk einfach ganz ruhig aus dem Griff des Mannes gedreht hätten? Müssen Sie wirklich jedem ins Gesicht schlagen, der nicht bei drei auf einem Baum sitzt?"

Abby grinste. Der Mann erschien ihr von Tag zu Tag sympathischer. „Sie wissen doch, wie ich zähle."

„Sie meinen eins ... drei? Oder fangen Sie bei drei an? Hören Sie, ich will nicht noch eine Beschwerde wegen einer gebrochenen Nase abweisen müssen. Irgendwann ist Ihr Stolz mal der Todesstoß für Ihre Karriere."

„Ich habe mich nur gewehrt", sagte sie ruhig. „Ich wurde bedroht."

Der Staatsanwalt knöpfte seine Anzugjacke zu und ging voraus. Unbeeindruckt vom Regen, der seine sauber zurückgekämmten Haare unordentlich aussehen ließ.

Alec und Elisabet standen bereits mit einigen Streifenbeamten und Kollegen von der Feuerwehr vor der Tür der Holzners. Alec hatte die Zähne aufeinandergebissen und starrte den Staatsanwalt an, als würde er ihm jetzt gerne auch an die Gurgel gehen. Offenbar erinnerte er sich gerade an die Gerüchte, die noch vor einigen Wochen immer weiter aufgekocht waren. Böse Zungen hatten behauptet, dass Abby eine Affäre mit dem Staatsanwalt angefangen hatte, kurz bevor sie sich wieder in Alec verliebt hatte. Doch daran war nichts Wahres.

„Na dann. Auf ein Neues. Hauptkommissar Moor. Oberkommissarin Bauer." Der Staatsanwalt nickte beiden freundlich zu.

Elisabet bohrte ihren Blick in die hölzernen Dielen der Veranda. Sie hasste es, darauf angesprochen zu werden, dass sie rein amtlich gesehen nicht mit ihnen gleichgestellt war. Aber das hatte sie davon. Entweder Kinder oder Karriere, beides war nur schwer in Einklang zu bringen.

„Bitte sehr." Der Staatsanwalt nickte einem Beamten der Feuerwehr zu, der die Tür daraufhin öffnete.

„Ich hoffe, dass Sie diesmal etwas finden. Allmählich sieht mich der Richter schon schräg an, wenn ich jeden zweiten Tag nach einem neuen Beschluss fragen muss."

„Ich fürchte, Sie müssen sich noch ein weiteres Mal schräg ansehen lassen. Die Holzners haben ein Ferienhäuschen in Endorf. Da sollten wir auch noch einen Blick reinwerfen. Und zwar bevor sie etwas wegschaffen können", sagte Abby. Der Staatsanwalt seufzte. „Ich gehe ins Bad und suche nach dem Ramipril", ließ Abby die anderen wissen, nachdem die Tür endlich offen war.

Das Häuschen war innen genauso altmodisch und rustikal wie außen. Die grün karierten Vorhänge erweckten den Anschein, als wären sie aus einem längst vergangenen Jahrhundert hängen geblieben. Genauso rochen sie auch. Ein bisschen vergammelt. Ansonsten glich diese Wohnung ihrer in geradezu drastischer Art. Küche, Wohnbereich und Esszimmer waren penibel sauber und ordentlich.

Im Bad sah es nicht viel anders aus. Die Schränke waren aus Holz, die Vorhänge vermutlich aus der blau-weißen Bayern-Tischdecke gebastelt worden. Die Handtücher waren farblich perfekt auf die Vorhänge abgestimmt. Die Damen hatten einen guten Geschmack.

Abby öffnete einen Holzschrank mit einem kleinen Spiegel über dem Waschbecken.

„Nicht schlecht", entfuhr es ihr, als sie die Medikamentenansammlungen bemerkte. Die meisten Schachteln sahen aus, als sollte dessen Inhalt gegen Schlafstörungen helfen. Dann waren da noch einige Beruhigungsmittelchen und Erkältungswunderheiler sowie starke Schmerzmittel. Eines davon kannte sie. Es war verschreibungspflichtig. Eigentlich. Sie hatte es in Brasilien mehr oder weniger legal zu sich genommen, bevor sie in einen Kampf ging. Sie würde heute einiges dafür geben, noch einmal im Ring stehen zu können. Schwitzend über ihrer Gegnerin zu knien, deren Blut sich in ihre Kleider saugte. Ihr Stöhnen noch einmal zu hören und das Jubeln der Zuschauer. Einmal noch den Stolz ihres Vaters in seinen Augen sehen können ...

„Was ist los?" Abby schreckte zusammen. Elisabet stand hinter ihr.

„Nichts, ich habe nur ... sinniert. Sagt man das so? Egal. Die Holzners haben auf jeden Fall eine beachtliche Ansammlung an Medikamenten. Das Schmerzmittel hier fällt unter das BTM-Gesetz, ohne Rezept kommt man da nicht dran. Die Holzners hätten Frau Stöbl ziemlich leicht damit töten können. Das Mittel wirkt wie eine Droge, wenn man zu hoch dosiert, kann es schon mal zu Kreislaufversagen kommen. Außerdem wird man abhängig, wenn man es zu oft einnimmt."

Elisabet nahm die Schachtel entgegen. „Okay. Ich helfe dir beim Einpacken, wir sollten das ganze Zeugs Louis vorzeigen. Vielleicht kann er uns mehr dazu sagen."

„Hey, ihr zwei. Ich habe noch etwas gefunden. Das sind Kalkulationsschemen vom Café Rieger. Und eines fällt da besonders auf. Es sind zwei Kalkulationen. Einmal mit einer guten halben Million mehr. Und das, obwohl die Holzners behaupten, sie wären nicht am Café Rieger interessiert", sagte Alec, der soeben auf der Türschwelle erschienen war.

„Schon gut, ich nehme alles zurück. Die Holzners sind hoch verdächtig. Aber sie nehmen kein Ramipril und deren Oma auch nicht. Was war mit deinen Apotheken?", fragte Abby ihn.

„Negativ."

„Dann sehen wir uns mal das Ferienhäuschen der Holzners in Endorf an", schlug Elisabet vor und warf eine Medikamentenschachtel nach der anderen eingetütet in eine Kiste.

„Der Staatsanwalt war nicht begeistert von dem Vorschlag", warf Abby ein.

„Ich weiß. Aber was bleibt uns anderes übrig? Wir brauchen nur noch das Ramipril als endgültigen Beweis. Dann ist die Anklage gegen die beiden Damen wirklich absolut hieb- und stichfest", sagte Elisabet. Abby nahm Alec die Kalkulationsschemen ab und tütete den Block ebenfalls ein. Was wohl die Holzners zu dem Verdacht sagten?

Sie hatten sich dazu entschieden, die Holzners getrennt voneinander zu vernehmen und ihre Aussagen dann miteinander zu vergleichen. Sie hatten eine Liste geschrieben, damit sie jeweils dieselben Fragen stellten, auf die die Holzners möglichst identisch antworten sollten.

„Bleiben Sie dabei, dass Sie kein Interesse am Café Rieger haben?" Frau Holzner mit der blonden Bobfrisur nickte.

„Es wäre sinnfrei, zwei Cafés im selben Ort zu bauen", sagte Frau Holzner geduldig, als würde sie mit einem Kleinkind sprechen.

„Warum haben Sie dann die Kalkulation erstellt? Und warum steht bei der zweiten Kalkulation plötzlich eine halbe Million mehr?"

Frau Holzner räusperte sich verlegen und griff sich mit beiden Händen in die Haare, während sie ihren Blick in den Kalkulationsblock bohrte, als könnte er dadurch verschwinden.

„Also gut. Wir hatten Interesse am Café. Wir haben bei diesem Makler angefragt, der uns sagte, dass Ina das Café bereits kaufen will. Aber er hat uns dennoch alle Unterlagen gegeben. Die alten Möbel rauswerfen und neue reinstellen, hätten wir uns leisten können. Aber dann sind wir zum Besitzer gefahren, weil wir uns vor Ort ein Bild machen wollten. Und da sagte der uns plötzlich, dass allein die Renovierung fast eine halbe Million beanspruchen wird. Das Dach ist stellenweise undicht, der Zwischenboden ist gerade so durch die letzte Kontrolle gekommen. Die Wände sind feucht. Das wollten wir uns nicht antun."

„Sie wissen, dass Sie dennoch verdächtig sind, oder? Ihnen ist klar, dass wir Sie hierbehalten müssen?", fragte Elisabet.

Frau Holzner sah sie erschrocken an. „Das ist doch nicht Ihr Ernst! Meine Frau und ich, wir haben nichts getan!"

„Dann verraten Sie uns noch etwas über Frau Stöbl. Über den Immobilienkauf. Irgendetwas, das Sie entlasten könnte", forderte Abby sie auf.

„Na ja, ehrlich gesagt waren die Kosten nicht das einzige Problem. Hören Sie, wir hätten doch die halbe Million von Anfang an mit einkalkuliert, wenn wir bereits vom Makler davon erfahren hätten. Das haben wir aber nicht. Er hat uns von den Renovierungskosten nichts gesagt. Nicht mit einer Silbe. Und im Papierkram stand das auch nicht. Wir haben ihm nicht getraut und wollten uns nicht über den Tisch ziehen lassen."

Elisabet kramte auf ihrer Schreibtischhälfte vergebens nach der Mappe, die ihnen der Makler zur Verfügung gestellt hatte.

„Abby, hast du ..." Sie verstummte und wurde rot.

„Ja. Ich habe sie. Die Unterlagen, die der Makler uns gegeben hat, sind vollständig. Zumindest, insofern ich das beurteilen kann. Hier stehen die exakten Kosten für die Renovierung. Kann es sein, dass Sie die Unterlagen verlegt haben?", fragte Abby.

„Nein! Bei mir kommt nichts durcheinander!"
Abby grinste etwas schadenfreudig und sah zum Chaos auf Elisabets Schreibtisch. „Gut. Wir werden mit dem Makler sprechen." Der Mann war ihr gleich komisch vorgekommen.

Auf den zweiten Blick schien die Internetseite des Maklers gar nicht mehr so seriös. Die Adresse war eine Baustelle, wie sich herausstellte. Wenn man die Telefonnummer auf der Webseite anrief, landete man nicht bei einer Sekretärin, sondern bei Herrn Klein selbst. Dafür, dass er einen angeblich vollen Terminkalender hatte, fand er auch diesmal schnell Zeit und wollte sofort aufs Revier kommen.

„Herr Klein. Was macht der Wasserschaden?", fragte Abby gut gelaunt, als der Makler in ihrer Bürotür erschien.

Er stockte kurz, fing sich aber schnell wieder. „Oh, ja, der Wasserschaden ... der ist fast behoben. Gott sei Dank, ja. Deswegen sind Sie auch nicht bei meiner Sekretärin rausgekommen", sagte er und lachte. Vermutlich wollte er damit seine Unsicherheit überspielen.

„Ja, Wasserschäden auf einer Baustelle können vorkommen."

„Ich verstehe nicht ganz ... warum Baustelle?"

„Die Adresse auf ihrer Webseite. Die gehört doch zu einer Baustelle", half ihm Elisabet auf die Sprünge, ohne ihr freundliches Lächeln abzusetzen.

Es sah ein bisschen eingefroren aus. „Ach, das. Das ist ... das ist nur die alte Adresse. Ich muss das noch ändern. Das mache ich gleich, wenn ich zu Hause bin."

„Ja, das freut uns wahnsinnig. Es gibt da nur so ein Problem. Da war nie ein Immobilienbüro. Und es wird auch keines gebaut", sagte Abby.

„Worauf wollen Sie hinaus?", fragte der Mann etwas zu schnell, als dass es noch normal klingen konnte. Der freundliche Gesichtsausdruck des Maklers hatte sich innerhalb von Sekunden gewandelt. Mit dem Blick einer Würgeschlange, die ihre Maus im Visier hatte, fixierte er Abby mit seinen Augen.

„Darauf, dass Ihr ... Gewerbe nicht angemeldet ist. Was sind das für Geschäfte? Sie sind doch kein richtiger Immobilienmakler." Herr Klein stand auf und stützte sich mit beiden Händen auf den Lehnen links und rechts von Abbys Stuhl ab. „Ich schlage vor, Sie treten jetzt zügig ein, zwei Meter zurück und dann sagen Sie uns, was Sie für Geschäfte treiben", zischte sie ihm zu und beugte sich vor, bis sich ihre Nasen um ein Haar berührten. Klein sah sie warnend an und trat dann widerwillig einen Schritt zurück. Dachte er, er könnte Machtspielchen spielen? Hier, in ihrem Büro? Das war eine ganz schlechte Idee!

„Bin ich verhaftet?", fragte er und knöpfte sein grünes Sakko zu.

„Nein", antwortete Abby widerwillig.

„Dann macht es Ihnen ja sicher nichts aus, wenn ich jetzt gehe. Weitere Kommunikation erfolgt über meinen Anwalt." Klein wartete eine Antwort gar nicht erst ab. Geräuschvoll schloss er die Tür hinter sich.

„Von Körperhygiene hat der auch noch nie was gehört." Abby rümpfte die Nase.

„Mich wundert es eh, dass du ihm nicht gleich eine gescheuert hast. Mit diesem Presseheini hast du ja auch kurzen Prozess gemacht."

„Der hat mich ja auch angegriffen. Meine Karriere ist mir eben wichtig." Abby stand auf.

„Wo willst du hin?"

„Alec suchen." Hatte der heute überhaupt schon einen Finger gerührt? Vielleicht hatte er wenigstens eine Idee, wie sie diesen schmierigen Makler doch noch aus der Reserve locken könnten.

Heute war viel los im Präsidium. Gestresste Kollegen und ein älteres, weinendes Ehepaar auf der Wartebank vor dem Büro. Jetzt brauchte ihr nur noch Frieda über den Weg zu laufen, dann war ihr Glück perfekt. Abby bog in einen der zahlreichen Gänge ab, um ins Treppenhaus zu gelangen. Alec und Lukas hatten ihr Büro im oberen Geschoss. Plötzlich nahm sie jemand bei der Hand und zerrte sie zur Seite, noch bevor sie irgendetwas tun konnte.

„Pst. Abby."

„Mensch, du hast mich echt erschreckt."

Er legte ihr den Zeigefinger auf die Lippen und sah sich nach allen Seiten um. Dann zerrte er sie zu sich in den Schutz des Türrahmens, sodass man sie vom Hauptgang aus nicht mehr sehen konnte.

„Was veranstaltest du hier für ein Theater?"

„Abby, ich will, dass du mir die Wahrheit sagst, ich bin dir dann auch nicht böse, ja?"

„Komm zum Punkt."

„Hast du meine Handynummer rausgegeben?"

Abby tippte sich an die Stirn. „Als ob ich deine Nummer rausgeben würde!"

Alec sah sich wieder um. „Ich meine es ernst. Die Frau von gestern Abend, die vor meiner Tür stand, sie sieht aus wie die, die mich seit heute früh mit Nachrichten auf meinem Privathandy bombardiert." Alec gab ihr sein Handy, er hatte das Profilbild der Dame vergrößert. Angelina Koch rekelte sich im zu kurzen Bikini auf ihrer Liege und linste neckisch über den Rand ihrer gespiegelten Puck-Sonnenbrille.

„Hübsch", lautete Abbys Kommentar dazu. Sie sah Alec an. Er wirkte ehrlich aufgewühlt. Doch verstand er auch, dass er genau diese Situation selbst provoziert hatte? Abby schloss die Augen. Das hatte er jetzt davon. „Du hast keine Idee, wer das gewesen sein könnte?"

„Ich nehme an, das war dieselbe Person, die die Infos an die Presse weitergeleitet hat."

Alec sah sie kurz strafend an und steckte sein Handy weg. „Meinst du? Okay, ich rede mal mit ihr. Abby, da du so ein gutes Händchen für Kinder und ein Einfühlungsvermögen wie Mutter Theresa hast, schlage ich vor, dass du besser nicht mit ihr redest." Er wagte sich aus seinem Versteck hervor und hielt ihr die Tür zum Hauptgang auf. „Was hat der Makler gesagt?", fragte Alec.

„Nicht viel. Außer, dass weitere Kommunikation über seinen Anwalt erfolgt, nachdem wir ihn mit unserem Verdacht konfrontiert haben. Spätestens jetzt bin ich mir sicher, dass seine Geschäfte nicht so sauber sind, wie er es versucht, uns weiszumachen. Die Adresse seines Büros gehört zu einer Baustelle."

Kurz vor ihrem Büro entdeckte Abby Angelina Koch am anderen Ende des Ganges. Sie trug blaue Röhrenjeans mit Löchern an den Knien und ein weißes Shirt mit kleinen Strasssteinchen darauf. Ihre blonden Wellen flogen ihr um den Kopf, als sie auf Alec zustürmte.

„Herr Kommissar. Vielen lieben Dank noch mal."

Etwas überrumpelt nahm Alec die Box entgegen, die Angelina Koch ihm in die Hand drückte. Den Inhalt konnte er nicht definieren.

„Ähm." Alec sah zu Abby.

Sie rang sich ein Lächeln ab. Sie ließ die beiden alleine, obwohl ihr Alecs hilfesuchender Blick nicht entgangen war. Er hatte sich alleine in diese Situation verfrachtet, also musste er sich auch alleine da rauskämpfen. Vielleicht lernte er etwas daraus. Abby öffnete die Tür zu ihrem Büro und zog sie hinter sich zu. Dann sah sie zu Elisabet. „Also, ich schlage vor, wir fahren jetzt wieder einmal zu den Eltern von Frau Stöbl. Wenn ihre Tochter nämlich hinter das Geschäftsmodell von diesem Makler gekommen ist, hätte der auch einen guten Grund, Frau Stöbl zu töten. Vielleicht hat Frau Stöbl mal was in die Richtung erwähnt."

Als sie bei den Stöbls ankamen, bot sich dasselbe Bild wie die letzten Male. Frau Stöbl saß mit gesenktem Kopf neben ihrem Mann auf der Eckbank und umklammerte seine Hände. Vor ihm auf dem Tisch stand eine Tasse Brühe. An seinem Ringfinger zeichnete sich eine helle Stelle ab. So, als hätte er seinen Ring abgenommen.

„Wir würden gerne noch einmal mit Ihnen über Herrn Klein, den Makler, sprechen."

Frau Stöbl ließ die Hand ihres Mannes los und sah auf. War das Erleichterung in seinen Augen? Frau Stöbl sah zu ihrem Mann. „Was ist denn mit ihm?", fragte sie.

„Wir glauben, dass sein Geschäft nicht bei den Behörden angemeldet ist und er Ihre Tochter über den Tisch ziehen wollte", sagte Abby.

„Das bedeutet, er versucht es jetzt auch bei uns?", kombinierte Frau Stöbl und sah Abby an, als hätte sie das ihr und nicht dem Makler vorgeworfen.

„Davon gehen wir aus. Herr Rieger, der Betreiber des Cafés, sagte uns, dass er mit Ihrer Tochter über die drohenden Kosten in Höhe von fast einer halben Million gesprochen habe. Wir haben die Kalkulationsunterlagen aber nicht bei den Papieren für den Kauf gefunden", sagte Abby.

„Der Mann übertreibt", lautete Frau Stöbls Kommentar dazu.

„Herr Rieger hat ein Gutachten für die Renovierung des Hauses machen lassen. Darin steht, dass Kosten von fast fünfhunderttausend Euro auf den Käufer zukommen werden." Elisabet trat ihr mit ihrem Absatz auf den großen Zeh und sah sie warnend an. Sie hatte ja recht. Hier ging es nicht ums Recht haben. Aber Abby konnte es nicht leiden, wenn sich Menschen ganz naiv immer auf das Gute im Menschen fixierten. Das war Verachtung der bitteren Wahrheit.

„Wir glauben, dass Ihre Tochter nach und nach misstrauisch wurde und eine Gefahr für den Makler hätte darstellen können", sagte Elisabet, um zum eigentlichen Punkt zu kommen.

„Ina wollte dieses Café unbedingt. Sie wollte weg von diesen ... diesen Frauen. Sie hatten einen schlechten Einfluss auf sie", zischte Frau

Stöbl und trank von ihrem Tee. Noch eine Person mehr, die ihren pürierten Kompost in aufgebrühter Form trank.

„Wollen Sie damit sagen, dass Ihre Tochter einfach weggesehen hat? Hat sie geahnt, dass mit dem Mann etwas nicht stimmt?", fragte Abby.

„Sie hat gesagt, dass sie den Makler seltsam findet. Aber sie hätte den Kauf nie in Gefahr gebracht, indem sie nachgeforscht hätte."

Wie naiv von ihr.

„Und Sie? Wollen Sie Ihren Kauf auch nicht in Gefahr bringen?"

„Nein. Es war Inas Wunsch. Wir werden uns aus der Sache raushalten!" Frau Stöbl nahm noch einen Schluck ihrer speziellen Mischung und verzog das Gesicht, als hätte sie gerade eine sich windende Made auf der Zunge liegen, die im Mixer nicht ganz kaputt gegangen war.

„Na schön. Wir werden dennoch Herrn Rieger fragen", sagte Abby.

Die Stöbls sahen auf. Frau Stöbl klammerte sich wieder an die Hände ihres Mannes. Waren sie wirklich so naiv, einen derart maroden Bau zu kaufen, ohne ihn vorher zu renovieren? Etwas störte sie an dem Gedanken. Aber wenn die Stöbls nichts über den Makler erzählen wollten, dann mussten sie eben Herrn Rieger fragen.

Im Café Rieger herrschte trotz des noch immer anhaltenden Regens Hochbetrieb. Rieger und seine Bedienungen sahen dermaßen gestresst aus, dass Abby fast schon ein schlechtes Gewissen hatte, hier unangemeldet aufzukreuzen. Aber es war ihr Job, ihn zu befragen. Also übte sie sich in Geduld und stellte sich wartend an den Tresen.

„Wie kann ich Ihnen noch helfen?", fragte er, als er ein Tablett mit leeren Gläsern auf dem Tresen abgestellt hatte. Wieder lotste er sie in einen Nebenraum und schloss die Tür. Er sah erschöpft aus.

„Wir hätten ein paar Fragen bezüglich des Maklers. Herrn Klein", sagte Abby. „Wir glauben, dass sein Geschäft nicht ganz sauber ist. In seinen Unterlagen hat er den Stöbls die halbe Million für den Umbau verschwiegen. Deshalb wollten wir Sie nach Ihrem Eindruck fragen", meinte sie, um sich kurzzufassen.

Der Mann hatte immerhin noch eine Menge Arbeit.

„Es ist interessant, dass Sie das sagen. Herr Klein kam mir tatsächlich etwas seltsam vor. Da ich jedoch nur indirekt mit ihm zu tun hatte, war es mir egal. Ich habe keine Geschäfte mit ihm gemacht."

Abby überhörte den verächtlichen Unterton in seiner tiefen Stimme nicht.

„Ich dachte, sie hätten ihm die Immobilie anvertraut", sagte Elisabet und sprach somit genau Abbys Gedanken aus.

„Nein. Das ist das, was mich so wundert. Er hat kostenfrei einen Käufer für mich gesucht, er hat mit Frau Stöbl zusammen die Idee entwickelt. Er hat die Immobilienvermittlung quasi beaufsichtigt." Herr Rieger schob ihnen zwei Stühle zu, die er bereits in eine Ecke gestellt hatte. Dann setzte er sich auf einen Holztisch, der ebenfalls an die Wand gerückt worden war.

„Okay, ... und was wäre dann sein Profit bei der ganzen Sache?", fragte Elisabet und schlug die Beine übereinander.

„Nach der Neueröffnung verlangt er monatlich fünfundzwanzig Prozent des Gewinnes." Herr Rieger lachte verächtlich. „Die Stöbls sind ja so naiv. Sie halten die Branche wohl für einen Selbstläufer. Das ist es aber nicht. Anfangs ist man froh über jeden übrig gebliebenen Cent. Fünfundzwanzig Prozent können einem bereits das Genick brechen. Genauso wie die halbe Million für die Renovierung."

Abby tat sich schwer damit, den Mann zu verstehen. Sie war heilfroh, Elisabet dabei zu haben. Rieger war einer dieser Kandidaten, bei denen sie lieber nicht weiter nachhakte.

Seine buschigen Augenbrauen verdeckten seine Augen und sein Gesicht war von einigen, tiefen Falten geprägt. Sein Bierbauch spannte gewaltig unter dem weißen Trachtenhemd und dem Wildledersakko, das genau wie seine Lederhose vermutlich von Hand mit grünen Mustern geschmückt war. Die schwarzen Trachtenschuhe und seine Kniestrümpfe rundeten das sonderbare Erscheinungsbild ab. Aber Tracht war Tracht und selbst daran hatte Abby sich nach all den Jahren gewohnt. Zwar schimpfte sie noch immer regelmäßig über die Blasmusik, die oft vom Rosenheimer Ludwigsplatz in ihr Viertel hinüberschallte, anderseits war sie immer wieder erstaunt darüber, wie viele Feiertage die Bayern doch zelebrierten. An manchen Tagen zogen die Mitglieder des Trachtenvereins in Scharen durch die Straßen. Jedes Mal sah sie gespannt zu und wartete direkt darauf, bis eine der Damen über die langen Enden ihres Dirndls stolperte.

„Anfangs hatte ich am Ende des Tages hundert Euro netto. Selbst wenn es der Bruttobetrag gewesen wäre, sind fünfundzwanzig Euro viel. Die restlichen fünfundsiebzig Prozent reichen nicht, um eine Familie zu ernähren oder Strom, Lebensmittel und andere Nebenkosten zu decken", erzählte Rieger weiter.

„Okay. Aber auch bei einem gut laufenden Geschäft sind fünfundzwanzig Prozent viel. Wenn Herr Klein das bei all seinen Klienten gemacht hat, dann braucht er sich keine Sorgen um seine Finanzen machen. Wenn ein Geschäft etwa viertausend Euro Umsatz macht, muss der Inhaber tausend Euro an Herrn Klein abgeben. Wenn er das bei mehreren Geschäften durchgezogen hat, verdient er doppelt so viel wie wir", sagte Elisabet.

Abby sah sie an.

„Und wir verdienen schon nicht schlecht", fügte Elisabet noch hinzu.

„Das kommt auf den Blickwinkel an. Wie auch immer. Wissen Sie, wie viele Geschäfte er betreut?", fragte Abby.

„Nein. Nicht wirklich. Nur, dass ich ihn per Mundpropaganda empfohlen bekommen habe. Er macht Verbesserungsvorschläge bei der Planung, organisiert Testessen und vermittelt notfalls Personal. Deshalb laufen die Läden, die er beaufsichtigt, auch so gut."

„Abzüglich tausend Euro im Monat sind trotzdem viel. Vor allem, wenn man die Nebenkosten bedenkt. Das ist hochgerechnet wesentlich mehr, als wenn man das Grundstück von einem seriösen Makler kauft, der seine Gage verlangt. Ich kann nicht glauben, dass es Menschen gibt, die so naiv sind." Abby stand auf. Herr Rieger hatte Licht in den dunklen Dschungel gebracht. Dennoch brannte ihr noch eine Frage auf der Zunge. „Tut es Ihnen denn kein bisschen weh, dabei zusehen zu müssen, wie das Lebenswerk Ihrer Frau durch die Stöbls und Herrn Klein mit Füßen getreten wird?"

Rieger sah zu Boden. „Ich hätte mir auch andere Käufer gewünscht. Bei den Kosten, die auf sie zukommen, werden sie mein Café nicht lange betreiben. Herr Klein hat ihnen eine halbe Million verschwiegen. Beim nächsten Pflichtgutachten werden sie umbauen oder verkaufen müssen. Das Gebäude ist so marode, ich habe den Gutachter gerade noch dazu überreden können, das Jahr noch fertigmachen zu können. Aber es ist ihr Problem." Er stand auf, sie verabschiedeten sich kurz und machten sich dann auf den Rückweg.

Im Revier warf Abby noch einen schnellen Blick in den Computerordner, in dem die als wichtig eingestuften Protokolle gelandet waren. Sie hatte jedoch starke Kopfschmerzen, also überließ sie das Lesen dieser unglücklichen Arbeit den Kollegen. Um die letzte halbe Stunde ihrer verbleibenden Dienstzeit irgendwie totzuschlagen, las sie ein bisschen in der Akte von Riegers Tochter. Dabei stolperte sie immer und immer wieder auf einen Namen. Louis Menser.

Irgendwie hatte sie sein Rauswurf heute verletzt. Dabei war sie doch sonst nicht so empfindlich. Doch in der letzten Zeit verstand sie sich selbst nicht mehr. Sie war so dünnhäutig geworden. So verbittert. Dabei war es so unfair, ihre Gefühle an Unbeteiligten auszulassen. Und Louis war der Letzte, der so einen Umgang verdient hatte. Louis war sonst immer so ehrlich. Er hatte viel zu viel Angst, selbst hintergangen zu werden, als dass er Menschen verletzte. Er war immer der Mensch, auf den man sich zu hundert Prozent verlassen konnte, wenn es ernst wurde. Er war derjenige gewesen, der nach ihrer Trennung auf sie, Abby, aufgepasst hatte. Nicht, dass er ein guter Tröster war. Doch allein die unbeholfenen Worte: „Na, na, das wird schon", und die Tatsache, dass er ihr stundenlang aus Wissenschaftsmagazinen über die Geheimnisse der Forensik vorgelesen hatte, hatten ihr damals ungemein geholfen.

19. Dienstagabend

„Hey, Abby. Komm doch rein!", rief Louis überschwänglich und breitete die Arme aus.

Abby lächelte zaghaft und schob sich an ihm vorbei. Ihr Blick wanderte erst über den Fliesenboden im Flur, dann ins Wohnzimmer. Sie schluckte kurz. Damit hatte sie jetzt nicht gerechnet. Lukas, Elisabet und Alec saßen neben Linda auf der Couch. Kam es ihr nur so vor oder stimmte es wirklich, dass alle plötzlich ein wenig blass um die Nase wurden? „Eine Verschwörung", schoss es ihr zunächst durch den Kopf. Doch dann schüttelte sie diesen Gedanken von sich.

„Setz dich doch zu uns!", rief Linda betont fröhlich.

„Nein, danke", sagte Abby. Sie sah sich im Raum um, blickte zu Alec, als könnte sie durch Telepathie herausfinden, was das hier für eine Versammlung war. Ein nettes Treffen unter Freunden bestimmt nicht. Lukas und Elisabet standen Alec und ihr nicht halb so nah, wie es Louis und Linda taten. Irgendetwas lief hier. Die einzige Frage war nur: Weshalb lief das alles ohne sie? Doch eigentlich brauchte sie sich diese Frage gar nicht erst zu stellen. Es ging um die Kneipe. Und sie war nur deshalb nicht eingeladen worden, weil sie ziemlich empfindlich reagierte, was den Umbau anging. Sie hatte diese Situation selbst zu verschulden.

„Wir haben gerade überlegt, was strategisch sinnvoll wäre, gegen diese Frau zu unternehmen. Du weißt schon, diese Blonde, die neben der Apotheke wohnt. Die mir die Cupcakes geschenkt hat." Alec zog sie sanft in seine Arme, schenkte ihr einen Blick, an dem sie genau ablesen konnte, dass er ahnte, wie seltsam das alles auf sie wirken musste.

Abby versuchte, sich ihre Irritation nicht anmerken zu lassen, doch vor Alec würde ihr das niemals gelingen. Sie drehte sich zu Louis. „Ich bin eigentlich nicht privat hier. Louis, du hast damals den Fall von Riegers Tochter bearbeitet. Ich wollte nur wissen, ob du mir was über den Fall erzählen kannst. Also etwas, dass nicht in den Akten steht."

Louis sah kurz durch sie hindurch, als würde er selbst erst einmal darüber nachdenken müssen. Er war verwirrt. Doch das konnte sie ihm nicht verdenken. Diese Situation hätte bizarrer gar nicht sein können.

„Wir haben auf ihrem Körper Spermaspuren gefunden, die wir jedoch nicht zuordnen können. Noch nicht. Sie sind in unsere Kartei, aber es gab keine Übereinstimmungen, da der Täter nicht vorbestraft ist. Sie hatte reichlich DNS unter ihren Fingernägeln, weil sich das Mädchen gewehrt hat. Außerdem hatte sie mehrere gebrochene Rippen und ein gebrochenes Schlüsselbein. Sie wurde geschlagen. Der Rechtsmediziner hat Abdrücke im Gewebe extrahieren können. Das legt nahe, dass der Täter einen oder mehrere Ringe an den Fingern getragen hatte", sagte Louis und blickte sie irritiert an.

Abby nickte nur und sah dann zu Alec. Sie hoffte darauf, dass er ihr diese Situation erklären würde, doch irgendwie war er in den letzten Minuten nur noch blasser geworden.

„Bleib doch noch zum Essen", lud Linda sie ein, doch auf Abby wirkte es aufgesetzt. Normalerweise hätte sie jetzt nach höflichen Ausreden gesucht, weil sie mit Lindas veganen Kochkünsten – offen gesagt – wenig anfangen konnte. Doch heute war sie zu verwirrt. „Ein andermal. Sina wartet." Langsam drehte sie sich um, grüßte die Runde zum Abschied und trat dann auf die Straße hinaus.

Heute war kein guter Tag. Dies war einer dieser Momente, in denen sie sich am liebsten in den nächsten Flieger nach Brasilien gesetzt hätte. Sie sehnte sich nach einem Leben in Ordnung. Nach Struktur. Danach, zu jeder Zeit genau zu wissen, was sie zu tun hatte. Heute wirkte ihr Leben so schrecklich anders. Ihre Beziehung zu Alec hing merkwürdig in der Luft und die Freundschaften, die sie in den letzten Jahren versucht hatte, aufzubauen, taten es ebenfalls. Sie wollte nach Hause. Sie wollte nichts weiter, als zurück zu ihrer Familie. Zu ihrer kleinen Schwester. Doch das ging nicht. Sie würde sie nie wiedersehen.

20. Mittwochmorgen

Der Beschluss für die Durchsuchung des Zweitwohnsitzes der Holzners war durch. Als Abby aus ihren Wagen stieg, kam sie sich so vor, als würden alle nur auf sie warten. Alec und Elisabet standen bereits neben dem Staatsanwalt und unterhielten sich angeregt mit ihm. Streifenbeamte hatten das Grundstück abgeriegelt und hielten aufgeregte Nachbarn fern – ein älteres Ehepaar, das sich über den Lärm beschwert hatte.

Das Ferienhäuschen der Holzners war klein, ein romantischer Rückzugsort zwischen Bäumen mit Blick von der Terrasse auf einen winzigen See, der fast komplett mit Seerosen bedeckt war. Überall standen kleine Blumensträußchen und Kerzen auf den Ablageflächen. Böden, Wände und die Decke bestanden ausschließlich aus dünnem Holz.

Im Wohnzimmer gab es einen Kamin mit einem Brennholzkorb daneben. Abby schob das, zur Gardine umgeschneiderte Nachthemd mit zu viel Spitze und zu vielen Löchern zur Seite und sah durch das Fenster nach draußen. Auf der einen Seite erstreckte sich die Schönheit unangetasteter Natur, auf der anderen Seite der Straße hingegen wetterte das ältere Ehepaar immer noch über den Lärm.

Abby öffnete eine schmale Holztür. Das Bad war spärlich und urig eingerichtet, aber als sie den Spiegelschrank öffnete, kam ihr eine ganze Flut an Medikamentendöschen entgegen. Da war es wieder, dieses extreme Schmerzmittel. Warum sollte man in eine Apotheke einbrechen, wenn man viel gefährlichere Medikamente im Haus hatte?

„Ich glaube nicht mehr, dass die Holzners irgendwo eingebrochen sind", sagte Abby, als Alec zu ihr stieß. Sie gab ihm das Schmerzmittel. „Damit hätten sie Frau Stöbl leichter aus dem Weg räumen können."

„Meinst du?", fragte er und begutachtete das unschuldige Döschen interessiert.

„Ja. Meine ich. Ich habe es selbst mal genommen."

„Nein!", rief er und schlug die Hand vor den Mund.

„Wir sollten trotzdem nach einem Rezept oder einer Quittung suchen. Vielleicht sind sie ja doch irgendwie an Ramipril gekommen", sagte Abby und quetschte sich an ihm vorbei.

„Draußen will dich jemand sprechen, Frau Einsatzleitung. Ich staune, welche Energie alte Menschen so früh am Morgen schon haben", fügte er noch als versteckte Warnung hinzu.

Abby steckte die Hände in ihre Taschen und ging an ihren Kollegen vorbei nach draußen. „Was ist denn hier los?", rief sie in die Richtung der Rentner. Es wurde augenblicklich still.

„Sind Sie die Verantwortliche?" Die alte Dame sah sie an, als hätte sie einen Affen als Einsatzleitung vor sich stehen. Das Ehepaar musterte sie von oben bis unten.

Abby schluckte ihre Wut über deren offensichtlichen Rassismus hinunter und nickte. „Ja. Wie kann ich helfen?", fragte sie.

„Das ist doch der Gipfel! In aller Herrgottsfrühe veranstalten Sie hier so einen Zirkus!"

„Es ist nach acht Uhr, Sie sind ja schon wach und ich habe ein Verbrechen aufzuklären."

„Ich werde mich bei Ihrem Vorgesetzten über Sie beschweren!", rief die alte Frau.

Ihr Ehemann schien jedoch einsichtig zu sein. Er nahm seine Frau bei der Hand und zerrte sie sanft von Abby weg. „Schatz, das hat bestimmt mit diesem jungen Mann zu tun. Mit diesem Spion. Ich sagte doch, der ist ein Spion. Einer von der Russenmafia."

Abby drehte sich zu einem Streifenbeamten um. Der grinste nur unter seinem kurzen Bart hervor. „Welcher Spion?", fragte sie.

„Da war so ein junger Mann. Der hat immer durch unsere Fenster geschaut."

„Und was hat das mit der Russenmafia zu tun?"

„Sie sind noch nicht lange bei der Polizei, oder? Das weiß man doch. Die Russen spionieren uns aus. Genau wie diese … diese Perser. Alle wollen sie unser Deutschland! Aber das bekommen sie nicht!"

„Würden Sie ein Phantombild von diesem Mann erstellen können?", fragte Abby. Sie war sich zwar ziemlich sicher, dass sie es hier mit keinem iranischen Spion zu tun hatte und wohl auch eher nicht mit der Russenmafia, aber etwas komisch kam ihr die Sache dennoch vor.

„Sicher", sagte der Mann voller Inbrunst.

Abby winkte Alec zu sich, als der gerade aus dem Haus kam. „Adolf lässt grüßen", raunte sie ihm genervt zu, als sie an ihm vorbeiging. Doch sie hatte die Hoffnung, mit einem Phantombild etwas Licht in diesen Fall bringen zu können. Vielleicht sah das Phantombild ja irgendwem aus ihrem Verdächtigenkreis ähnlich. Zu Mooser würde diese Spionagenummer passen. Aber der sah nun wirklich nicht wie einer von der Russenmafia aus. Und jung war er auch nicht mehr. Abby drehte sich im Gehen um und sah zu Alec, wie er mit einem Streifenbeamten sprach.

Das fertige Phantombild sah keinem ihrer Verdächtigen ähnlich. Aber die Holzners würden schon wissen, warum sich ein iranischer Spion der Russenmafia auf ihrem Grundstück herumschlich. Abby saß an ihrem Schreibtisch und starrte das Phantombild an, als könnte dadurch der Name des Gesuchten einfach so auf dem Papier erscheinen. Dann gab sie das Bild Frau Holzner. „Kennen Sie den Mann?", fragte Abby sie.

Frau Holzner runzelte die Stirn.

„Ja. Den kenne ich tatsächlich. Allerdings nur vom Sehen. Ich habe einmal mit ihm gesprochen. Er ist ein Bekannter von Ina. Ein Bäcker. Er sollte sie unterstützen als eine Art Geschäftspartner. Er hat sie einmal abgeholt."

„Den Namen kennen Sie nicht zufällig?", fragte Abby hoffnungsvoll.

„Johannes. Den Nachnamen weiß ich nicht."

Elisabet zog eine Schublade ihres Schreibtisches auf und holte einen Liebesroman heraus. Sie hielt ihn in die Höhe. „Sicher, dass die beiden nur Geschäftspartner waren?", fragte sie.

„Über Inas Privatleben weiß ich wirklich nichts. Da fragen Sie mal besser ihre Eltern. Oder ihren Stalker. Bitte, meine Frau und ich, wir haben sie zum Schluss wirklich nicht mehr gemocht, ja. Aber wir haben ihr nichts angetan. Sie wäre an den finanziellen Folgen ihres Kaufs erstickt, wir wären sie doch so oder so bald los gewesen."

Abby nickte langsam und dachte an den Schrank mit den ganzen Schmerzmitteln und Schlaftabletten. „Also gut. Ich lasse Sie gehen. Aber Sie müssen sich unbedingt zur Verfügung halten. Am besten wäre es, wenn Sie in Prien bleiben würden. Ansonsten müssten wir im Notfall nach Ihnen fahnden lassen."

Elisabet sah sie verständnislos an. Aber Abby ließ die zwei Frauen laufen. Sie hatten im Grunde nichts gegen sie in der Hand. Alles war bislang nur reine Theorie, es gab keine wirklichen Beweise. Und würde man wirklich jeden verhaften, der jemand anderen nicht mochte, dann wären sämtliche Gefängnisse hoffnungslos überfüllt. Sie überlegte weiter und ging ihre Tatverdächtigen weiter durch: Der Makler, Herr Klein, mit den krummen Geschäften kam ihr nicht vor, als würde er mit Tabletten töten. Ein Russenmafiosi würde vermutlich auch andere Methoden vorziehen, aber da der Mann auf dem Phantombild so gar nicht wie ein Russe oder Iraner aussah, gab sie auf die Meinung eines verwirrten Rentners auch nicht allzu viel. Die Eltern der Frau würden ihr Phantom mit Sicherheit kennen.

Abby hatte das Gefühl, dass sich Herr Stöbls Zustand von Tag zu Tag verschlechterte. Heute saß er nicht auf seiner Eckbank. Nicht so wie die letzten Male. Er lag auf der Couch. Seine Frau hatte dunkle Ringe unter ihren geröteten Augen. Sie war blass – wie die Leiche ihrer Tochter. Abby gab ihr das Phantombild.

„Johannes Müller. Das ist ein befreundeter Bäcker. Warum haben Sie so ein Verbrecherbild von ihm erstellen lassen?" Frau Stöbl sah sie an, aber ihre Augen waren leer, kraftlos und ausgelaugt.

Ob sie nach seinem Tod überhaupt die Kraft aufbringen könnte, ein Café zu übernehmen?

„Er wurde beim Spionieren am Haus der Holzners erwischt. In welcher Beziehung stand er zu Ihrer Tochter?", fragte Abby.

„Sie waren Kollegen und befreundet. Er ist ein guter Junge. Ich habe langsam das Gefühl, dass Sie keine Ahnung haben, wer meine Tochter umgebracht hat. Was ist mit diesen unseligen Personen?"

Abby wollte schon Widerspruch einlegen, aber Elisabet machte ihr einen Strich durch die Rechnung, bevor sie überhaupt etwas sagen konnte.

„Die Beweise gegen die Holzners reichen nicht aus. Und gute Ermittlungen dauern nun mal ihre Zeit", meinte Elisabet.

„Was wissen Sie über Herrn Müller?", fragte Abby weiter.

„Er war schon ein paar Mal nicht bei den Versammlungen. Das wundert mich aber auch nicht. Er hat seine Oma zu Hause gepflegt. Sie ist verwirrt, einmal hat sie einen Stapel Zeitungen in den Backofen gelegt, weil sie dachte, es sei ein Schrank. Streng genommen kann man sie keine fünf Minuten alleine lassen."

Abby sah zu Elisabet. Auch die war hellhörig geworden. Einer verwirrten, alten Frau konnte man leicht Medikamente klauen. Bei ihr würde es auch nicht weiter auffallen, wenn plötzlich Medikamente verschwanden.

„Wir brauchen unbedingt die Adresse des Mannes", meinte Abby. Frau Stöbl seufzte, stand auf und kam mit einem Zettel wieder.

„Wenn Sie unbedingt Ihre Zeit verschwenden wollen! Das war niemand aus unserem Kreis!"
„Wir werden sehen."
Sie verabschiedeten sich höflich und spurteten zum Auto.
„Wenn Herr Müller das war und er glaubt, dass wir ihm auf der Spur sind, wird er seine Sachen gepackt haben und gegangen sein. Das heißt, dass die alte Dame ganz allein in ihrer Wohnung sitzt. Und das im schlimmsten Falle schon seit Tagen. Ohne Essen, ohne Medizin. Wenn sie ihr Haus nicht schon lange abgefackelt hat!" Abby sprang in den Wagen und fuhr los, bevor Elisabet überhaupt angeschnallt war.

Glücklicherweise wohnte die alte Frau in einem Mietshaus, in dem ihre Nachbarn Katastrophen jeglicher Art bemerkt hätten.
Elisabet klingelte. Gestank von Urin, Erbrochenem und Durchfall drang durch die Tür in den Flur.
„Ich glaube nicht, dass sich die Tür öffnen wird, ohne dass wir mit Gewalt …"
„Scht. Ich höre was." Elisabet hatte ihr Ohr an die Tür gelegt.
„Mach Platz! Was, wenn er sie da drinnen umgebracht hat?", fragte Abby und trat einige Schritte zurück, um das Schloss besser begutachten zu können.
Elisabet sprang zur Seite. „Was ist, willst du die Tür eintreten?"
Abby schüttelte den Kopf. Sie zog das Dietrichset aus der Tasche, welches Alec aus der Asservatenkammer hatte mitgehen lassen.
„Das ist ja total verboten!"
„Ich weiß. Aber es hätte vermutlich ewig gedauert, unter den ganzen Beweisstücken noch ein besseres Set zu finden."
„Was soll das heißen?"
„Alec hat es sich … sozusagen ausgeliehen. Keine Sorge, ich lege es nachher zurück."
Elisabet schnappte nach Luft. Mit verschränkten Armen drehte sie sich im Kreis, um die Treppen im Auge zu behalten.
Abby rüttelte am Schloss.
„Gib her, du Feinmotorikerin! Bevor der Dietrich noch ganz auseinanderbricht." Elisabet schob sie zur Seite und hatte das Schloss nach nur wenigen Handgriffen offen. „Schon mal was von Fingerspitzengefühl gehört?", flüsterte sie und lächelte triumphierend.
Abby verdrehte die Augen und ging voraus. Töpfe standen auf dem

Flur. Zeitungen lagen verstreut über den Boden. Sie konnte das leise Rascheln von Papier aus dem Wohnzimmer hören.

Abby schob den Kopf in den Raum. Überall lag Müll auf dem Boden. Eine ältere Frau saß im weißen Nachthemd auf dem Boden. Sie riss Zeitungspapier in Fetzen und steckte es sich nach und nach in den Mund. Abby traten die Tränen in die Augen.

„Halt. Das ist doch nicht gut für Sie", sagte sie leise, steckte ihre Waffe weg, die sie vor dem Betreten der Wohnung gezückt hatte, und setzte sich neben die ältere Dame.

Diese sah sie an. Ihre Hände zitterten, die Wangen der Frau waren eingefallen. Es roch fürchterlich nach Urin und anderen Körperausscheidungen.

„Keine Angst. Ich bin von der Polizei. Meine Kollegin und ich, wir helfen Ihnen jetzt", sagte Abby leise und nahm der Dame langsam die Zeitung weg. „Es ist alles gut."

Wie konnte man das einem Menschen nur antun? Abby sah der Frau in die Augen und wusste, dass sie nicht bei ihnen war. Sie sah so verzweifelt aus. Tränen kullerten über ihr blasses Gesicht. Kraftlos ließ sich die alte Frau gegen sie fallen.

„Ist Ihr Enkel schon lange weg?", fragte Abby.

Aber sie bekam keine Antwort.

Elisabet hielt einen Zettel in die Höhe.

„Das sind Telefonnummern. Von verschiedenen Essenslieferanten und vom Notarzt. Er lag auf dem Nachttisch. Ich habe einen Krankenwagen gerufen."

Abby nickte stumm. Sie ließ die Frau nicht los, bis die Rettungssanitäter die Frau mitnahmen. Eine Vernachlässigung dieses Ausmaßes hatten sie noch nicht erlebt. Die Frau hatte nicht einmal mehr Kraft zum Aufstehen gehabt.

„Hast du was gefunden?", fragte Abby und marschierte mit vor den Mund gehaltener Hand zur Tür. Sie konnte nicht anders. Sie musste hier raus. Plötzlich sah sie nicht mehr den Urin und das Erbrochene der alten Frau vor sich, sondern das Blut ihrer Familie auf dem Boden.

„Ja. Ein Medikament neben einem Zettel, auf dem nur stand, dass sie es einmal täglich nehmen muss. Valsacor heißt es. Es gibt hier keine Klamotten von einem jungen Mann, nichts, was darauf schließen lassen würde, dass er hier mal gewohnt hat. Er ist ausgezogen und hat seine Großmutter ihrem Schicksal überlassen. Hier lagen abonnierte Zeitschriften, ich frage mich, warum wir nichts vor der Tür haben liegen sehen", überlegte Elisabet.

Abby stützte sich mit den Unterarmen an der Wand ab und schloss kurz die Augen. Sie presste ihre Fingernägel in ihre Handflächen und drehte sich dann langsam um. „Das kann ich dir genau sagen! Ich hatte einmal einen Fall, in dem eine ältere Dame sich jeden Tag in der Woche ein anderes Gericht vom selben Wirt hatte liefern lassen. Jeden Montag Knödel, jeden Dienstag Fisch und so weiter. Das Essen wurde immer vor die Tür gestellt. Die Frau starb einsam in ihrer Wohnung, das Essen wurde weiter geliefert. Die Nachbarn haben es ihr vom Fußabtreter weggestohlen. Nach einem halben Jahr hatte der Wirt genug, da ja alles nicht bezahlt wurde. Er ging zur Polizei und die Beamten haben dann die alte Frau in ihrer Wohnung gefunden. Es war Winter, die Fenster standen offen, der Verwesungsgeruch im Flur wurde ignoriert."

Abby ging zur Nachbartür und klingelte dort Sturm. Ein verschlafener Mann Anfang zwanzig öffnete. „Haben Sie die Zeitungen der alten Frau von nebenan von der Türschwelle geklaut?"

„Nein! Wer sind Sie, was wollen Sie?"

„Haben Sie nichts gerochen? Oder wollten Sie es nicht riechen? Kommen Sie." Abby packte ihn am Arm und zerrte ihn in den Flur. Er trug Jogginghose, hatte starken Mundgeruch. Er rümpfte die Nase, kaum dass er den Gang betreten hatte.

„Sie meinen diese irre Alte?"

„Ja, die meine ich. Und ich meine auch, dass Sie eine Anzeige von mir wegen unterlassener Hilfeleistung bekommen! Noch ein paar Tage und die Frau wäre gestorben."

„Die war doch eh fast hin."

„Ja, schon recht. Kommen Sie. Sehen Sie sich das an." Abby schob ihn in die Wohnung.

„Warum zeigen Sie mir das?"

„Weil ich hoffe, dass Sie in sechzig Jahren in genau so einer Bude verrotten, weil Ihre Nachbarn Sie für irre halten und es ihnen egal ist, was mit Ihnen geschieht, da Sie ja eh schon halb tot sind. Ich hoffe, Sie sterben irgendwo auf dem Boden zwischen Erbrochenem und in Ihrem Urin, weil Sie nicht die Kraft haben, aufzustehen, und mental nicht in der Lage sind, Hilfe zu holen! Los, gehen Sie ganz rein." Abby stieß ihn voran. Dem jungen Mann waren die Worte vergangen. Er war blass um die Nase.

„Es tut mir leid."

„Ja, das hoffe ich auch! Wollen Sie sich noch ein bisschen umsehen? Wollen Sie so sterben? Nein? Dann schleichen Sie sich, bevor ich nachhelfe!" Abby zog die Tür hinter dem Mann zu und ging grußlos an ihm vorbei zur Treppe, wo Elisabet auf sie wartete.

„Hast du gerade deine emotionale Ader gezeigt?"

„Bei so was kommen mir die Zweifel an die Menschheit. In welcher kranken Welt leben wir eigentlich?"

„Ich weiß es nicht. Aber Frau Müller ist doch auch eine Jüngerin Gottes, oder? Sie darf doch eigentlich keine Medikamente nehmen."

„Die Frau ist verwirrt, sie kann sich nicht wehren. Wenn der Sohn abtrünnig ist, dann wird er sich wohl auch nicht dafür interessiert haben, ob seine Großmutter mit der Einnahme der Medikamente einverstanden ist." Abby sah auf die Uhr. Sie würde jetzt einkaufen und Sina und sich selbst Mittagessen beim Chinesen holen.

Sina hatte wieder einmal gerötete Augen. Wahrscheinlich hatte sie noch immer Ärger mit ihrem geheimnisvollen Freund. Aber selbst wenn, ging sie das nichts an. „Gibt's was Neues? Noch mehr neue Lehrer, die noch schlimmer sind als die davor?", fragte Abby und drückte Sina Besteck in die Hand, damit sie endlich zu essen anfing.

„Nein. Meldest du mich morgen krank?"

Abby legte ihr Besteck ab und schluckte ihre Ente hinunter. „Was ist morgen?"

„Schule."

Abby schob sich eine Gabel voll Bambussprossen in den Mund. „Meinst du, du erholst dich wieder von deiner ... Erkältung?", fragte sie, als sie ihr Essen heruntergeschluckt hatte.

Sina blieb stumm.

„Ruh dich aus", meinte Abby widerwillig. In dem Zustand würde sie Sina auf keinen Fall den Wölfen in der Schule vorwerfen. Was, wenn sie dort noch eine Heulattacke bekam?

Kaum dass sie fertiggegessen hatten, klingelte es an der Tür. Sina verschwand nach oben und verschanzte sich in ihrem Zimmer. Abby hätte gerne dasselbe getan, sie fühlte sich plötzlich so, als hätte sie jemand erschlagen. Sie schleppte sich zur Tür und sah auf das Display. Louis stand vor der Tür und winkte ihr entgegen. Er hatte eine forensische Akte in der Hand. Sie war froh, ihn zu sehen. Bestimmt war er sauer, weil sie sich so gegen die Renovierung der Bar gewehrt hatte. Kein Wunder, dass sie gestern Abend als Einzige nicht eingeladen worden war. Wer konnte es ihm verdenken? Sie hatte sich unmöglich aufgeführt, in den letzten Tagen.

„Louis. Es tut mir leid", sagte sie, als sie ihm öffnete.

Er winkte ab. „Schon gut. Ich weiß, was dir an der Kneipe liegt. Alec hat mir gesagt, dass ihr dort sehr viele schöne Stunden hattet."

Abby schob die Tür auf. „Ich hatte kein Recht, deshalb so empfindlich zu reagieren." Ihr Blick fiel auf die Akte in Louis Hand.

„Glaubst du, dass die Rieger-Tochter etwas mit eurem aktuellen Fall zu tun haben könnte?", fragte er, als er ihren Blick bemerkte.

Abby scheuchte ihn auf die Terrasse, ohne ihm etwas anzubieten. „Würde ich über einen früheren Kriminalfall einfach hinwegsehen, der zum Verkauf des Cafés geführt hat, was vermutlich unser Motiv ist, wäre ich wohl eine miserable Polizistin." Abby zog ein Foto aus der Akte. Für ihr ungeschultes Auge war das ein Bild von Gewebe, welches sie nur den Umständen zufolge als menschlich identifizieren konnte.

„Auf dem Bild siehst du den Abdruck des Rings, den der Täter vermutlich trug. Wir tippen auf einen Rocker. Die Disco, in der das Opfer war, liegt direkt neben einem Motorradklub. Die Tatsache, dass der Täter an allen Fingern schwere Ringe getragen haben muss, lässt uns darauf schließen."

„Auf dem Bild erkennt man ja gar nichts!"

„Nicht mit bloßem Auge. Wir haben das eingescannt und eine Art Kartei angelegt, falls irgendwann irgendwer mal mit einem ähnlichen Abdruckmuster eingeliefert wird."

„Ein Rocker also? Davon habe ich keinen im Angebot. Noch nicht."

Der Totschlag von Riegers Tochter passte momentan sowieso nicht ins Bild. War es also doch Zufall? Abby fiel die alte Frau aus der Wohnung wieder ein. Die hatte doch auch irgendein Medikament genommen.

„Wofür oder wogegen ist eigentlich Valsacor?", fragte Abby.

„Es ist ein Blutdruckmittel, warum?"

„Hat es etwas mit Ramipril zu tun? Hat es denselben Wirkstoff?"

„Nein, es ist ja ein anderes Medikament. Es wird genommen, wenn Ramipril nicht anschlägt oder die Nebenwirkungen zu gravierend sind. Es ist ein anderer Wirkstoff. Warum fragst du?"

Abby sprang auf. „Zieh' die Tür einfach zu, wenn du gehst. Du bist ein Genie, Einstein!" Sie rannte zurück in die Küche, nahm ihre Jacke und schlüpfte in ihre schwarzen Stiefeletten.

„Abby, ich wollte dich eigentlich fragen, ob du zu meiner Einweihungsparty ...", rief er ihr hinterher.

„Sei mir nicht böse, aber ich muss ganz dringend los", sagte sie und zog die Tür zu.

21. Mittwochnachmittag

„Er war's. Wir haben ihn! Frau Müller nimmt Valsacor, das bekommt man nur verschrieben, wenn Ramipril nicht anschlägt oder wenn die Nebenwirkungen zu heftig werden", rief Abby, als sie ihr Büro betrat. Elisabet sah auf. Sie saß neben einem ganzen Stapel Blätter, die auf dem Boden verstreut waren. „Was ist denn hier passiert?"

„Ich habe die Blätter wohl nicht richtig abgeheftet."

„Das glaube ich auch. Hast du gehofft, das brennt irgendwann?", fragte Abby.

„Offen gesagt, ja. Ich finde den Ordner mit den Telefonprotokollen nicht."

„Du meinst den, den Frieda intelligenterweise geschreddert hat?", fragte Abby und setzte sich auf ihren Platz.

Alec betrat das Büro. „Nein. Sie meint den, den ich entführt habe." Er hielt einen Aktenordner in die Höhe. „Ich habe mir erlaubt, die Protokolle noch einmal auszudrucken. Dabei habe ich etwas Interessantes gefunden. Zur Tatzeit war ein Mann in der Konditorei, der angeregt mit Frau Stöbl gesprochen hat. Zu einer genauen Beschreibung war unser Zeuge leider nicht fähig. Ina Stöbl ging kurz weg, kam dann wieder, hat noch einmal kurz mit dem Mann gesprochen, wenig später ging er. Leider konnte dieser Zeuge nicht identifiziert werden. Wir haben keinen Namen." Alec setzte sich auf Abbys Schreibtisch und gab ihr das Protokoll. Sein Handy klingelte. Er zog es aus seiner Jackentasche, nahm die Hülle ab und holte den Akku heraus. Dann stopfte er die Einzelteile zurück in seine Tasche. „Kann ich bei dir übernachten?", fragte er Abby.

„Sicher, es ist ja auch dein Haus. Schon mal überlegt, dir eine neue Handynummer zu besorgen?", fragte sie.

„Das mache ich nach Feierabend. In einem Haus, an dem nicht die ganze Nacht geklingelt, geklopft und mein Name geschrien wird, bis die Nachbarn sie rausgeworfen haben."

„Meine Adresse wird sie ja wohl kaum kennen. Was machen wir jetzt wegen Herrn Müller?", fragte sie.

„Der dürfte nach dem Zeitungsartikel wohl endgültig über alle Berge sein." Elisabet hob das Provinzblatt in die Höhe.

„Heimtückischer Giftmord an Jüngerin Gottes", las Abby vor. „Moment mal, hier steht ja alles! Der genaue Todeszeitpunkt, das Motiv, einfach alles! Das darf doch nicht wahr sein! Diese Pressefuzzis haben den Täter gewarnt! Das haben die doch nie und nimmer von unserem Pressesprecher!" Abby sprang auf und knallte die Zeitung vor sich auf ihren Schreibtisch. Alec zuckte zusammen.

„Wir haben mit Frieda gesprochen, dass sie das besser nicht tun sollte. Infos an die Presse geben. Ich sage es ihr das nachher noch mal eindringlich", sagte Elisabet und lehnte sich zurück.

„Die Presseheinis haben sich das sowieso zurechtgezupft, wie sie es brauchen. Ramipril ist kein Gift", meinte Alec.

Vermutlich sollte der Satz beruhigend auf sie wirken. Wenn, dann hatte er seine Wirkung aber gewaltig verfehlt. Abby stützte sich auf ihrem Schreibtisch ab und sah ihre Kollegen an, als wären sie schuld an alledem.

„Ich gebe eine Fahndung nach Herrn Müller und seinem Wagen raus und telefoniere mit dem Staatsanwalt", sagte Elisabet, um Abbys Blick von sich abzuwenden.

„Ich rede noch mal mit Frieda, lese weiter meine Telefonprotokolle und rufe dich per Festnetz an, falls ich etwas habe", meinte Alec.

„Ich spreche mit dem Chef das weitere Vorgehen ab", sagte Abby.

Abteilungsleiter Berger war von der ganzen Entwicklung und dem Pressebericht genauso wenig begeistert wie Abby. Er war Ende dreißig, hatte zurückgekämmtes, braunes Haar und einen stechenden Blick. Die Unterarme auf seinen Schreibtisch gestützt, blickte er sie streng an. „Brauchen Sie zusätzlich Leute?"

Abby nickte. „Definitiv. Zwei Kollegen für die Sichtung der Kameras an Flughäfen und Bahnhöfen im ganzen Landkreis. Was mache ich jetzt mit der Praktikantin?" Abby lehnte sich in ihrem Stuhl zurück.

„Sie ist fünfzehn, oder? Sie wird sich dafür verantworten müssen. Ich werde mit ihr und ihrer Mutter sprechen. Sie, Perez, lassen besser die Finger von ihr. Noch mehr Schlagzeilen brauchen wir nicht."

„Die brauchen doch alle einen Psychiater", meinte Abby und schüttelte verständnislos den Kopf.

„Mag sein. Aber das haben Sie nicht zu entscheiden. Kümmern Sie sich besser mal um Ihren flüchtigen Verdächtigen. Ich rede mit der Staatsanwaltschaft und dem Richter. Was brauchen Sie, um den Mann zu finden?"

„Handyortung, Kreditkartenabrechnungen und den Kontostand. Den Beschluss für seine Wohnung werden wir uns sparen können, denn da ist er ausgezogen. Das Phantombild wird an jeden Flughafen, Bahnhof und an jedes Taxiunternehmen geschickt. Außerdem müssen wir Hotels und Gästezimmer in der Gegend prüfen. Das Phantombild geht außerdem an die Presse. Jetzt ist es raus, wir brauchen die Öffentlichkeit als Mithilfe. Außerdem brauchen wir Fahndungen via Instagram und Facebook."

„Ich kann Ihnen nicht versprechen, dass der Mann noch im Land ist. Tun Sie, was nötig ist. Die Beschlüsse liegen schnellstmöglichst auf Ihrem Schreibtisch."

Abby nickte und verabschiedete sich mit einem stummen Gruß. Der Blick ihres Chefs bereitete ihr Kopfschmerzen.

Zwei neue Beamte waren schließlich zu ihnen gestoßen. Das winzige Zweierbüro war als Besprechungsraum zu klein geworden. Sie hatten in einem der großen Konferenzräume eine Art Großraumbüro errichtet.

„Ich habe unsere Ansätze auf einen Zettel geschrieben. Das Phantombild schicken wir an Flughäfen, Taxiunternehmen und Bahnhöfe. Die Presse soll einen Aufruf machen und unsere Sozial-Media-Experten im Haus müssen einen Aufruf über Instagram und Facebook starten. Wir brauchen alle Bänder von Überwachungskameras. Von Flughäfen, Bahnhöfen und Tankstellen. Ich will, dass jeder weiß, dass wir wen suchen und wie der Mann aussieht!" Abby heftete den Zettel ans Whiteboard.

„Ich habe im privaten Umfeld des Mannes geforscht. Er hat einen Bruder, der vor vier Jahren bei den Jüngern Gottes ausgestiegen ist. Seither gibt es keinen Kontakt mehr zwischen ihnen", erzählte Elisabet.

„Der Bruder hat nach seinem Ausstieg rebelliert, deswegen ist er auch in der Kartei. Inzwischen hat er sich wieder gefangen und lebt mit seiner Lebensgefährtin und ihrer gemeinsamen Tochter in Marquartstein. Das wäre ohne Ausstieg niemals möglich gewesen", ergänzte Alec.

„Alec, fahren wir zwei hin? Du hast Hintergrundwissen über die Jünger Gottes und merkst sofort, wenn uns der Mann Schwachsinn erzählt. Gibt es weitere Angehörige?"

„Bis auf die verwirrte Oma des Mannes nicht", antwortete Elisabet.
„Okay, dann los. Je früher wir anfangen, desto früher finden wir ihn!" Abby hob einen schweren Aktenordner an und ließ ihn dann zurück auf den Tisch fallen. Jeder am Tisch erschrak kurz und ging dann weiter seiner Arbeit nach.
Abby war sich sicher, sie durfte jetzt keinen Fehler machen. Sie war durch solche Fälle schnell die Karriereleiter hier in Deutschland hochgeklettert, je mehr Aufsehen der Fall erregte, desto mehr waren die Augen auf sie gerichtet. Ein kleiner Fehler ... und sie würde die Karriereleiter schneller wieder herabpurzeln, als ihr lieb war.

Alec hielt am Straßenrand, vor einer kleinen Kaffeebar. Abby bemerkte es erst, als er mit zwei Bechern zurückkam und ihr einen davon in die Hand drückte.
„Willst du unbedingt als Kaffeepäuschen machender Polizist während einer Mordermittlung in der Klatschpresse stehen?", fragte sie ihn durch ihr geöffnetes Autofenster.
„Nein, aber du siehst aus, als bräuchtest du eine ziemlich große Mütze voll Schlaf. Da das aber womöglich noch größere Schlagzeilen nach sich ziehen würde, schlage ich vor, wir trinken unseren Kaffee, damit wir unseren Job wieder etwas konzentrierter machen können." Alec stieg auf der Fahrerseite ein und grinste sie frech an.
„Entschuldige. Ich freue mich wirklich über den Kaffee. Aber die Augen der Öffentlichkeit sind auf mich gerichtet. Ich habe das Gefühl, jeder meiner Sätze könnte zerpflückt und zerkaut in der Presse landen. Ich habe Angst, an meiner spitzen Zunge zu ersticken."
„Sieh es nicht so ernst. Wir sind nur Menschen. Die Leute wissen das." Abby kniff die Augen zusammen und sah ihn an.
„Alec, eine Aussage von mir, die der Presse nicht gefällt, und ich kann den Verkehr hier regeln", sagte sie schließlich, legte den Kopf an die Autoscheibe und schloss ihre Augen für einige Sekunden.
„Abby, mach Pilates oder Yoga oder fange mit Tarotkarten an. Du musst dich entspannen."
„Dann ist es ja gut, dass du mir einen Kaffee geholt hast."
Alec seufzte und fuhr weiter.

Der Bruder des Hauptverdächtigen wohnte mit seiner Familie weit ab vom Schuss in Marquartstein, einem Dorf unweit des Sees. Links der Waldrand, rechts endlos weite Wiesen. Abby kannte diese Gegend gut, denn sie hatte Sina gerade noch so vor einem längeren Aufenthalt in einem Kinder- und Jugendheim bewahrt, das direkt auf der anderen Seite des Waldes lag. Jetzt lebte sie bei ihr, bis sich eine geeignete Pflegefamilie für den Teenager fand.

Das Heim der Familie Müller war groß und von einem stattlichen, eingezäunten Garten umgeben. Auf der Terrasse standen Stühle, jedoch keine Kissen.

„Hallo. Ich bin Alec und das ist Abby. Wir kommen von der Polizei. Ist dein Papa da?" Alec war vor dem Holzzaun in die Hocke gegangen. Er hatte den Kopf schiefgelegt und sah durch ein kleines Loch im Zaun. Abby runzelte die Stirn und beugte sich darüber. Ein kleines Mädchen, vermutlich keine drei Jahre alt, hatte sich vergebens hinter einem Busch versteckt. Sie sah zu Abby hoch und rannte dann zum Haus.

„Du hast richtig guten Einfluss auf kleine Kinder." Alec stand auf.

„Ich weiß. Ich frage mich auch manchmal, warum ich keine Erzieherin geworden bin." Abby stemmte die Hände in die Hüften.

Ein Mann kam in den Garten und stellte sich als Herr Müller vor.

„Wir würden gerne mit Ihnen über Ihren Bruder sprechen", sagte Abby, nachdem sie ihre Ausweise vorgezeigt hatten.

„Über den kann ich ihnen leider so gar nichts mehr sagen. Ich habe ihn vier Jahre lang nicht gesprochen. Hat er etwas angestellt?"

Alec stützte sich mit den Handballen auf den Posten des Zauns ab. Fragend sah er zu Abby.

„Er steht unter Mordverdacht", sagte sie.

„Mord?", wiederholte ihr Gegenüber ungläubig. Dann schüttelte der Mann den Kopf. „Sie wissen, dass mein Bruder bei den Jüngern Gottes ist, oder? Nein. Mein Bruder würde einem Menschen nie etwas antun."

„Woher wollen Sie das wissen, wenn Sie ihn vier Jahre lang nicht gesehen haben?", fragte Abby.

Müller sah sie verständnislos an. „Er ist mein Bruder!"

„Schon gut. Wir dachten, Sie wüssten, wo er sich versteckt. Wir haben Ihre Großmutter in einem Zustand der Verwahrlosung in ihrer Wohnung gefunden, den wir selten so gesehen haben", sagte Alec.

„Ich weiß nicht, wo er ist. Aber an Ihrer Stelle würde ich mal alle Angelvereine abklappern. Er hat früher für sein Leben gerne geangelt."

„Danke für den Hinweis. Gibt es einen bestimmten Verein, mit dem er zu tun hatte?"

Herr Müller schüttelte den Kopf. „Nein, daran kann ich mich nicht erinnern. Angeln ist nicht so meins."

„Okay. Bitte melden Sie sich trotzdem, falls er hier auftaucht oder Ihnen noch etwas einfällt."

„Ich kann mir kaum vorstellen, dass er ausgerechnet zu mir kommt. Ich habe immerhin Schande über die Familie gebracht, indem ich aus dieser Sekte ausgestiegen bin. Ich habe das schon als kleines Kind gehasst. Stundenlang musste ich in irgendwelchen Predigten sitzen, während andere Weihnachten oder Ostern gefeiert haben. Eines können Sie mir glauben, von Gott habe ich genug. Mit meiner Kleinen wird das keine Kirchengemeinschaft dieser Welt machen!" Herr Müller drehte sich zu seiner Tochter um, die sich an sein Bein gehängt hatte. Mit ihren dicken Fäusten rieb sie sich die Augen.

„Du könntest noch umschulen", sagte Alec, als sie sich vom Haus entfernten.

Abby sah ihn fragend an.

„Zur Pädagogin. Bei deiner bedingungslosen Nächstenliebe …"

Sie boxte ihm gegen den Arm.

„Aua!" Alec lachte.

Auf dem Rückweg hielt Alec an derselben Kaffeebar. Wieder kam er mit zwei Bechern zurück. Aber bereits am Geruch merkte Abby, dass es sich bei ihrem Getränk keinesfalls um Kaffee handelte.

„Zur Beruhigung", sagte er und trank demonstrativ einen Schluck.

Abby öffnete *Google Maps* und gab Angelplätze in die Suchleiste ein. „In der Nähe gibt es einige Angelvereine am Chiemsee, in Rosenheim selbst und in Endorf. Aber es gibt auch einen in Bad Aibling. Die haben einen eigenen Angelplatz. Und jetzt rate mal, was direkt nebenan liegt."

Alec zuckte lustlos mit den Schultern und sah sie herausfordernd an.

„Da ist die Disco, vor der Riegers Tochter getötet wurde. Und direkt nebenan ist ein mehr oder weniger legaler Motorradklub. Da fahren wir zuerst hin." Abby trank den Tee, den Alec ihr gebracht hatte, nur ihm zuliebe aus.

Auf der linken Seite des Angelsees lag die Disco und wenige Hundert Meter weiter befand sich die Behausung des Motorradklubs. Auf der rechten Seite waren Büsche, welche die Straße von einem langen Streifen Strand abtrennte.

Ein kleiner Trampelpfad führte durch die Hecke zum Angelplatz des Vereins *Angelfreunde 1864* hinunter. Das Grundstück war eingezäunt, damit sich nicht irgendwelche ungebetenen Besucher mit ihren Handtüchern auf die Wiese legten.

Ein Mann um die fünfzig kam auf sie zu. „Kann ich Ihnen helfen?", fragte er.

„Ja, ich hoffe. Hauptkommissar Moor, das ist meine Kollegin Perez. Wir kommen von der Kriminalpolizei Rosenheim. Vielleicht haben Sie schon aus den Medien erfahren, dass wir einen Mann suchen." Alec gab dem Angler das Phantombild.

„Wir haben gehört, dass der Flüchtige gerne angelt. Haben Sie ihn in der letzten Zeit mal hier angetroffen?", wollte Abby wissen.

Der Mann betrachtete das Bild lange. „Ja. Also, ich kenne den Mann. Er war Mitglied im Verein, aber er kam nicht häufig. Er hat wenig geredet, ich kann Ihnen eigentlich nichts über ihn erzählen. Nur, dass er in der letzten Zeit gar nicht mehr hier war. Ihm wird Mord vorgeworfen?"

„Wir glauben, dass er etwas mit dem Mord an einer jungen Konditorin in Prien zu tun hat. Deshalb müssen Sie sich unbedingt melden, wenn er sich hier blicken lässt. Und sagen Sie das bitte auch Ihren Vereinsmitgliedern", sagte Abby.

„Sicher." Er versprach, sofort alle Mitglieder zu kontaktieren und das Phantombild gut sichtbar aufzuhängen.

Als Abby und Alec zurück auf die Straße kamen, blieb ihr Blick wieder an dem Motorradklub hängen. Hier, an dieser Stelle kreuzten sich zwei Fälle. Das war doch kein Zufall!

„Wir sollten uns aufteilen. Du gehst zur Disco und zeigst da dein Phantombild dem Türsteher oder Barkeeper und ich gehe zu diesem Motoradclub."

„Damit du die ganzen attraktiven, langhaarigen Typen mit den Tattoos und Muskeln in Rockerkleidung bewundern kannst?"

Abby schüttelte schmunzelnd den Kopf. „Natürlich. Wie immer, eben." Dann zog sie ihn an sich, drückte ihm einen flüchtigen Kuss auf die Wange und ging auf den Motorradklub zu.

Das Klubgebäude sah genau aus, wie sie es sich vorgestellt hatte. Das Licht war schummrig, Zigarettenrauch und Schweißgeruch hing in der Luft. Das Inventar war alt und spartanisch und wirkte, als hätte es von Erbrochenen, über Blut bis hin zu Urin schon Kontakt mit sämtlichen Körperflüssigkeiten gehabt.

„Hey, Schätzchen. Was machst du denn hier?", rief ein unbekanntes Gesicht von hinten.

„Schätzchen kommt von der Kripo und hat ein paar Fragen." Abby setzte sich zu den Männern an den Tisch.

„Wir haben nichts gemacht."

„Sie nicht. Der hier schon. Ich will wissen, ob er hier Mitglied ist oder ihr ihn kennt." Abby legte ein Phantombild des Mannes vor die Motorradliebhaber auf den Tisch.

„Er war schon mal hier, aber kein Mitglied. Hat sich manchmal unsere Motorräder angesehen", antwortete ein älterer Herr mit langen, weißen Haaren.

„Wissen Sie, ob er Ringe an den Fingern trug? So wie Sie?" Abby deutete auf die Hand des Mannes.

Der Mann beugte sich nach vorne. Er kniff die Augen zusammen. „Der Mann hier ist kein Mitglied von uns. Er fuhr nicht Motorrad, er trug keine Bikerklamotten und schon gar keinen Schmuck."

„Sagen Sie mir bitte unbedingt, wenn er wieder mal auftaucht. Er steht unter Mordverdacht." Abby beeilte sich, zurück auf die Straße zu kommen.

Alec wartete bereits am Wagen auf sie. „Bei mir kannte niemand unseren Mann. Was war bei dir?"

„Er war öfter im Motoradklub. Ich glaube, der Angelverein war mehr ein Deckmantel. Ein Jünger Gottes in Bikerkluft macht sich nicht gut. Allerdings hat er selbst kein Motorrad. Vielleicht ist er abtrünnig?"

„Das vermute ich auch, wenn er sich zu solchen Taten hinreißen lässt."

Abbys Handy klingelte, Elisabet rief an, um ihr zu sagen, dass sich eine Angestellte vom Königshotel auf der Herreninsel auf das Phantombild hin gemeldet habe. Wenn sie sich beeilten, würden sie die nächste Fähre auf die Insel noch bekommen. Alec sah aus, als würde ihm schon bei dem Gedanken an Wasser schlecht werden.

„Ich habe den Rettungsschwimmer, ich kann dich rausziehen, wenn das Schiff kentert", zog sie ihn auf.

„Nein, kannst du nicht. Nicht, wenn wir zu weit draußen sind. Außerdem bin ich zu schwer. Und zu stolz, mich von dir retten zu lassen. Kannst du nicht mit Lissy hinfahren?"

„Bis ich sie abgeholt habe, ist das Schiff lange weg. Es ist die letzte Fahrt für heute."

Er fuhr widerwillig los. Abby kam es vor, als würde er absichtlich langsam fahren. Doch es half ihm nichts. Sie kamen pünktlich am Anleger an und gingen aufs Schiff. Alec blickte immer wieder kritisch ins Wasser hinunter, welches ihnen leicht ins Gesicht spritzte. Abby sah zu ihm hoch. Er war weiß und grün gleichzeitig und starrte fast schon krampfhaft auf den Boden unter sich, als hätte er Angst, er würde sogleich zusammenbrechen. Alec schwankte sogar noch immer etwas, als sie längst wieder festen Boden unter den Füßen hatten.

„Wir könnten auf dem Rückweg ein paar Schwimmflügelchen kaufen." Abby hakte sich bei ihm unter und grinste frech zu ihm hoch.

„Mach dich nur lustig. Es ist mal ein Mann in einer Pfütze ertrunken. Außerdem kann ich schwimmen."

„Ach ja? Wo hast du das gelernt? Im Nichtschwimmer-Verein?"

Er verdrehte die Augen und Abby beschloss, es gut sein zu lassen. „Ich finde, der Fall wird immer komplizierter. Meinst du, das liegt an meinem Gehirn oder an den Fakten?", versuchte sie, abzulenken.

„Weder noch. Ich glaube, er erscheint uns ganz einfach, wenn wir ihn gelöst haben."

Zu Fuß dauerte es nur eine knappe halbe Stunde, bis sie vom Hafen zum Hotel gelaufen waren. Sie ließen sich Zeit, denn das nächste Schiff zurück würde erst in zwei Stunden wieder fahren. Der Innenbereich des Hotels war genauso prunkvoll wie die Hallen des Schlosses selbst.

„Hallo, Kriminalhauptkommissarin Perez, das ist mein Kollege Moor. Sie hatten wegen des Phantombilds angerufen, oder?"

Die Frau hinter dem Tresen nickte. Sie trug einen roten, zugeknöpften Blazer mit Kragen und einen gleichfarbigen Rock. Ihre braunen Haare hatte sie zu einem Knoten zurückgesteckt. Ein bisschen erinnerte sie Abby an eine Flugbegleiterin. Bei den letzten Besuchen war ihr die sonderbare Dienstkleidung des Personals gar nicht aufgefallen.

„Ja. Wir machen hier keine Ausweiskontrolle, deshalb habe ich auch nicht gemerkt, dass sein Name falsch ist. Er hat sich unter dem Namen Johannes Maier an der Rezeption angemeldet. Er war eine Woche hier. Heute ist er abgereist. Vor etwa zwei Stunden."

„Hat er sich in irgendeiner Weise verdächtig verhalten?", fragte Alec.

„Bis auf die Tatsache, dass er immer erst abends aus seinem Zimmer gekommen ist? Oder dass er nie zum Essen erschien, obwohl das im Preis inbegriffen ist? Nein. Er war kurz angebunden, aber immer sehr höflich."

„Okay, danke. Falls er noch einmal hier auftaucht, sagen Sie uns bitte Bescheid, ja?"

Die Frau nickte.

„Bevor wir die Zeit irgendwie totschlagen, sollten wir uns die Gaststätten hier vornehmen. Wenn Herr Müller das Essen im Hotel ausgeschlagen hat und trotzdem nicht am Hungertuch nagen wollte, wird er in einem der Lokale gegessen haben. Ich schlage vor, wir teilen uns auf. Du nimmst das Café, ich den Gasthof."

„Okay. Dann treffen wir uns in spätestens einer Stunde wieder am Auto. Dass Müller vor zwei Stunden verschwunden ist, heißt nicht, dass er die Insel verlassen hat. Die Kollegen sollen trotzdem bei der Schifffahrtsgesellschaft nachfragen und einen Kollegen hinschicken", sagte Alec.

Abby ging querfeldein über eine hohe Wiese. Hier war alles so schön friedlich. Doch irgendetwas an dieser Stimmung erinnerte sie daran, wie ihre Beziehung mit Alec damals in die Brüche gegangen war. An genau so einem Tag hatte er ihr gesagt, dass er wieder in den Einsatz gehen würde. Und das, obwohl sie doch eigentlich mit ihm nach Brasilien hatte fliegen wollen. Es war ihr wichtig gewesen, ihm ihre Heimat zu zeigen. Doch er hatte den Flug vergessen und sich für einen neuen Einsatz als Personenschützer eintragen lassen. An diesem Tag war ihr klar geworden, dass sie so nicht mehr weitermachen konnte. War sie damals ungerecht gewesen? Sie hatte die Scheidung durchgezogen, auch wenn er seinen Job wirklich kündigen wollte. Hatte sie die Angst um ihn damals nur vorgeschoben? Was, wenn unterschwellig ihre Eifersucht der eigentliche Grund gewesen war? Wenn ja, dann war sie gerade auf dem besten Weg, wieder alles aus Misstrauen kaputtzumachen. Abby ging auf eine der Bedienungen in einem Wirtshaus zu und hielt ihr ihren Dienstausweis unter die Nase.

„Haben Sie den Mann vor Kurzem gesehen?", fragte sie die Frau, welche ihren kurvigen Körper in ein knöchellanges, dunkelgrünes Dirndl mit weit ausgeschnittenem Dekolleté gehüllt hatte. Die Haare hatte sie aufwendig hochgesteckt. Auf einem Tablett balancierte sie mehrere Bierkrüge.

„Ja, der war an den letzten Abenden öfter hier und hat sich den Bauch vollgeschlagen. Ein bisschen paranoid, der Gute. Hat sich ständig umgesehen. Ich bin gespannt, ob er heute Abend wiederkommt. Ich nehme an, dann wollen Sie das wissen?"

„Ja, das nehmen Sie richtig an. Sie rufen bitte sofort an, wenn er hier auftaucht."

Die Frau nickte. Auf dem Rückweg nahm Abby zwei Becher Kaffee mit.

Alec stand schon am vereinbarten Treffpunkt, als sie zurückkam.

„Für dich", sagte sie und drückte ihm einen der Kaffeebecher in die Hand.

„Danke."

Sie hakte sich bei ihm unter und zog ihn langsam in Richtung Steg.

„Sag mal, ... was ist eigentlich mit Brasilien?" Sie sah ihn an.

Alec zog seinen Arm weg und legte ihn ihr um die Hüfte. „Da fliege ich mit dir in die Flitterwochen hin. Bei unserer Hochzeit." Er grinste sie frech an und gab ihr einen Kuss auf die Stirn.

„Dein letzter Antrag war besser."

Am Hafen der Herreninsel blieben Abby und Alec bei dem Stand des Kartenverkäufers stehen, um ihn nach dem Phantombild zu fragen.

„Mein Kollege und ich, wir kommen von der Kripo Rosenheim. Vielleicht haben Sie schon im Radio gehört, dass wir einen Mann suchen?" Abby reicht ihm das Foto. „Er hat sich die letzten Tage hier auf der Insel versteckt. Wir glauben, dass er heute zurückgefahren ist."

„Das ist er auch. Ein komischer Vogel. Ein Einheimischer. Aber wer vom Chiemsee fährt in seiner Freizeit nach Herrenchiemsee? Welcher Pariser schaut sich in seiner Freizeit den Eiffelturm an?", fragte er in starkem Akzent. Der Mann beugte sich verschwörerisch vor. „Ist das der Mann, der die junge Frau ..." Er gab einige Schnalzlaute von sich und deutete mit der Handkante einen Schnitt durch seine Kehle an.

„Möglicherweise. Also? Ist er hier vorbeigekommen?"

„Ja. Mit demselben Schiff, mit dem Sie gekommen sind. Mit etwas Glück hätten Sie ihn unten getroffen."

Abby und Alec sahen sich an. „Vielen Dank." Also hatten sie ihn nur knapp verpasst.

22. Donnerstagmorgen

Ihr Chef hatte gestern nicht zu viel versprochen. Die Beschlüsse für die Handyortung, Müllers Kontostand und seine Kreditkartenabrechnungen lagen am nächsten Tag auf ihrem Tisch.

„Guten Morgen, allerseits! Die Beschlüsse sind da. Ich schlage vor, wir fangen mit einer Handyortung an."

Die notwendigen Geräte standen bereits auf dem Tisch. Elisabet nahm den Hörer ab und wählte Müllers Handynummer. Auf dem Bildschirm vor sich sah sie eine riesige Landkarte. Der Suchbereich wurde erst auf Kilometer, dann auf Meter eingegrenzt. Es ging keiner ran, aber das war bei einer Funkmasten-Ortung auch gar nicht nötig. Das WLAN war im ganzen Landkreis so schlecht, dass man es auch nur über eine Ortung dieser Sorte hätte probieren können. Der Radius beschränkte sich plötzlich nur noch auf zweihundert Meter.

„Das ist der Priener Marktplatz plus Umgebung, wenn man die Zeit der Fahrt bis nach Prien einrechnet", sagte Elisabet.

„Das Handy ist eingeschaltet."

„Okay. Alec und ich fahren mit zwei anderen Teams hin. Alec und ich kümmern uns dann um den Marktplatz selbst. Wenn wir da nichts finden, teilen wir uns auf. Sagen Sie den Kollegen von der Streife, sie sollen explizit in diesem Bereich suchen", sagte Abby zu den neuen Kollegen im Team und deutete auf die Landkarte.

„Moment noch. Mit seinem jetzigen Kontostand könnte er locker ins Ausland fliegen. Ich habe bereits Flugsperren veranlasst", sagte eine Kollegin.

„Wir müssen uns beeilen." Abby schnappte sich Alec und rannte mit ihm los.

„Ich fahre", sagte Alec und sie übergab ihm die Autoschlüssel.

Sie hatten keine Zeit für Diskussionen. Außerdem würde sich ein Unfall wegen ihrer brutalen Fahrweise unterwegs auch eher schlecht auf ihren Zeitplan auswirken. Ihr Ziel war die kleine Kapelle am Marktplatz. Das hatte die Ortung angezeigt.

„Soll ich dir was sagen? Ich bin richtig froh, wenn wir endlich Wochenende haben!", sagte Alec, drehte sich einmal um die eigene Achse und hielt ihr dann die Tür zur Kapelle auf, als sie wenige Minuten später dort angekommen waren.

„Wenn wir da nicht auch noch arbeiten müssen. Wenn es so weitergeht, haben wir Müller in acht Wochen noch nicht geschnappt! Mist, dass er uns gestern auf dem Schiff so knapp durch die Lappen gegangen ist."

In der Kapelle war es düster und kühl, Kerzen waren angezündet worden, die den Raum mit flackerndem Licht erfüllten. Sie war so klein, dass Abby und Alec kaum zu zweit Platz in dem winzigen Gang hatten. Er musste den Kopf einziehen, um sich nicht am Türrahmen zu stoßen.

„Jetzt sei mal nicht immer so pessimistisch", sagte er.

„Deswegen habe ich ja dich so gern dabei." Abby öffnete die alte Holztür, um in den Nebenraum zu gelangen, der etwas größer war.

Ein paar Rentner saßen im Kreis in einem winzigen Raum und unterhielten sich über irgendetwas. Sie alle sahen Abby an, als käme sie von einem anderen Planeten.

„Entschuldigen Sie. War hier vor Kurzem ein Mann? Der hier vielleicht?" Abby hielt das Phantombild in die Höhe. Aber die Damen sagten nichts. Sie starrten sie nur an.

„Kriminalhauptkommissarin, Kripo Rosenheim. Wir suchen einen Flüchtigen", fügte sie scharf hinzu, weil sie das Gefühl hatten, diese Damen würden sie nicht recht ernst nehmen.

Sie schüttelten geschlossen den Kopf.

Alec nahm sie bei der Hand und zerrte sie hektisch nach draußen. Sie wusste, auch ohne zu fragen, wohin er wollte. Es lag nahe, dass Müller bei den Holzners gewesen war. Abby öffnete die Tür zum Café und blieb vor dem Tresen stehen.

„Frau Holzner, guten Morgen. Wir haben das Handy unseres Flüchtigen hier auf dem Marktplatz geortet. Wir glauben, dass er bei Ihnen war, weil er auch gesehen wurde, wie er vor Ihrem Haus spioniert hat." Abby gab der Frau das Phantombild.

Die fing auf Kopfdruck zu weinen an. Ihre Gattin kam nach vorne gestürmt. „Hallo. Entschuldigen Sie, es ist alles gerade ein bisschen viel für uns." Die sonst so tough wirkende Blondine mit der Bobfrisur war kreidebleich. Sie nahm ihre Frau in den Arm und drehte das Schild an der Ladentür von *Geöffnet* auf *Geschlossen*.

„Haben Sie den Mann gesehen?"

Die weinende Frau schüttelte den Kopf. Ihre Gattin hingegen nickte. Dann sahen sie sich kurz an.

„Was jetzt?", fragte Abby.

„Er war hier", sagte die Blondine mit der Bobfrisur. „Er hat fürchterlich herumgeschrien, weil wir ihm angeblich das Café Rieger vor der Nase weggeschnappt hätten. Aber das haben wir nicht! Dann hat er gedroht, uns zu töten, wenn wir auch nur ein Wort zur Polizei darüber sagen würden."

„Wie lange ist das her?", fragte Alec.

„Zehn Minuten vielleicht. Er wusste nicht, dass er erst eine halbe Million in den Umbau stecken muss. Er hat gesagt, dass Rieger das Café an jemand anderen verkauft hätte und dass da nur wir als Käufer infrage kämen", erzählte die Frau weiter.

„Was ist dann passiert?", wollte Abby wissen.

„Dann ist er gegangen und hat sein Handy in den Abfalleimer direkt neben der Treppe geworfen", fuhr sie fort.

„Wir schicken Ihnen ein Streifenteam her", sagte Abby und hetzte zur Tür. „Die nehmen Ihre Aussage auf."

Nachdem, was sie gerade gehört hatte, war sich Abby sicher, dass Müller vermutlich als Nächstes auf Rieger losgehen würde. Sie bahnte sich einen Weg durch die Blumen und Kerzen vor der Treppe des Cafés und beugte sich über den Mülleimer. „Ich habe es", sagte sie zu Alec. Sie steckte das Handy in ein Beweistütchen und rannte mit ihm zum Wagen.

„Auf Müllers Handy finde ich nichts. Er hat alles gelöscht. Bilder, Fotos, Textnachrichten. Da ist nichts mehr. Aber unsere Nerds können da mit Sicherheit noch was machen", sagte Abby und stieg ein.

Alec fuhr los. Hoffentlich waren sie nicht zu spät und Rieger lag nicht schon tot am Boden.

Für einen Toten sah Rieger allerdings noch ziemlich lebendig aus, als sie am Café angekommen waren. Er balancierte Tabletts durch die Gegend und schaffte es nur mit Mühen, seine Arbeit kurzzeitig auf eine der überforderten Bedienungen abzuwälzen. Abby hätte auf keinen Fall mit den armen Frauen tauschen wollen.

„Wir haben erfahren, dass Sie Ihr Café jetzt doch nicht an die Stöbls verkaufen wollen", sagte sie.

„Nein. Sie erschienen mir doch zu unqualifiziert. Gestern waren sie hier. Ich habe die Frau hilflos, alleine und überfordert im Laden stehen sehen. Das wollte ich meiner Frau nicht antun. Sie hätte gewollt, dass das Café auch weiterhin gut läuft." Vor ein paar Tagen hatte sich das aber noch ganz anders angehört.

„Okay. An wen haben Sie das Café dann verkauft?", fragte Alec.

„An eine junge Frau aus Rosenheim. Sie hat bereits zwei Cafés im Umkreis und wollte diesen alten Bau tatsächlich kaufen. Ich habe ihr alle Gutachten gezeigt, sie hatte schon vorher einmal Interesse an dem Haus gezeigt, war dann aber wieder abgesprungen. Nun scheint sie die finanziellen Mittel doch zu haben und hat heute früh den Kaufvertrag unterschrieben." Rieger stellte ein paar leere Tassen auf dem Tresen ab und ging mit den Beamten nach nebenan.

„Wir glauben, dass der Geschäftspartner von Frau Stöbl bald hier auftauchen will, um sich zu rächen", sagte Abby.

Rieger drehte sich im Laufen zu ihr um. „Der soll ruhig kommen, wenn er sich traut." Rieger lachte.

„Hatten Sie irgendwann mal einen Streit zwischen Frau Stöbl und diesem Herrn Müller miterlebt?"

„Nein. Er war nie dabei. Wenn, dann hätte so oder so sie die Hosen angehabt. Der arme Kerl hätte da gar nichts zum Mitreden gehabt. Allein schon, wie die durch mein Haus stolziert ist!" Er schnaubte abschätzig.

„Okay. Rufen Sie uns bitte an, wenn er hier auftaucht", sagte Abby.

Was die Stöbls wohl zu Riegers Spontanverkauf sagen würden?

Herr Stöbl war heute gar nicht im Wohnzimmer. Seiner Frau zufolge lag er oben im Schlafzimmer. „Was wollen Sie schon wieder?", zischte sie Alec sogleich an.

„Nur ein paar Antworten. War Herr Müller schon hier?" Alec sah sich düster um, als würde all dies ihm gehören. Ein Wunder, dass er durch seine hellen, treuen Knopfaugen überhaupt so streng schauen konnte.

„Nein. Der war lange nicht mehr hier!" Frau Stöbl ging auf ihn zu, als könnte sie ihn in ihrer kleinen Größe so einfach aus dem Haus schieben.

„Dann wissen Sie vermutlich auch nicht, dass Rieger das Haus an einen anderen Käufer verkauft hat, oder?", sprang Abby ein und stellte sich neben Alec.

Frau Stöbl drehte sich demonstrativ weg und beugte sich über die mit Geschirr vollgestellte Spüle. „Nein. Was bildet sich dieser Mann ein? Er hat es versprochen." Bei jedem ihrer Worte warf sie einen ihrer Löffel geräuschvoll zurück in ihr Spülwasser. Irgendwie klang sie komisch. Ausdruckslos. Als wäre sie selbst kein bisschen von ihren Worten überzeugt.

„Warum hören Sie sich so an, als würden Sie irgendwo schon damit gerechnet haben, das Café nicht zu bekommen?", fragte Abby deshalb.

„Da täuschen Sie sich aber gewaltig, junge Frau! Der Kaufvertrag war ja quasi unterschrieben!"

„Natürlich. Und Sie wissen auch nichts, dass uns weiterhelfen könnte, nehme ich an?"

„Sie nehmen richtig an! Und jetzt verlassen Sie bitte mein Haus!"

Alec legte Abby die Hand auf den Rücken und schob sie sanft in Richtung Haustür.

„Und jetzt? Keinen Schritt sind wir weiter!", protestierte sie.

„Wir können gerade nicht mehr tun, als jeder Spur nachzugehen. Lass uns Mittag machen. Wir sehen uns dann in einer Stunde auf der Wache, ja?"

Alec hob die Hand zum Abschied und ging. Zu Fuß. Bis zum Revier waren es mehrere Kilometer. Abby blieb vor dem Wagen stehen und sah ihm nach. Er wollte allein sein. Sie hatte in fünf Jahren Beziehung gelernt, wie sie mit solchen Situationen umgehen musste. Ihn in Ruhe lassen und warten, bis er zurückkam. Ihnen beiden war die Freiheit eben wichtig.

Am späten Mittag hatte Abby es nicht mehr geschafft, noch etwas zu essen zu organisieren. Aber offenbar war das nicht weiter schlimm, denn Sina hatte sich in ihrem Zimmer verkrochen und offenbar keinen Hunger. Sonst wäre sie schon lange im Esszimmer auf und ab getigert.

Abby klopfte kurz und trat dann ein. „Sina. Du würdest mir doch sagen, wenn etwas passiert ist, oder? Ich meine mehr als Streit", versuchte sie es bei ihr. Abby wollte sich nicht zu ihr aufs Bett setzen. Sie fühlte sich fehl am Platz. Im Trösten war sie nie gut, meist fingen die Menschen dann erst richtig zu weinen an.

Sina drehte sich demonstrativ von Abby weg und zur Wand hin. „Du wirst mich rauswerfen! Und dann? Dann kann ich auf die Straße zurück."

Abby faltete die Hände. Bisher hatte sie sich immer aus so einer Situation herausgeredet. Sie hatte immer entweder Alec, Lissy oder Louis bei sich gehabt, die den tröstenden Part übernommen hatten. „Ich werde dich nicht rauswerfen, Sina. Du kannst mir alles sagen, aber ich kann dir nicht versprechen, dass ich so reagieren werde, wie du es dir wünschst." Abby setzte sich nun doch zu ihr, weil sie es selbst nicht mochte, wenn in so einer Situation jemand direkt vor ihr stand und seine Macht auskostete.

„Ich glaube, ich gehe zu Mama zurück." Sina hatte ihr Gesicht noch immer nicht zu Abby gewendet.

„Das halte ich für keine gute Idee. Ich weiß, ich bin nie da, ich koche wirklich furchtbar und ich bin nicht die Einfühlsamste, aber findest du es wirklich so schlimm bei mir?"

„Nein." Sina rückte noch weiter an die Wand, als würde sie sich am liebsten darin verkriechen.

„Aber?"

„Kein Aber. Vergiss, was ich gesagt habe. Ich bin dir wirklich dankbar, dass ich hier sein darf."

„Sina. Wenn irgendwas ist, musst du mir das sagen."

Sina nickte nur langsam.

Was, wenn das ganze Drama gar nichts mit diesem Jungen zu tun hatte? War ihr auf dem Weg zu einer Freundin etwas passiert? Oder auf dem Weg nach Hause? War sie überfallen oder gar vergewaltigt worden?

„Hey. Ist da irgendetwas, was ich als Abby wissen muss?"

Sina schwieg.

„Und als Polizistin? Willst du mit jemand anderem sprechen? Mit Alec?"

„Nein!", sagte sie schnell.

„Na gut." Abby stand auf und ging. Sina war irgendetwas passiert. Oder es hatte doch etwas mit ihrem Freund zu tun. Das wäre eine Erklärung für das komische Verhalten. Gerade als sie ihren Thunfischsalat mit Eiern, Gemüse und einem Baguette essen wollte, klingelte ihr Diensthandy. Müller war an einer Tankstelle gesehen worden. Es half alles nichts. Sie musste Alec anrufen und ihr Mittagessen zurück in den Kühlschrank stellen.

23. Donnerstagnachmittag

„Ich war bei Louis und Linda. Die neue Bar sieht echt super aus. Ich weiß, du willst das nicht hören. Aber bitte komme mit mir zur Einweihungsparty. Morgen", sagte Alec zur Begrüßung, als sie ihn mit dem Wagen von zu Hause abholte.

„Lass uns erst mal den Einsatz beenden", sagte sie und trat das Gaspedal durch.

„Kriminalhauptkommissarin Perez, das ist mein Kollege Moor. Sie haben uns angerufen?", fragte Abby eine Frau Mitte vierzig, die hinter dem Tresen stand.

Die Dame nickte. „Ja. Ich habe den Mann wiedererkannt. Er hat hier getankt, aber nicht mit seinem Auto, sondern er fuhr ein Motorrad." Mit einer Handbewegung bedeutete sie ihnen, hinter den Tresen zu kommen. „Ich habe bereits alles vorbereitet." Die Frau ging mit ihnen in einen Nebenraum, in dem ein Computer auf einem Schreibtisch stand. Die Tankstellenwärterin hackte kurz auf der Tastatur herum und spulte dann das Band ab. Tatsächlich. Müller war auf einem Motorrad unterwegs. Bepackt mit unzähligen Reisetaschen.

„Wann war das?", fragte Abby.

„Das ist keine zwanzig Minuten her. Er hat mit Karte gezahlt."

„Könnten Sie das Kennzeichen heranzoomen, bitte?"

Die Frau nickte. Alec sah auf den Bildschirm, tippte dann auf seinem Handy herum und steckte dieses dann anschließend weg. „Ich geh dann mal", sagte er, „mir ist übel."

Abby nickte ihm besorgt zu, sah ihm nach und wandte sich erst dann wieder an die Verkäuferin. „Das ist ganz schön leichtsinnig von ihm gewesen. Wenn ich nicht gefunden werden will, dann zahle ich doch nicht mit Karte! Das Band brauchen wir für unsere Kollegen von der Computerabteilung, können Sie uns das schicken?"

Die Frau nickte. Abby gab ihr die E-Mail-Adresse, anschließend gingen sie wieder nach vorne.

„Entschuldigung? Hätten Sie noch ein kaltes Wasser und irgendwelche erfrischenden Bonbons da? Meinem Kollegen geht es offensichtlich nicht gut", fragte Abby die Tankstellenmitarbeiterin.

„Ja, sicher. Ist bestimmt stressig, so ein Polizeialltag. Gerade, wenn jemand gesucht wird. Und das bei der Hitze. Bitteschön."

Abby bedankte sich und ging zurück zum Auto, wo Alec bereits auf sie wartete. Ihre vollen Hände entleerte sie auf Alecs Schoß, um dann schnellstmöglich nach ihrem klingelnden Diensthandy zu greifen.

„Müller ist bei einer alten Dame untergekommen, die Zimmer vermietet? Wir sind sofort da." Sie legte auf und sah zu Alec.

„Es tut mir leid. Ich fahre vorsichtig." Er nickte unwillig.

Abby wunderte sich nicht, dass Müller ausgerechnet diese Pension ausgesucht hatte. Das Gästehaus Kronbacher befand sich weit ab vom Schuss, direkt am Waldrand. Auf der anderen Seite lag der Langbürgner See.

Nach den Ingwer-Lutschbonbons, die Abby ihm gegeben hatte, sah Alec erst recht aus, als müsste er seinen Mageninhalt gleich ganz dringend loswerden.

„Mein Gott, geht es Ihnen nicht gut?" Die Pensionsleiterin war um die siebzig, hatte braungraues Haar und trug eine rosablaue Schürze mit vielen Rüschen. Sie stand hinter einem Holztresen, der etwa so alt war wie sie selbst. Die beiden Beamten hatten ihr bereits geschildert, um was es ging und wen sie suchten.

„Alles gut", meinte Alec schwach und rang sich ein tapferes Lächeln ab.

Abby sah ihn lange an. Dann wendete sie sich wieder der Frau zu. „Wissen Sie, wann Herr Müller genau gegangen ist?", fragte sie, um zum eigentlichen Thema zurückzukommen.

„Das ist zehn Minuten her. Sie waren ja so schnell da."

„Ja. Darin ist sie gut", sagte Alec und stupste Abby sanft an.

„Alec, rufst du Verstärkung? Ich sehe mich draußen um."

„Das kommt nicht infrage, ich lasse dich nicht alleine da draußen rumstiefeln! Der Mann ist gefährlich."

„Der Mann hat eine Frau feige mit Ramipril vergiftet. Das werde ich ja wohl noch schaffen. Außerdem habe ich Angst, dass du mir da draußen umkippst. Und wehe, du widersprichst mir. Ich bin die Einsatzleitung, schon vergessen?"

Alec verdrehte nur die Augen, aber er lächelte zumindest ein wenig durch seine Schweißperlen hindurch. Er trank zu wenig und wenn, dann zu viel auf einmal. Kein Wunder, dass ihm kotzübel wurde, wenn sie einmal rasant in eine Kurve fuhr.

„Na ja. Ganz ungefährlich wird der Mann nicht sein. Er hatte ein Messer. Und er hat gesagt, dass er mich umbringt, wenn ich etwas sage", meinte die Frau. Wirklich verängstigt wirkte sie allerdings nicht.

„Siehst du? Das kommt nicht infrage. Abby, mir geht es gut, ich bin nur ein bisschen ..."

„Ein bisschen *was*? Hey, ich schaffe das schon. Und jetzt ruf bitte Verstärkung." Sie legte ihm die Hand auf die Schulter und nickte ihm zu.

„Ich bin gleich zurück", versicherte sie der Frau, warf Alec einen letzten, beunruhigten Blick zu und drehte sich dann schweren Herzens um.

Die Ingwer-Lutschbonbons hatten seinem Magen den letzten Rest gegeben. Doch die ältere Frau kümmerte sich nur zu gerne um ihre Mitmenschen und brachte Alec gleich mehrere Eisbeutel und einen Tee. Wehren konnte er sich nicht, denn er sah aus, als würde er bei der geringsten Kopfbewegung erbrechen müssen.

Abby sah sich derweil draußen auf dem Parkplatz um. Links ging es steil den Hang nach oben, das war eher kein Fluchtweg. Rechts war der Wald und hinter der Pension befand sich der See. Eine Hütte stand dort auf einem Steg, von dem man direkt in ein kleines Paddelboot springen konnte. Es gab nur eine Leine, die an diesem Boot befestigt war. Also schied dieser Weg aus. Dann blieb nur noch der Wald. Einfach loszulaufen, wäre sicherlich grob fahrlässig, zumal Abby immer Schwierigkeiten hatte, sich in einem Waldgebiet richtig gut zu orientieren. Für sie sah jeder Baum wie der andere aus. Aber wer sagte denn, dass Müller überhaupt noch hier war? Sein Motorrad stand nicht auf dem Parkplatz. Also drehte Abby sich vom Hauseingang weg und lief los. Etwa fünfzehn Meter, so weit, wie sie ihren Wagen noch sehen konnte. Nach etwa zehn Minuten kehrte sie um. Sie würde einfach die freundliche, alte Dame fragen, ob sie das Zimmer des Mannes ansehen dürfe. Abby öffnete die Tür zur Pension.

„Alec, hast du die Kollegen erreicht? Ich habe mir gerade überlegt, dass wir einmal einen Blick in das Zimmer unseres Flüchtigen werf... Alec!" Der hing seitlich über der Couch, aus seiner Nase lief Blut. Für ein paar Sekunden schaltete sich Abbys Kopf komplett aus. Sie rannte zu ihm und kauerte sich vor das Sofa, auf dem er halb saß, halb lag. Er öffnete die Augen und riss sie weit auf. Aber es war zu spät. Jemand packte Abby von hinten und zerrte sie von Alec weg. Er legte die Klinge seines Taschenmessers an ihre Kehle. Aus den Augenwinkeln sah sie, dass Alecs Waffe nicht mehr in seinem Holster steckte. Sie wusste, sie hatte keine Zeit, darüber nachzudenken. Sie musste handeln. Doch sie konnte nicht. Mit einem Schlag fühlte sie sich so hilflos. Sie konnte sich nicht verteidigen. Nicht, wenn Alec oder die alte Dame dabei zu Schaden kommen könnten. Müller hatte Alecs Waffe.

„Sie sind also die Teamkollegin? Ich schlage einen Deal vor, Frau Hauptkommissarin. Ich lasse Ihren Kollegen und die Dame frei, dafür kommen Sie mit mir. Oder aber ich nehme Ihren Kollegen mit. Aber nachdem der Herr nicht aussieht, als würde er mir gerade Ermittlungsinternes verraten können, werde ich ihn wohl weiter zwingen müssen, seinen Mund aufzumachen."

Alec rappelte sich auf. „Ich gehe mit. Aber bitte tun Sie ihr nichts." Er hatte seine Hand noch immer über seinen Mund gelegt. Sein Gesicht war aschfahl, um seine Nase hatte sich ein ungesunder, grüner Schimmer gelegt.

Unter keinen Umständen durfte er mitgehen. Er würde sich niemals gegen Müller wehren können. „Vergiss es, Alec. Ich werde mitgehen."

„Abby, bitte, lass mich gehen."

„Kommt nicht infrage!"

Müller riss sie an sich. „Entscheidet euch", zischte er und drückte die Spitze der Klinge in ihr Fleisch.

„Abby, nein!"

„Doch. Ich gehe!"

Alec schloss die Augen. Er schüttelte den Kopf, dann sah er sie an, als könnte er ihre Entscheidung nicht einmal im Ansatz nachvollziehen.

„Okay. Herr Moor, Sie haben die Ehre, Ihrer Kollegin ihre Waffen abzunehmen und ihr dann die Hände hinter den Rücken zu fesseln."

Wäre sie bloß langsamer gefahren! Hätte sie ihn fahren lassen! Vielleicht wäre ihm dann nicht so übel geworden. Sie wusste doch, wie empfindlich er in diesen Dingen war ... Niemals wäre es dann so weit gekommen. Alec hätte den Mann zugerichtet, bis er blutend und stöhnend am Boden gelegen hätte ... und sähe jetzt nicht aus wie ein geschundener Hund. Langsam stand Alec auf und kam näher. Abby kämpfte gegen den Instinkt an, sich gegen Müller zu verteidigen. Sie hatte keine Angst um sich selbst. Sie hatte Angst um Alec. Angst, dass er bei ihrer Verteidigungsaktion verletzt werden könnte. Je näher er kam, desto fester wurde sein Blick. Da war irgendetwas in seinen Augen. Ein Ausdruck, den sie nicht zuordnen konnte. Er streckte die Hand aus und griff nach ihrer Waffe. Widerwillig reichte er sie an Müller weiter. Dann tat er nichts. Sah ihr einfach nur in die Augen. Doch der Blick hatte nichts Ängstliches. Nichts Liebevolles. Er wollte ihr etwas sagen.

Auch Müller schien das nicht entgangen zu sein. „Das reicht jetzt!" Er packte Abby am Arm und zerrte sie mit sich. „Tja, so ist das mit der Liebe, nicht? Wenn man denkt, man hat sie gefunden, wird sie einem genommen." Er stieß Abby voran, aus der Tür und in Richtung Steg.

„Sie sprechen von Ina Stöbl, oder?" Sie versuchte, ihn in ein Gespräch zu verwickeln.

„Ja. Sie wurde mir weggenommen."

„Sie haben sie ermordet."

„Welche Beweise haben Sie gegen mich?"

Sie gingen direkt auf das Boot zu. Würde er sie jetzt in den See werfen, würde sie untergehen. Mit Handschellen würde sie nicht schwimmen können. Abby blieb am Ende des Stegs stehen. Müller warf beide Waffen ins Wasser.

Abby kam es vor wie ein Zeichen. Sie würde wehrlos untergehen. Still, leise, ohne dass es irgendjemanden interessierte. Sie durfte unter keinen Umständen auf dieses Boot gelangen. Sie spürte, wie Panik in ihr aufkam. Doch sie wusste, dass all diese Gedanken ihre Situation nicht besser machen würden. Sie musste rational bleiben.

„Leider befürchte ich, dass Sie im Umgang mit Waffen geschulter sind als ich. Wir wollen doch nicht, dass Sie auf dumme Gedanken kommen."

„Was haben Sie vor?"

„Das werden Sie früh genug erfahren."

„Wenn ich schon von Ihnen entführt werde, will ich wenigstens erfahren, was Sie vorhaben, wenn Sie mich nicht mehr brauchen!"

Müller fuhr sich verzweifelt durchs Haar. Er hatte nicht eine Sekunde über das nachgedacht, was gerade hier passierte. Er war ein emotionaler Mensch. Nun sprang er vom rechten Bein auf das linke, immer abwechselnd, fuchtelte mit seinem Taschenmesser durch die Gegend und deutete dann auf das Boot.

„Sie wissen es nicht, oder?" Abby war nicht gut darin, Menschen einzulullen. Aber sie wusste, dass ihre Stärken woanders lagen.

Müller hatte genau den richtigen Abstand zu ihr. Plötzlich fuhr sie herum und trat ihm mit dem Fußrücken gegen den Arm. Das Messer fiel herunter und landete im Wasser. Abby rammte ihre Ferse in den Magen des Mannes, der sogleich rücklings ins Wasser fiel. Sie drehte sich um und rannte zurück zum Haus. Fast dort ankommen, verspürte sie plötzlich einen furchtbaren Schmerz im Rücken. Ihre Glieder wurden schwer, sie sackte an Ort und Stelle zusammen und schlug mit dem Brustkorb hart auf den Treppenstufen auf. Für ein paar Sekunden spürte sie weder ihre Hände noch ihre Beine. Dann aber kam der Schmerz zurück.

„Es tut mir leid, Frau Kommissarin. Ich habe gelesen, dass diese Taserpistolen sehr schmerzhaft sein sollen. Aber Sie ließen mir ja keine andere Wahl."

Abby konnte hören, wie er hinter ihr aus dem Wasser stieg. Sie fühlte sich, als hätte sie jemand in eine dicke Rolle eines Stromzauns eingewickelt. Ihre Beine waren taub, selbst wenn sie aufstehen wollte, hätte sie es nicht gekonnt.

Müller stand nun hinter ihr, hatte den Taser in der rechten Hand, hielt sich aber irgendwie schief. „Wissen Sie, ich hatte Ina diese Pistole besorgt. Wegen dieses kranken Irren, der sie verfolgt hat. Aber sie hat sich geweigert, sie anzunehmen." Mit schmerzverzerrtem Gesicht hob Müller sie hoch und trug sie nun schwankend zum Boot.

„Sie meinen Herrn Mooser? Der hat sie immerhin nicht ermordet!", brachte Abby hervor. Ihre Muskeln zuckten.

„Ich hoffe, Sie haben keine Herzprobleme. Ich habe mal gehört, dass diese Taserpistolen dann den Tod bringen können!" Er warf sie unsanft ins Boot, das zu schaukeln und zu schwanken anfing.

„Genauso tödlich wie eine Überdosis Ramipril. Sie haben Ihre Großmutter in ihrer Wohnung zurückgelassen!" Abby versuchte, sich irgendwie zu bewegen, aber es ging nicht. Ihre Glieder waren wie eingefroren.

„Ich habe Ina nicht getötet. Aber ich wusste, Sie würden mir das anhängen wollen!"

„Es gibt Beweise für die Tat!"

Müller wickelte die Leine vom Pfosten des Stegs ab, warf sie ins Boot und sprang dann hinterher. „Dann erzählen Sie mir doch mal was über diese Beweise." Er nahm die zwei Paddel und sie legten ab.

Jetzt wusste sie auch, warum er sie mitgenommen hatte. Alec hätte er nicht so einfach in das Boot werfen können. Sie hatte versagt. Sie hatte sich von diesem Müller nahezu kampflos überwältigen lassen. In spätestens zehn Minuten würden ihre Kollegen herkommen und für Müller würde es eng werden. Bis dahin musste sie ihn hinhalten. „Ihre Großmutter nimmt Valsacor, das Medikament nimmt man, wenn Ramipril nicht anschlägt oder zu starke Nebenwirkungen zeigt", fing sie mit ihrer Erklärung an. Sie sah wieder zu Müller, der offenbar auf eine Fortsetzung wartete. Immer wieder sah er zum Steg. Wenn da jemand aufgetaucht wäre, hätte er sicherlich anders reagiert. Sie konnte leider in ihrer Position nichts erkennen.

„Außerdem haben wir einen Zeugen, der einen Mann bei Frau Stöbl im Café gesehen hat. Und Sie sind geflüchtet, was hätten wir denn sonst denken sollen?", führte sie schließlich fort.

„Wie viele Jahre Knast sind das?", fragte er.

„Vielleicht legt Ihnen der Richter den Ramipril-Mord als Affekthandlung aus. Aber nachdem, was Sie hier gerade machen … ich schätze mal ... lebenslänglich. Vor allem, wenn Sie mich umbringen."

„Ich weiß nicht, ob ich Sie umbringe. Meinen Sie, dass ich mit Ihnen als Geisel bessere Fluchtchancen habe?" Er legte die Paddel weg und ihr den Lauf seiner Taserpistole an den Kopf. „Ich will eine ehrliche Antwort!"

„Nein. Sobald Sie sich einem öffentlichen Platz nähern, wird das SEK dort warten mit mehreren Scharfschützen. Wollen Sie wirklich von einem Dach aus erschossen werden? Davon abgesehen haben wir Flugsperren an den Flughäfen errichtet. Und die Bahnhöfe sind abgeriegelt. Weit würden Sie also nicht kommen." Mit den Scharfschützen hatte sie allerdings ein klein wenig übertrieben. Sie hatte auch nur einmal erlebt, dass bei einer Geiselnahme ein Scharfschütze anwesend war. Aber Müller schien so naiv zu sein, dass sie ihm einfach Angst einjagen musste. Außerdem tat ihr das gut. Es nahm ihr die Angst – zumindest etwas.

„Was schlagen Sie dann vor? Außer, dass ich mich stellen soll. Und bitte sparen Sie sich die Mitleidsnummer!"

„Selbst wenn Sie mich als Geisel mit in ein Zimmer oder sonst wohin nehmen, wird die Polizei nach mir suchen. Die machen keine Deals. Sie werden erschossen, wenn die sehen, dass Sie eine Geisel dabeihaben. Vor allen Dingen dann, wenn es um eine Kollegin geht. Und Sie können das Land so oder so nicht verlassen."

Abby legte ihren Kopf auf das harte Holz des Bootes und lauschte dem sanften Plätschern des Wassers, welches in regelmäßigen Abständen gegen das Boot schwappte.

„Sagen Sie mir, was ich tun soll!", brüllte der Mann und sprang auf, sodass das Boot gefährlich zu schaukeln begann.

„Ich werde mich hüten, Ihnen das vorzuschlagen, wovon Sie mir eben abgeraten haben." Sie schloss die Augen. Schwimmen mit den Händen hinter dem Rücken würde sie vielleicht noch schaffen. Aber nicht, nachdem sie getasert worden war.

„Und wenn ich Sie töte?"

„Zweimal eine Affekttötung wird Ihnen der Richter aber nicht gewähren. Wenn Sie mich hier ins Wasser werfen, erfüllt das die Merkmale Grausamkeit und Heimtücke. Also, wenn Sie Pech haben, sind wir doch wieder bei Mord. Sie dürfen Ina Stöbl und Ihre Großmutter nicht vergessen. Also hochgerechnet sind wir bei zehn Jahren als niedrigstes Strafmaß plus die Zeit, in der sie während des Prozesses sitzen. Das kann aber auch Jahre dauern. Vielleicht wird es aber auch lebenslänglich", sagte sie langsam und versuchte, sich weder ihre Angst noch die Traurigkeit in ihrer Stimme anmerken zu lassen. Sie musste überlegen, wie sie hier lebend rauskam. Plötzlich fiel ihr Alecs Abschiedszeremonie ein. Ihm war es sehr schlecht gegangen. Aber würde er sie einfach hilflos einem Verbrecher ausliefern? Außerdem kam ihr dieses Abschiedsdrama im Nachhinein etwas überzogen vor. Vor allem, wenn es dabei um Alec ging. Er hielt nicht viel von solchen Intimitäten in der Öffentlichkeit. Sie steckte die Hand in ihre hintere Hosentasche. Ein kleiner, metallener Gegenstand war in ihrer Jeans. Er hatte ihr den Schlüssel ihrer Handschellen in die Hosentasche geschmuggelt. Genial!

„Aber wenn man Sie nicht findet, dann kann mir auch kein Mord angehängt werden."

„Sie haben meinen Kollegen und die Frau als Zeugen. Wie sonst soll man sich mein Verschwinden erklären? Mein Partner wird jeden Quadratzentimeter absuchen, bis er meine Leiche oder eine Spur gefunden hat." Alec hatte ihr auch das Messer an ihrer Hüfte gelassen. Und das in ihrem Schuh, das zum Werfen geeignet war. Beides hatte Müller offensichtlich nicht bemerkt. Sie spürte ihre Hände noch immer kaum. Ihre Finger zitterten. Dann passierte es. Ihr rutschte der Schlüssel aus der Hand und fiel mit einem leisen Klirren auf den Boden des Bootes.

Müller horchte auf. „Sie sind so was von leichtsinnig! Wenn man Ihre Leiche nicht findet, dann kann man mir auch kein Tötungsdelikt anhängen. Sie machen mir Schwierigkeiten." Er beugte sich über sie und hielt dann triumphierend den Schlüssel in die Höhe. „Es tut mir leid.

Aber ich muss jetzt auch mal an mich denken. Mein ganzes Leben lang musste ich tun, was von mir verlangt wurde!", sagte er, nahm den Taser zur Hand und drückte ab.

Ein Stromschlag durchfuhr Abbys Körper. Sie verkrampfte und zuckte. Müller verzog das Gesicht und kniff die Augen aufeinander, als könne er gar nicht hinsehen. Aber das ließ ihn offenbar nicht von seinem Plan abweichen. Er schob ihren Oberkörper über den Rand des Bootes. Wieder spürte sie ihre Rippen, die von dem Aufprall auf die Treppe mit Sicherheit gebrochen waren. Ihre Nase hing nur knapp über dem Wasser.

„Das ist Ihre letzte Chance, mich zu überzeugen, Sie am Leben zu lassen."

„Wie wäre es mit ein paar Jahren weniger Knast? Ist das Grund genug?"

„Man wird Ihre Leiche nie finden", brüllte Müller über den halben Langbürgner See. Vermutlich sagte er das nur, um sich selbst zu beruhigen.

„Oh doch. Wasser wird in meine Lungen eindringen. Ich werde vielleicht fünf Minuten lang unter Wasser um Luft ringen. Atemluft wird noch immer in meinen Lungen sein. Ich werde langsam und qualvoll sterben und untergehen. Aber nach drei bis vier Tagen setzen die Verwesungsgase ein, die meinen Körper aufblähen und an die Oberfläche zurücktreiben."

Müller tigerte auf dem kleinen Boot auf und ab, sodass es gefährlich zu schaukeln begann. Am liebsten hätte sie ihn angebrüllt, dass er ihr gefälligst die Handschellen abnehmen solle. Handschellen, wer nahm denn heutzutage noch Metallhandschellen? Niemand – außer Alec. Die Kabelbinder konnte man ja schließlich nur einmal hernehmen und waren ihm nicht umweltfreundlich genug gewesen. Bei Kabelbindern hätte sie sich sofort befreien können.

„Sie sind so direkt, als würden Sie von einer Plastikpuppe sprechen und nicht von sich selbst. Haben Sie gar keine Angst?"

„Den Gefallen tue ich Ihnen nicht!", sagte sie und blickte zum Steg.

„Und wenn ich sie mit einem Ast beschwere?" Müller schwitzte. Er fuhr sich mehrmals durch seine Haare, die an seiner Stirn klebten. Sein Gesicht war krebsrot.

„Ich hatte einen Fall, da hat ein Mann die Leiche seiner Frau mit Schnüren an Betonplatten befestigt. Die Gase wurden so stark, dass ihre Arme abgerissen sind und ihr verstümmelter Rumpf nach oben trieb. Die Tatsache, dass Sie mich beschwert haben, wird Ihnen nur noch mehr Jahre einbringen. Und vergessen Sie nicht die Grausamkeitsmerkmale."

Müller sagte eine Weile gar nichts. Er sah nur über den See und fuchtelte mit seinen zitternden Händen herum. Er sprach so leise vor sich hin, dass sie kaum ein Wort verstand. Für Minuten hörte sie nur das Plätschern des Wassers und ihren eigenen Puls im Ohr … und das Keuchen von Müller.

Ihre Sachlichkeit half ihr, ihre Angst auszublenden. Abby zählte die Sekunden, die sie bereits über dem Rand des Bootes hing. In dieser Position konnte sie sogar einen Blick zum Ufer werfen. Doch sie sah niemanden, auch Alec nicht.

„Sie sind keine Rechtsmedizinerin. Woher wollen Sie das alles wissen?", fragte Müller nach einer Weile.

Abby war froh, dass das Schweigen vorbei war. Jede stille Sekunde machte sie nervöser. „Ich bin bei jeder Autopsie meiner Opfer anwesend. Ich war fast zwei Jahre mit einem Rechtsmediziner liiert. Glauben Sie mir, ich habe Ahnung!"

„Sie wollen mir Angst machen. Ihr Körper wird durch die Gase schwer und wird nach unten sinken, nicht andersherum!", rief er wie ein trotziges Kleinkind.

„Von Physik haben Sie noch nie was gehört, oder? Luft steigt nach oben, nicht nach unten! Sie könnten mich erstechen, zerhacken und in Plastiksäcke stecken. Dann machen Sie in jeden der Säcke ein Loch, damit Wasser hereinfließen kann. Ich werde in meinen Einzelteilen untergehen. Aber Sie haben weder Säcke noch Werkzeug. Außerdem sind Sie Amateur. Sie werden Spuren hinterlassen und Ihr Strafmaß wird ins Unermessliche steigen. Sie sollten mich freilassen."

„Das tue ich", brüllte er. Dann stieß er sie über Bord. Automatisch schnappte sie nach Luft. Ihre Lungen füllten sich mit Wasser. In ihrer Panik rang sie noch einmal um Luft. Sie konnte sich nicht bewegen. Der Taser hatte sie fast bewegungsunfähig gemacht. Abby spürte, wie ihr Körper immer tiefer sank. Das Gewicht des Wassers in ihren Lungen, die Schuhe und die Kleidung zogen sie nach unten. Früher hatte sie nie verstanden, wie Alec vor so etwas Natürlichem wie Wasser Angst haben konnte. Es war doch nur Wasser. Nur Wasser? Zum ersten Mal in ihrem Leben konnte sie seine Panik nachvollziehen. Zum ersten Mal in ihrem Leben war sie nicht positiv überwältigt von dem Gefühl, wenn Wassermassen sie umschlossen. Sie versuchte, die Luft anzuhalten, aber es ging nicht. Sie atmete immer mehr Wasser ein. Sie spürte, wie sie sank. Dann stellte sie sich Alecs Gesicht vor, wie er dabei zusah, wie sie aus dem Wasser geborgen wurde. Aufgebläht, mit abgelöster Haut. Nach Leichenfäulnis stinkend. Worüber hatte sie sich eigentlich immer so aufgeregt? Alec und sie hatten doch immer gut zusammengepasst. Aber am Ende war sie nicht an ihrem Misstrauen, sondern an den Wassermengen in ihrer Lunge erstickt. Was hatte sie sich all die Jahre so angestellt? Das war nichts als Zeitverschwendung gewesen. Diese ganz Eifersucht. Ihre Wut auf seinen zeitraubenden Job als Personenschützer im Ausland. Alles Unsinn. Vergeudete Lebenszeit. Vergebens versuchte sie wieder und wieder, an ihren Handschellen zu zerren. Wie weit war es bis zum Grund des Sees? Wie lange hatte sie noch genügend Sauerstoff, bis ihr Hirn unterversorgt war und jegliche Rettung zu spät kam? Der letzte Funken Überlebenswille entfachte ein Feuer in ihr. Doch es erlosch so schnell, wie es entfacht worden war. Zurück blieb endlose Leere und Kälte. Abby schloss die Augen. Sie zählte die Sekunden. Aber jede Sekunde fühlte sich an wie eine ganze Minute oder noch länger. Sie verzählte sich immer wieder. War sie überhaupt schon eine Minute unter Wasser?

Geräusche drangen an ihr Ohr. Dann spürte sie Wärme an ihrem Rücken. Sie war zu kraftlos, um zu verstehen, was genau vor sich ging. Plötzlich wurde sie von einem Hustenanfall überwältigt. Abby rutschte ab und landete wieder im Wasser. Diesmal aber spannte sie sich reflexartig an. Ihre Beine begannen, zu strampeln, ihre Hände konnte sie aber immer noch nicht bewegen. Sie spürte etwas an ihren Hüften. Als würde sie jemand von hinten ganz fest umarmen und zurück an die Oberfläche bringen. Diese Person keuchte und schwamm hektisch. Mit jeder Sekunde wurde er hektischer. Stimmen kamen näher, die sie jedoch nicht zuordnen konnte. Minutenlang hörte sie nichts als ihren Namen. Aber dieses Mal war sie sich sicher, dass es Minuten waren. Den regelmäßigen Wassergeräuschen zufolge kam jemand schnell näher geschwommen.

„Komm. Ich mache das!"

Sie wurde übergeben und wie eine Puppe über einen Männerrücken geworfen. Dieser Mann schwamm sehr schnell, bis er plötzlich abrupt bremste und sie auf einen harten Untergrund gelegt wurde.

„Abby! Hörst du mich? Abby?"

Wieder wurde sie von einem Hustenanfall überwältigt. Jemand kauerte sich neben sie. Noch bevor sie die Augen überhaupt aufgeschlagen hatte, fühlte sie, wie ihre innere Stimme sie auslachte. Sie hatte tatsächlich gerettet werden müssen.

„Abby!"

Widerwillig öffnete sie die Augen. Ein Grinsen im Gesicht des Mannes erschien. Lukas nasse Haare hingen ihm strähnchenweise in die Stirn. Er trug sein Vereins-T-Shirt der Wasserwacht und die dazugehörige Badehose. „Wo zur Hölle bleibt der Notarzt?", brüllte er in die andere Richtung.

„Abby. Mein Gott, was ist passiert?" Elisabet erschien über ihr. Sie hatte Tränen in den Augen.

„Ihre Hände wurden hinter dem Rücken gefesselt. Er hat sie einfach ins Wasser geworfen. Ein paar Minuten länger und …" Lukas verstummte, drehte sich nach allen Seiten um und fluchte laut. Dann stand er auf und sprang erneut ins Wasser.

„Lukas?", rief ihm seine Frau noch hinterher.

„Das Wasser aus Ihrer Lunge muss raus", hörte sie jemanden sagen, dessen Stimme sie nicht kannte.

„Ich wurde zweimal getasert", murmelte sie schwach.

„Wir müssen ein EKG machen."

„Es ist alles gut. Mir geht es gut." Abby wälzte sich zur Seite und hustete, bis ihre Lungen schmerzten.

„Das glaube ich Ihnen gerne, solange Sie noch einen Schock haben. Ich bin sofort wieder bei Ihnen." Es war der Notarzt, der inzwischen eingetroffen war und mit ihr sprach. Abby setzte sich langsam auf. Aber plötzlich hatte sie wieder das Gefühl, keine Luft zu bekommen.

Elisabet legte ihr eine Decke um die Schultern und drückte sie sanft auf den Boden des Stegs zurück. Zwei zitternde Hände umklammerten die Holzlatten vor ihr. Ein Mann zog sich aus dem Wasser. Aber es war nicht irgendein Mann. Es war Alec. Die Panik stand ihm ins Gesicht geschrieben. Er robbte auf sie zu und blieb vor ihr sitzen. Er nahm ihren Kopf in seine Hände und drückte sie fest an sich.

Minuten verstrichen, bis der Notarzt zurückkam. „Frau Perez. Ich fürchte, Sie müssen auf den zweiten Notarztwagen warten. Die ältere Frau in der Pension hatte einen Herzinfarkt. Sie muss sofort ins Krankenhaus. War wohl alles ein bisschen viel für sie." Er horchte sie noch einmal ab. „Ich denke, ich kann es verantworten, Sie noch einen Moment hier am Wasser zu lassen. Es kommt in wenigen Minuten jemand, der sich weiter um sie kümmern wird."

Abby nickte.

Plötzlich mischte sich eine vertraute Stimme in das Wirrwarr. Alec. „Ich dachte, der Typ würde es keine zehn Meter weit mit dir schaffen. Dann habe ich plötzlich das Geräusch gehört und dachte, du hättest ihn überwältigt. Aber als ich aus der Pension kam, habe ich gesehen, dass er eine Taserpistole in der Hand hatte." Alec schluchzte leise. „Es tut mir so wahnsinnig leid!"

„Hätte der seinen Taser nicht gehabt, hätte er aus dem See geborgen werden müssen!", sagte Elisabet.

Wieder zog sich jemand auf den Steg hoch. Es war Lukas. „Alec! Mann, da bist du! Was denkst du, was ich für eine Angst um dich hatte?" Lukas kauerte sich neben ihn und boxte ihm zum Beweis fest gegen den Arm. „Ich dachte, du wärst noch im Wasser. Hatte so in Erinnerung, dass du Panik im Wasser bekommst ..."

„Entschuldige. Ich habe nicht gesehen, dass du noch mal reingesprungen bist", sagte Alec und blickte seinen Partner schuldbewusst an.

„Jetzt springt aber keiner mehr ins Wasser. Zwei Déjà-vu reichen mir für heute." Lukas blieb neben ihnen sitzen. Er hatte sich auf dem Boden abgestützt und atmete gleichmäßig aus und ein. „Alec. Jage mir nie wieder so einen Schrecken ein." Lukas hob drohend den Zeigefinger. „Für dich gilt das übrigens auch!", sagte er zu Abby. Dann nahm Lukas seine Frau bei der Hand und ließ die beiden alleine am Steg zurück.

Alecs Hände zitterten. „Es war etwa ein halbes Jahr, bevor wir uns kennengelernt haben", fing er an, zu erzählen. „Lukas und ich haben zu diesem Zeitpunkt regelmäßige Wettschwimmen am Chiemseeufer entlang bis zur Herreninsel und zurück veranstaltet. Das waren immer etwa acht Kilometer. Wir haben Bleiwesten getragen für den Muskelaufbau und waren natürlich geübte Schwimmer. Aber an einem Tag sind wir von einer anderen Stelle aus losgeschwommen als sonst. Lukas war schon immer der bessere Schwimmer von uns beiden gewesen, er lag sehr weit vor mir. Die Strecke war recht lang und recht flach. Lukas hatte sich komplett durch den flachen Bereich durchgekämpft, aber meine Weste hatte sich irgendwie verheddert und sich in einer Seerosenranke verhakt. Die Weste hat mich runtergezogen und ich habe sie nicht ablegen können. Ich habe mich gute zwanzig Minuten über

Wasser halten können, dann …" Alec verstummte und griff nach ihren Händen. „Entschuldige. Ich wollte dich nicht zusätzlich aufregen."
Abby schüttelte nur den Kopf. Ihr war alles recht, solange er neben ihr saß. „Ich bin im Krankenhaus wieder aufgewacht. An Schläuchen. Und hatte meine Lektion gelernt", schloss er seine Geschichte ab und richtete den Blick in die Ferne. „Danach bin ich immer in Panik verfallen, wenn ich Wasser sah." Abby sah ihn fassungslos an. Er war doch sonst so sicherheitsbedacht. Sie hätte ihn nie für so leichtsinnig gehalten.
„Ja. Was junge Kerle alles so für ihre Muskeln machen. Wir waren echt blöd." Alec schlang seine Arme um Abby und hielt sie fest. Er war immer noch blass um die Nase, aber seine Übelkeit schien verschwunden zu sein. Dafür sah er ziemlich ramponiert aus. Abby presste sich die Hand vor den Mund und sah ihn dann mit hochgezogener Augenbraue an. Sie wollte jetzt nicht sprechen, bei jedem Atemzug rasselte ihre Lunge und zog sich schmerzhaft zusammen.
„Ich habe vorhin ein bisschen übertrieben, damit Müller mich nicht als Gefahr einstuft. Ich dachte, dann würde er mich eher mitnehmen."
„Was ist dann passiert? Ich meine, als ich weg war?", fragte sie. Dann wand sie sich auf die Seite und hustete. Alec half ihr auf und klopfte ihr auf den Rücken, bis sie sich wieder etwas erholt hatte.
„Die Kollegen hatte ich ja bereits verständigt, bevor Müller mich erwischt hat. Ich war tatsächlich nur einen Moment unachtsam, da hatte er mich auch schon niedergeschlagen mit irgendeinem Gegenstand. Als er dich dann mitgenommen hatte, bin ich hinter euch her. Verdeckt. Und als ich sah, was sich im Boot abspielte, bin ich ins Wasser gegangen. Ich habe euch die ganze Zeit über aus sicherer Entfernung beobachtet. Während des Schwimmens habe ich mir übrigens deinen Tipp zu Herzen genommen und mich mit Rechnen abgelenkt. Dann habe ich gesehen, wie er dich ins Wasser gestoßen hat. Du dachtest doch nicht, dass ich tatenlos zusehe, wie der dich über den See kutschiert, oder?" Er klang so ruhig, doch seine Hände zitterten. „Abby, es tut mir leid. Ich mache das nie wieder, hörst du? Ich lasse nie wieder zu, dass du in die Arme von so einem kranken Irren läufst!"
Sie hätte ihm jetzt gerne erklärt, dass das nicht seine Schuld war. Hätte sie sich nur etwas mehr zur Wehr gesetzt, wäre alles gar nicht passiert. Aber darum ging es jetzt nicht. Er war ihretwegen ins Wasser gesprungen. Trotz seiner Panik.

24. Donnerstagabend

Sie spürte, wie sie tiefer und tiefer sank. Sie rang um Luft, mit jedem Atemzug sank sie tiefer. Aber sie wurde nicht bewusstlos. Sie bekam keine Luft mehr, es wurde mit jeder Sekunde schlimmer. Plötzlich sah sie Müller vor sich. Er grinste ihr durch das Wasser hindurch zu, hielt ihr eine Atemmaske entgegen. Sie wollte den Arm danach ausstrecken, aber in dem Moment zog er sie zurück und setzte sie sich selbst auf.

Eine Hand fuhr ihr über den Rücken. „Hey. Alles ist gut. Es ist nur ein Traum." Blitzschnell setzte sie sich auf. Alec saß auf ihrer Bettkante.

Abby stand auf, ging zur Balkontür und trat hinaus. Sie fühlte sich so furchtbar müde und erschöpft. Der Moment, als sie ins Wasser gestoßen wurde, ließ sie nicht los. Hatte sie wirklich auch nur für einen kurzen Moment gedacht, dass Müller sie verschonen würde?

„Wenn ich mit dem fertig bin, passt der in keinen Schuh mehr!", sagte Alec.

Noch vor sechs Stunden hätte sie ihm einen Vortrag darüber gehalten, dass sie gut auf sich selbst aufpassen konnte. Das war ihr nun vergangen. „Ein paar Minuten später und ich wäre hin gewesen. Die Vorstellung ist irgendwie merkwürdig", sagte sie langsam und lehnte sich gegen seine Schultern.

Er stand hinter ihr. „Für mich war diese Vorstellung vermutlich noch viel schlimmer. Das war der einzige Grund, warum ich ins Wasser gegangen bin. Weißt du, ich habe aufs Wasser geschaut und gespürt, dass etwas nicht stimmt. Ich glaube, so ein Gefühl kann sehr viel stärker sein als alles andere."

„Ich bin dir so dankbar, dass du für mich da reingesprungen bist."

„Ich bin meinem Kopf auch dankbar dafür, dass er sich ausgeschaltet hat, als ich auf den See gestarrt habe. Und ich schlage vor, wir essen jetzt erst mal eine Kleinigkeit. Wenn du schon auf das leckere Krankenhausessen unbedingt verzichten willst."

Ihr Aufenthalt im Krankenhaus hatte sich bis in den späten Abend gezogen. Zwar hatte sie kein Wasser mehr in den Lungen und ihr

Rippenbogen nur geprellt, aber die Ärzte hatten sie eigentlich zur Beobachtung im Krankenhaus behalten wollen. Abby war dennoch auf eigene Verantwortung gegangen. Die Ärzte hatten ihr einiges von beschädigten Lungenbläschen erzählt, aber im Grunde war ihr das egal. Sie wollte jetzt nicht in einem Krankenhausbett schlafen. So kitschig es auch klingen mochte, sie wollte nur noch in Alecs Armen liegen. Denn eines hatte sie heute gelernt: Sie hatte nur dieses eine Leben. Und es gab keinen Mann, den sie sich besser an ihrer Seite vorstellen konnte. Es war nur schade, dass ihr das erst heute aufgefallen war und nicht schon vor vielen Jahren. Vielleicht hätte sie damals einfach anders reagieren sollen. Vielleicht hätte sie ihn nur einmal mehr bitten sollen, wieder bei der Kriminalpolizei anzufangen, anstatt durch die Welt zu reisen. Damals hatte sie gedacht, dass sie einfach nicht die richtige Frau für ihn sein konnte, wenn sie mit seinem Traumberuf nicht klarkam. Vielleicht wäre die Scheidung trotzdem passiert. Doch vielleicht wäre auch alles ganz anders gekommen, hätte sie Alec erklärt, weshalb sie so ein Problem mit seinem Beruf hatte.

Als sie selbst beim Militär gewesen war, hatte sie sich nie darum gekümmert, dass sich ihre Schwester sorgen könnte, wenn sie wochenlang in irgendwelchen Lagern feststeckte. Doch seit dem Tod ihrer Familie hatte sich das alles geändert. Mit einem Schlag hatte sie diese Verlustangst verstanden. Mit ihrer Schwester hatte sie ihre wichtigste Bezugsperson verloren. Niemals hätte sie es ertragen können, Alec zu verlieren. Sie war nach Deutschland gekommen, weil sie all das nicht mehr ausgehalten hatte. All die Gewalt, den Hass, die Trauer. Doch vor allem die Vorwürfe ihres Vaters. Er hatte schon immer gewusst, dass sie nicht seine leibliche Tochter war. Wie auch hätte in einer weißen Blutsline ein schwarzes Kind entstehen können? Er hatte gewollt, dass sie zum Militär ging, um die Familie zu beschützen, wenn er selbst im Einsatz war. Doch das hatte sie nicht geschafft. Heute wusste sie, dass sie es niemals hätte schaffen können. Vielleicht würde es eines Tages auch ihr Vater sehen.

25. Freitagmorgen

Abby hatte wenig bis gar nicht geschlafen. Immer wieder hatte sie Müllers Gesicht vor Augen gehabt. Sie hatte sich so oft vorgestellt, was gewesen wäre, wenn Alec an ihrer Stelle gegangen wäre. Hätte er sich besser wehren können? Oder hätte er sich auch ins Wasser werfen lassen? Was hätte sie getan, wenn er an diesem Abend gestorben wäre? Die Tränen traten ihr in die Augen. Es war viel furchtbarer, sich ihn so verzweifelt vorzustellen, als daran zu denken, dass sie selbst in dieser Situation gewesen war. Mit einem Kaffee spülte sie die Vorstellung hinunter und lehnte sich in ihrem Stuhl zurück. Eigentlich hätte sie zu Hause bleiben sollen. Aber die Ablenkung durch Arbeit tat ihr gut.

Die Befragung würde für Herrn Müller kein Spaß werden. Alec, Lissy und Lukas würden ihr zur Seite stehen. Mit dabei war auch ihr Chef, der sich den Herrn liebend gern selbst vorgeknöpft hätte. Die Hauptarbeit würden aber Alec und sie machen. Ein wütender Alec konnte ein sehr mächtiger Gegner sein.

Der Anwalt des Mannes überflog die Menge, die sich im Verhörzimmer eingefunden hatte. „Sie dürfen meinen Mandanten nicht einschüchtern", sagte er anstatt eines: „Guten Morgen."

„Die Empfindungen Ihres Mandanten sind mir egal." Berger schlug mit der flachen Hand auf den Tisch, kaum dass Müller Platz genommen hatte.

„Herr Müller, ich habe es Ihnen gesagt. Fünfzehn Jahre bis lebenslänglich. Nachdem, was Sie sich mit mir geleistet haben, wird es wohl eher lebenslänglich werden. Sie haben mich ausgefragt. Sie haben sich alle Möglichkeiten von mir angehört und dann wollten Sie wissen, was in den einzelnen Fällen passiert. Das ist keine Affekthandlung mehr. Sie haben gründlich überlegt, bevor Sie mich ins Wasser geworfen haben. Sie sind mit mir alle Möglichkeiten durchgegangen. Von Freilassung bis zum Mord mit anschließender Zerstückelung."

„Mein Mandant stand unter starker emotionaler Belastung. Warum haben Sie, Frau Perez, sich nicht bereits eher zur Wehr gesetzt?", fragte der Anwalt. Er war etwa Anfang fünfzig, recht klein und hatte eine

Glatze, aus der jedoch vereinzelt kleine, graue Stoppeln hervorlugten. „Sie wollen meiner Beamtin jetzt aber nicht vorwerfen, dass sie sich nach zwei Stromschlägen durch eine Taserpistole nicht mehr bewegen konnte, oder?", fragte Berger alarmiert.

„Ihr Mandant hat meiner Partnerin ein Messer an die Kehle gelegt, bevor sie überhaupt wusste, dass er im Raum war. Er hat sie gezwungen, mitzugehen. Und als sie sich gewehrt hat, hat er sie mit einem Taser geschockt, sodass sie gefallen ist. Dann hat er sie achtlos ins Boot geworfen und als sie sich von ihren Handschellen befreien wollte, hat er sie wieder geschockt, obwohl sie vor ihm lag. Hilflos, wehrlos. Dann hat er sie gerade so weit über den Rand des Bootes geschoben, dass ihre Nasenspitze das Wasser berührt hat. Er hat sie nicht reingestoßen. Er hat gewartet, er hat sie emotional gefoltert. Erst dann hat er sie hineingeworfen. Mit gefesselten Händen!" Alec stützte sich auf dem Tisch ab. Er sah Müller an, als würde er ihm an die Gurgel gehen wollen. Vermutlich hätte ihn keiner daran gehindert. Abby sah ihn trotzdem warnend an.

„Kann es sein, dass Ihre Emotionalität daher rührt, dass Sie eine heimliche Affäre mit ihrer Partnerin unterhalten?" Der Anwalt sprach es aus, als hätte er soeben ein Staatsgeheimnis enthüllt.

„Wer hier mit wem schläft, interessiert mich nicht. Sie, Herr Müller, haben meiner Beamtin körperlichen und emotionalen Schaden zugefügt. Glauben Sie mir, ich sorge dafür, dass Sie den Knast nie wieder verlassen werden!" Berger stellte sich hinter Herrn Müller und legte seine Hände auf die Lehne seines Stuhls.

„Hören Sie mit Ihren Drohungen gegen meinen Mandanten auf. Frau Perez, ich wiederhole die Frage. Warum haben Sie sich nicht früher zur Wehr gesetzt? Wissen Sie, was ich glaube? Sie haben eine Affäre mit Ihrem Kollegen und waren sauer, dass Herr Müller ihn geschlagen hat."

„Sie versuchen um jeden Preis, unsere Loyalität infrage zu stellen. Aber das gelingt Ihnen nicht. Mir ging es schlecht, meine Partnerin wollte einen weiteren Angriff auf mich verhindern, gegen den ich mich nicht hätte wehren können!", zischte Alec.

„So? Warum waren Sie dann in der Lage, achtzig Meter in den See zu schwimmen, nach Ihrer Partnerin zu tauchen und sie dann gut vierzig Meter auf Ihrem Rücken in Richtung Land zu befördern?"

Abby konnte sehen, wie seine weichen Augen hart wurden.

Es klopfte an der Tür. Abby hatte Angst, dass Alec in ihrer Abwesenheit auf den Mann losgehen würde, trotz der Zeugen. Sie schob ihn sanft nach draußen und folgte ihm, weil sie sich selbst ununterbrochen vorstellen musste, wie es wäre, Müller stöhnend an seinem Blut ersticken zu sehen. Und so war sie froh, dass sie die weitere Befragung ihrem Chef überlassen konnte. Vielleicht waren Alec und sie ja tatsächlich zu emotional in die ganze Sache mit Müller eingebunden.

Louis und Frieda standen draußen. Das Mädchen hatte den Kopf gesenkt. Sie vermied es, Abby anzusehen. „Abby. Ich bin so froh, dass ihr noch lebt."

Louis umarmte beide, Abby ein bisschen vorsichtiger, weil er offenbar von ihren geprellten Rippen wusste. Dann ließ er sich von Alec in die Küche schieben. Abby und Frieda folgten ihnen.

„Ich habe die Ergebnisse der Handy-Untersuchung. Müller und Frau Stöbl hatten einen bösen Streit. Herr Müller wollte Frau Stöbl offenbar zum Ausstieg überreden. Sie wollte davon nichts hören. Wir haben auf Frau Stöbls Handy nichts gefunden, weil sie die Nachrichten gelöscht und ihren Papierkorb ausgeleert hat. Aus den früheren Nachrichten konnten die Kollegen entnehmen, dass die beiden offenbar eine … Beziehung im frühen Stadium hatten. Also eigentlich mehr eine Schwärmerei."

„Das hätten uns die Kollegen doch auch am Telefon sagen können", meinte Abby und nahm Louis das Protokoll aus der Hand.

„Ja. Ich wollte euch noch mal zur Einweihungsparty einladen, das Protokoll war mehr eine Art Vorwand. Abby, bitte komm."

„Natürlich kommen wir", sagte Alec und nahm Abby bei der Hand. „Oder?", fragte er, aber sein Ton ließ sie wissen, dass er einen Widerspruch so oder so nicht akzeptieren würde.

„Jetzt lösen wir erst einmal unseren Fall", sagte sie und verließ die Runde grußlos.

Alec hetzte ihr hinterher. „Wo willst du hin?", fragte er.

„Zu den Stöbls. Ich will wissen, ob ein Ausstieg bei den Jüngern Gottes mal ein Thema war."

„Das werden die wohl kaum zugeben." Abby drehte sich abrupt zu ihm um und warf ihm die Autoschlüssel zu. „Abby, ich finde es nicht gut, dass du jetzt schon wieder arbeitest. Gönn dir eine Pause."

Abby wartete am Auto auf Alec.

„Ich fahre dich nach Hause."

„Nein. Zu Hause bricht bloß wieder alles über mir zusammen."

„Du musst dir Zeit geben, das zu verarbeiten. Das holt dich sonst immer wieder ein. Nimm dir doch mal ein paar Tage frei."

Abby schüttelte den Kopf. „Wir müssen einen Mord aufklären. Und ich will das auch gar nicht verarbeiten. Als ich von Brasilien nach Deutschland kam, ging es mir so schlecht, dass ich mich am liebsten erschossen hätte. Solche Panikattacken sind nicht schön. Deshalb werde ich gar nicht erst anfangen, darüber nachzudenken."

„Es hat sich einfach zu viel angestaut. Du musst das verarbeiten. Diese Panikattacken werden zurückkommen, wenn du dich nicht von dir aus mit dem Thema beschäftigst!"

Dann winkte er ab, als sei es so oder so sinnlos, mit ihr darüber zu diskutieren.

Auch heute bekamen sie Herrn Stöbl nicht zu Gesicht. Er war oben im Schlafzimmer. Sein Zustand hatte sich seiner Frau zufolge nicht gebessert, sondern eher verschlechtert. Sie hatte verweinte Augen. Wieder verspürte Abby einen Stich im Herzen. Sie konnte sich nicht vorstellen, wie es war, ein Kind zu verlieren, aber sie wusste, wie furchtbar die Angst um den eigenen Mann sein konnte. Am liebsten hätte sie jetzt Alec ganz fest umarmt und nicht mehr losgelassen, als würde sie ihn dadurch vor einem plötzlichen Tod bewahren können.

„Frau Stöbl, wir haben auf dem Handy von Herrn Müller Nachrichten an Ihre Tochter gefunden. Er hat sie zum Ausstieg bei den Jüngern Gottes überreden wollen. Wissen Sie etwas darüber?"

„Nein. Sie hat es nie erwähnt und es wäre für sie auch nie infrage gekommen."

„Und Ihr Mann? Weiß der etwas darüber?", fragte Abby. Ihr fiel ein, dass er letzte Woche noch einen Ring getragen hatte mit dem Symbol der Jünger Gottes. Bei den letzten Besuchen hatte er ihn nicht mehr getragen.

„Nein. Und ich bitte Sie, jetzt zu gehen. Meinem Mann geht es gar nicht gut." Frau Stöbl ließ sie im Wohnzimmer stehen und stieg die Treppen nach oben.

Sie fuhren zurück ins Präsidium. Berger hatte das Verhör noch nicht beendet, doch sie hatten eine Pause eingelegt, in der sich der Verdächtige mit seinem Anwalt beriet. So hatten Alec und Abby eine gute Gelegenheit, wieder mit in das Gespräch einzusteigen.

Mit den Handydaten sollten sie genügend zusammen haben, um Herrn Müller endgültig aus der Reserve locken zu können.

„Herr Müller. Wie haben Sie Frau Stöbl kennengelernt?", fragte Abby, nachdem sich alle wieder zum weiteren Verhör eingefunden hatten. Müller sah brav zu seinem Anwalt, der ihm mit einer Handbewegung zum Antworten aufforderte.

„Wir waren ja alle bei den Jüngern Gottes. Und ihr Vater und ich auch im selben Angelverein. Er hat sie mir vorgestellt. Bis dahin kannte ich sie nur so vom Sehen, weil unsere Familie nie etwas miteinander zu tun hatten. Seither waren wir ... befreundet. Sie hatte damals gerade ihre Ausbildung zur Konditorin angefangen und ich war schon seit einem halben Jahr Bäckerlehrling. Unser Traum war es seitdem, zusammen ein Café zu eröffnen", antwortete er sachlich. Er klang, als müsste er ein Gedicht aus dem Gedächtnis aufsagen. Ohne Emotion, ohne Betonung. Wie auswendig gelernt.

„Ihr Vater und ich haben uns immer gut verstanden, bis ..." Er machte eine Pause und erweckte dabei fast den Anschein, als würde er sich eine geeignete Betonung überlegen „... bis ich gemerkt habe, dass Inas Vater abtrünnig ist. Er hatte nämlich erfahren, dass er an Leukämie leidet. Die Ärzte gaben ihm nur noch wenige Jahre. Ich habe ihm gesagt, dass er in solchen Zeiten seinen Glauben stärken müsse, aber er hat mich immer mehr davon überzeugt, dass es den Glauben als solches nicht gibt, sondern vielmehr einer Gehirnwäsche gleicht." Müller schluckte. Seine Hände zitterten, wieder sah er zu seinem Anwalt. Er hatte Angst, zu viel zu erzählen.

„Und dann haben Sie versucht, Frau Stöbl zum Ausstieg zu überreden?", fragte Abby, als es nicht weiterging.

„Nein. So war das nicht. Ich musste es Herrn Stöbl versprechen. Er hat gesagt, dass er sein ganzes Leben für den Glauben weggegeben hat, aber nicht aussteigen will, weil er seine Familie liebt und die ihn sonst verstoßen würde. Er sagte, er hätte nicht die Kraft dazu. Er wollte, dass ich Ina zum Ausstieg überrede, damit wir es zusammen besser haben."

Abby dachte an die Liebesromane in Elisabets Schreibtisch. Also doch ein Mord aus Liebe? Daran hätte sie im Leben nicht gedacht.

„Dann kam Inas Vater ganz plötzlich nicht mehr zum Angeln. Das war vor drei Jahren. Es ging ihm gesundheitlich sehr viel schlechter als in den Wochen zuvor. Und er entfernte sich wohl immer mehr von den Jüngern, denn früher hat er immer Ringe an den Fingern getragen, allesamt Schmuckstücke mit der aufschwebenden Taube, unserem Glaubenssymbol. Er hat sie nach und nach abgenommen."

„Und das hat seine Familie nicht bemerkt?", fragte Alec.

„Doch. Natürlich. Er sagte als Ausrede, dass seine Hände wegen seiner Krankheit angeschwollen wären. Das hat ihm keiner geglaubt, aber niemand wollte ihn in dem Zustand weiter ausfragen."

„Gut. Jetzt haben Sie ganz viel über die Familie Stöbl geredet. Können Sie uns etwas über den Kauf des Cafés erzählen?", fragte Abby.

Müller sah wieder zu seinem Anwalt. „Ina hat mir vor einiger Zeit vom Café Rieger erzählt. Sie sei interessiert und wollte, dass ich mit einsteige. Es war, wie gesagt, schon lange unser Traum, außerdem kamen wir beide nicht gut mit unseren Arbeitgebern klar. Ich stimmte zu. Aber als die ersten Umbauplanungen anstanden, habe ich gemerkt, dass das eher eine Art Werbekampagne für die Jünger Gottes werden sollte. Ihrem Vater ging es unterdessen immer schlechter. Seine Zeit lief ab, das sah man ihm an. Ich musste also schnell handeln, weil ich wollte, dass er es noch miterlebt, dass wir unser Café eröffnen. Aber Ina war von der Idee, alles ein wenig zu beschleunigen, gar nicht begeistert. Sie hat mich beschimpft." Er senkte den Kopf.

„Okay. Und dann wurden Sie wütend. Immerhin hätte das bedeutet, dass Sie keine Chance mehr bei ihr hätten. Was sagten Sie gestern zu mir? So ist das mit der Liebe, nicht? Wenn man denkt, man hat sie gefunden, wird sie einem wieder weggenommen. Ina Stöbl wurde von ihrer Glaubensgemeinschaft beschlagnahmt. Deshalb haben Sie zum restlichen Ramipril Ihrer Großmutter gegriffen und sie vergiftet. Aber eines verstehe ich nicht. Dachten Sie wirklich, Sie könnten nach der Nummer noch das Café Rieger kaufen? Und wenn ja, warum waren Sie dann auf der Flucht?", wollte Abby wissen.

„Ich habe sie nicht umgebracht. Aber ich wollte, dass ihr letzter Wunsch in Erfüllung geht. Ganz egal, ob das gegen meine eigenen Vorstellungen spricht. Ich wollte, dass die Stöbls Inas Idee weiterführen. Es war ihr wichtig und ich habe begriffen, dass ihr ihr Glaube auch wichtig war. Wichtiger als mir, auch wenn ich immer noch ein Jünger Gottes bin. Zumindest auf dem Papier. Aber sicherlich werde ich eines Tages austreten. So wie mein Bruder. Aber eines müssen Sie mir glauben: Ich hätte Ina nie etwas antun können! Ich habe sie sehr geliebt."

Abby nickte Alec zu. Für heute hatten sie von Herrn Müller genug erfahren. Das Gesagte musste sich erst einmal ein wenig setzen.

Alec fuhr sie nach Hause, denn sie merkte, dass sie sich nach gestern vielleicht doch ein wenig viel zugemutet hatte. Dort angekommen, fand sie Sina leichenblass am Tisch sitzen. Die Hände brav gefaltet. Neben ihr stand eine große, gepackte Reisetasche. Abby wäre um ein Haar darüber gestolpert, als sie die Küche betrat.
„Sag mal, willst du in den Urlaub?"
„Nein. Ins Heim."
Abby atmete tief ein. „Bleib jetzt ganz ruhig", dachte sie. „Sina ist nur ein junges Mädchen mit Hormonüberschuss. In dem Alter kommt man auf dumme Ideen." Abby setzte sich. „Verrätst du mir den Grund?"
„Nein. Du würdest ihn nicht verstehen. Und du würdest mich danach hassen."
„Ich würde dich mit Sicherheit nicht hassen." In ihrem Kopf ging sie die wenigen Optionen durch, für die sie Sina hassen könnte. Sie hatte den Mord an ihrer Familie arrangiert. Diese Option fiel weg. Alle Personen, die ihr nahestanden und in den letzten Jahren noch am Leben gewesen waren, erfreuten sich noch immer bester Gesundheit. Vielleicht hatte es etwas mit Alec zu tun? Sie war in Alec verliebt. War es das?
„Hat es mit Alec zu tun?", fragte sie vorsichtig.
„Nein", meinte Sina verschnupft. „Ich mache dein Leben kaputt!"
„Das ist nicht wahr!", protestierte Abby.
„Du weißt ja auch nicht, warum!"
„Dann sag es mir und ich entscheide, ob mein Leben daran kaputtgehen wird oder nicht", sagte Abby und war sich ziemlich sicher, dass Sina nur maßlos übertrieb.
„Darf ich jetzt gehen?", fragte Sina und stand auf. Sie schulterte ihre Reisetasche und ging zur Tür. Dort drehte sie sich nach Abby um, als würde sie insgeheim gar nicht gehen wollen.
„Du läufst mir nirgends hin. Sina, es ist Wochenende, der Schulstress ist in ein paar Wochen eh vorbei, dann hast du Ferien."
Das Mädchen ließ seine Tasche an Ort und Stelle fallen und rannte nach oben. Abby konnte hören, wie sich der Schlüssel in Sinas Zimmertürschloss drehte.
Doch dieses Mal wollte sie dem Gespräch nicht ausweichen. Abby atmete einmal tief durch, dann hämmerte sie gegen Sinas Zimmertür. „Hey. Mach die Tür auf, bitte. Hör mal, ich verstehe ja, wenn dir etwas zu privat ist, aber ich habe eine Fürsorgepflicht."
Eine ganze Weile blieb es still. Dann öffnete Sina die Tür. Ihre Augen

waren verweint, das dunkle Make-up um ihre Augen verlaufen. „Nein. Die hast du nicht mehr. Morgen kommt die Sozialarbeiterin vom Jugendamt, um mich abzuholen."

Abby schluckte. Die Nachricht traf sie wie eine Faust in den Magen. Sie wollte nach dem Grund fragen, doch insgeheim kannte sie ihn lange. Sie kümmerte sich nicht gut um sie. Sina war den ganzen Tag allein zu Hause. „Es tut mir leid, ich hatte wirklich wenig Zeit für dich."

Sina schüttelte den Kopf. „Das ist es nicht. Vor ein paar Tagen war ich bei meinem Freund. Er war so komisch und als ich ihn darauf angesprochen habe, da hat er gesagt, dass ..." Sina drehte den Kopf weg und unterdrückte ein Schluchzen. „... er hat gesagt, dass das Kondom gerissen ist."

Abby atmete hörbar aus. Sie erinnerte sich. Sie dachte daran, wie geschockt Alec war, dass sie Sina einfach so ziehen ließ. Vielleicht hatte er wirklich recht gehabt. „Okay, Sina, das ist aber kein Weltuntergang. Das ist mir auch schon passiert ..."

Sina strich sich die Tränen aus den Augenwinkeln. „Das Jugendamt sieht das anders. Sie haben eine Familie gefunden, die für mich infrage kommt. Ich wollte es dir sagen, aber ... ich konnte es nicht."

Abby schüttelte den Kopf. „Und woher weiß das Jugendamt davon?"

Sina sah sie lange an. „Ich war verzweifelt. Ich wusste nicht, was ich tun sollte. Ich dachte, ich wäre schwanger. Ich habe meine Betreuerin angerufen. Ich wusste doch gar nicht, was ich da lostrete. Ich dachte, sie schleift mich zum Arzt und dann darf ich weiter bei dir bleiben."

Insgeheim wusste Abby, dass sie sich falsch verhalten hatte. Sie selbst hatte sich in dem Alter falsch verhalten. Das Jugendamt hatte recht. Sie war kein guter Vormund. Sie war in einer normalen Familie besser aufgehoben.

26. Freitagnachmittag

Abby hatte sich nach dem Mittagessen ein wenig hingelegt, als ihr Handy klingelte. Ein Kollege von der Streife war am Apparat. Herr Stöbl war tot in seinem Schlafzimmer aufgefunden worden.

„Er hat Leukämie, ein natürlicher Tod also. Warum rufen Sie uns dann?", fragte Abby den Leichenbeschauer.

„Wenn Sie, Frau Kommissarin, den Tod des Mannes selbst aus der Ferne so zielsicher einer natürlichen Todesursache zuordnen können, dann haben Sie eindeutig den falschen Job. Aber da dem nicht so ist, schlage ich vor, dass Sie sich wieder um Ihren Aufgabenbereich kümmern, und ich mich um den meinigen. Der Mann ist sicherlich keines natürlichen Todes gestorben."

Abby schluckte. „Entschuldigen Sie bitte." Vielleicht sollte sie nicht immer so vorlaut sein. Sie rief Alec an, der sie abholte, dann fuhren sie zum Haus der Stöbls.

Der Leichenbeschauer führte sie direkt ins Schlafzimmer. Dort bot sich ihnen ein schreckliches Bild. Herr Stöbl lag auf seinem Bett, Arme und Beine gespreizt und weit ausgebreitet. Die weißen Bettlaken vollgesaugt mit Blut. Auf seinem Bauch lag ein Brief.

„Das ergibt keinen Sinn. Wer würde sich denn auf der Zielgeraden des Todes noch selbst umbringen?", fragte sich Abby, die sofort das Taschenmesser gesehen hatte, das sauber zusammengefaltet neben Herrn Stöbl auf dem Nachtkästchen lag.

„Jemand, der einen enormen Stolz besitzt. Herr Stöbl rief selbst bei uns an und hat uns von seinem Suizid erzählt, aus Angst, seine Frau könnte etwas vertuschen wollen, um seinen guten Ruf in der Glaubensgemeinschaft zu erhalten", sagte ein Streifenbeamter.

„Er wollte ein letztes Zeichen gegen seinen Glauben setzen." Alec zog sich Handschuhe an.

Abby band sich die Haare zusammen und nahm den Abschiedsbrief des Mannes ehrfürchtig in beide Hände. Sie überflog ihn nur kurz, um dann sachlich zusammenzufassen, welches Motiv der Mann für seinen Suizid gehabt hatte.

„Er hat auf zwei Seiten geschrieben, dass ihm alles schrecklich leidtut. Aber nicht, was ihm leidtut." Langsam ließ sie den Brief in eine Beweistüte gleiten. Dann stellte sie das Taschenmesser sicher und machte Platz für die Bestatter, die den Leichnam abtransportieren sollten.

„Die Polizei hat bei mir geklingelt", sagte Frau Stöbl, als die beiden Beamten zu ihr ins Wohnzimmer kamen. „Ich hatte keine Ahnung, dass er sich umbringen wollte. Die Polizisten wollten meinen Mann sehen. Ich habe sie hochgebracht. Sie haben den Raum betreten, die Tür sofort wieder geschlossen und mich nach unten gebracht. Ich kann nicht fassen, dass er das getan hat!" Frau Stöbl saß auf ihrer Couch, die Beine hochgelegt.

„Wir schicken Ihnen einen Seelsorger ins Haus", sagte Abby. „Im Abschiedsbrief Ihres Mannes stand, dass ihm etwas schrecklich leidtäte. Wissen Sie, was er damit gemeint haben könnte?", fragte Abby.

„Nein. Haben Sie nichts Besseres zu tun, als das Andenken meines Mannes zu beschmutzen?", weinte sie schließlich.

„Ich werde eine Autopsie anordnen lassen", sagte Abby und stand auf, um den Staatsanwalt anzurufen. Sie selbst war dazu nicht befugt, aber es war ihre Pflicht, dafür zu sorgen, dass der Tote noch einmal gründlich durchleuchtet wurde. Sobald auf einem Totenschein unnatürlich oder ungeklärt angekreuzt wurde, kam die Rechtsmedizin ins Spiel. Zwar wurde immer häufiger auf eine Autopsie verzichtet, wenn es einen Abschiedsbrief gab, jedoch stand die Familie in Verbindung zu einem Tötungsdelikt. Es war besser, auf Nummer sicher zu gehen.

Es war keine Leichenhalle, wie man sie im Fernsehen so oft sah. Kein Keller, in dem ein Rechtsmediziner stand und vor lauter Einsamkeit mit dem Leichnam sprach, der zugedeckt auf einem einzelnen Tisch lag. Hier standen gleich drei Tische nebeneinander. Die Stimmung war nicht bedrückt, sondern eher gut. Jeweils zwei Rechtsmediziner standen mit mehreren Assistenten an einem Tisch. Es war laut, die Geräte machten einen ziemlichen Lärm, jedoch wurde an jedem der Tische ganz normal geredet. Einer der Männer erzählte von seinen Kindern, während er einer Verstorbenen die Schädeldecke aufbohrte. Medizinstudenten wanderten von Tisch zu Tisch und stellten Fragen.

„Kommen Sie. Das hier ist ein typisches Schnittmuster. Jetzt verraten Sie mir doch bitte einmal, ob das Suizid war oder ob ein Fremder die

Finger im Spiel gehabt haben könnte." Der Rechtsmediziner, der heute für Herrn Stöbl zuständig war, war ausgerechnet ihr Ex Franz.

Eine Medizinstudentin beugte sich über die Hand des Mannes. „Er war Rechtshänder, oder? Herr Stöbl ist mit dem Messer mehrmals abgerutscht, hier vorne kann man kleinere Wunden, vielleicht Testschnitte, erkennen, die typisch für einen Suizid sind. Außerdem ist die Linie am rechten Arm kurvig, weil das Messer mit der linken Hand geführt wurde. Der ersten Einschätzung nach war es also Suizid."

Franz nickte der jungen Frau anerkennend zu. Er war so gar nicht wie Alec, hatte schwarze, kurze Haare, eine durchschnittlich schlanke Figur mit breiten Schultern und Arroganz in den Augen. Die war es vermutlich, die Alec stets auf die Palme brachte, wenn die beiden sich trafen.

„Ich muss sagen, Sie haben das Zeug zu einer sehr guten Rechtsmedizinerin. So gut, wie Sie informiert sind, könnten Sie glatt hier anfangen", raunte Franz der Dame zu und schickte ein betörendes Lächeln hinterher. Die blonde Frau Mitte zwanzig lächelte schüchtern zurück und wurde gleichzeitig tiefrot. Abby verdrehte nur genervt die Augen.

„Kannst du auch noch was anderes, als deine Studentinnen anzugraben?", fragte Alec und gab sich keine Mühe, seinen Ton zu senken.

Franz seufzte. „Ich bin nur höflich, Herr Kommissar. Solltest du auch mal ausprobieren. Aber bei Abby hat deine Bad Boy-Nummer ja gezogen, nicht wahr? Ihr passt super zusammen."

„Ich warne dich, Freundchen. Lass Abby aus dem Spiel oder …"

„Hört sofort auf! Alle beide!", brüllte Abby, sodass es selbst an den Nachbartischen kurzzeitig still wurde. „Das geht hier niemanden was an! Und jetzt hört auf, euch wie im Kindergarten aufzuführen!"

Franz starrte sie feindselig an. Dann nickte er seiner Assistentin zu, die das Tonband einschaltete. Er diktierte langsam und deutlich und wenn die Nebengeräusche zu laut wurden, fing er wieder von vorne an. Abby blickte warnend zu Alec. Er hatte seine Hände in die Taschen geschoben.

Später brachte Franz sie in einen Nebenraum, in dem sie die persönliche Habe der Verstorbenen und deren Kleidung lagerten. „Das hatte er in den Jackentaschen", sagte er und gab Abby einen Beutel. Darin lagen mehrere Ringe, ein benutztes Stofftaschentuch und eine Kette. Auf allen Ringen war das Symbol einer aufschwebenden Taube abgedruckt.

„Gut. Dann geben wir das der armen Frau zurück und überlegen uns eine Strategie, wie wir Herrn Müller zum Reden bekommen", sagte Alec.

Aber irgendetwas in Abby weigerte sich, ihren Blick vom Beutel zu nehmen. Und dann gingen ihr Gesprächsfetzen durch den Sinn:

„Darf ich fragen, warum Sie Ihr Café aufgeben wollen?"
„Private Gründe."

„Vor drei Jahren wurde Riegers Tochter auf dem Weg von der Disco nach Hause vergewaltigt und umgebracht. Der Täter wurde trotz verwertbarer Spuren nicht gefunden, da er nicht vorbestraft ist."

„Auf dem Bild siehst du den Abdruck des Ringes, den der Täter vermutlich trug. Wir tippen auf einen Rocker. Die Disco, in der das Opfer war, liegt direkt neben einem Motorradklub. Die Tatsache, dass der Täter an allen Fingern schwere Ringe getragen haben muss, lässt uns darauf schließen."

„In der Nähe gibt es einige Angelvereine am Chiemsee, in Rosenheim selbst und in Endorf. Aber es gibt auch einen in Bad Aibling. Die haben einen eigenen Angelplatz. Und jetzt rate mal, was direkt nebenan liegt."

„Da ist die Disco, vor der Riegers Tochter getötet wurde. Und direkt nebenan ist ein mehr oder weniger legaler Motorradklub."

„Dann kam Inas Vater ganz plötzlich nicht mehr zum Angeln. Das war vor drei Jahren. Es ging ihm gesundheitlich sehr viel schlechter als in den Wochen zuvor. Und er entfernte sich wohl immer mehr von den Jüngern, denn früher hat er immer Ringe an den Fingern getragen, allesamt Schmuckstücke mit der aufschwebenden Taube, unserem Glaubenssymbol. Er hat sie nach und nach abgenommen."

„Wir haben erfahren, dass Sie Ihr Café jetzt doch nicht an die Stöbls verkaufen wollen."

„Warum hören Sie sich so an, als würden Sie irgendwo schon damit gerechnet haben, das Café nicht zu bekommen?"

Abby starrte auf die Schmuckstücke in der Tüte. Plötzlich überkam sie ein komisches Gefühl. Fast, als würde die Lösung des Falls hier in ihren Händen liegen.

„Es tut ihm leid. Stöbl hat nicht geschrieben, was ihm leidtut. Aber ich glaube, ich weiß es auch so", sagte sie nach einer Weile. „Herr Stöbl hat vor drei Jahren mit dem Angeln aufgehört. Zu dem Zeitpunkt wurde Riegers Tochter in derselben Straße auf dem Weg von der Disco nach Hause, die direkt gegenüberliegt, vergewaltigt und getötet. Stöbl war frustriert und abtrünnig. Er trug aber trotzdem die Ringe an seinen Händen, um als schwerkranker Mann nicht verstoßen zu werden. Alec, wir sind so naiv." Sie hielt Alec die Ringe unter die Nase. Und dem schien sofort ein Licht aufzugehen.

„Na klar", rief er. „Das macht absolut Sinn, dass Rieger deshalb plötzlich doch nicht an die Stöbls verkaufen wollte und ihnen nicht mal Bescheid gesagt hat, dass das Café schon lange im Besitz einer anderen Käuferin ist. Frau Stöbl wusste von alledem und hat deshalb so ausweichend reagiert. Deshalb war sie auch nicht überrascht, dass sie das Café doch nicht kaufen konnten. Wir haben doch diesen Zeugenbericht, in dem stand, dass noch ein Mann im Café war. Was, wenn das nicht Müller, sondern Ina Stöbls Vater war? Herr Rieger hätte keinen Grund, Frau Stöbl umzubringen, aber ich würde es verdammt gut verstehen können, wenn er ihren Vater töten wollte", meinte Alec.

„Ich hoffe so, dass wir beide unrecht haben." Abby nahm die Klamotten entgegen und ging mit Alec zum Auto.

Schweigend fuhren sie zu Frau Stöbl. Es waren keine Polizisten mehr im Haus. Auch keine Seelsorgerin. Es erinnerte nichts mehr an den Suizid des Mannes. Die Tatortreiniger hatten ganze Arbeit geleistet. „Ich kann verstehen, dass Sie das Andenken Ihres Mannes schützen wollen", sagte Abby zur Begrüßung.

„Wir haben Sie durchschaut. Ihr Mann hat vor drei Jahren ein junges Mädchen vor dem Angelverein vergewaltigt."

Frau Stöbl richtete ihren Blick auf die Tischplatte vor sich.

„Dann hielt er es plötzlich nicht mehr aus, dorthin zurückzukehren. Jeder dachte, er sei zu schwach wegen seiner Krankheit. In Wirklichkeit hat er dort aber ein Verbrechen begangen. Dann sind Sie durch Ihre Tochter an das Café Rieger gekommen. Ihre Tochter wusste nichts davon, aber Ihr Mann hat es Ihnen erzählt, was er getan hat, nicht wahr?

Ihr Mann wusste, wen er da vor sich hatte, als sie in dem Café waren. Und Sie wussten das auch. Und Herr Rieger ist irgendwann dahintergekommen, wer Sie sind. Die Ringe Ihres Mannes ..."

„Wir dachten erst, dass Rieger es nicht wüsste. Dann kam aber das mit der halben Million heraus. Wir dachten, dass der Mann maßlos übertreibt, immerhin stand in den Unterlagen des Maklers nichts davon. Da wussten wir, dass er es weiß. Wir haben getan, als wüssten wir von dem Tod seiner Tochter nichts. Eine Zeit lang dachte ich sogar, dass wir sein Geheimnis wahren könnten. Was mein Mann getan hat, ist unverzeihlich. Aber ich wollte seine Ehre schützen. Riegers Mädchen war tot – und unser Mädchen ist es nun auch. Auge um Auge, Zahn um Zahn." Frau Stöbl begann zu weinen.

„Erzählen Sie weiter", forderte Abby sie dennoch auf. Ihr Mitleid für die Frau hielt sich in Grenzen.

„Ich habe mich von Ihnen bei Ihren Besuchen bei uns immer wieder von der Idee abbringen lassen, dass es Rieger war, der unsere Tochter getötet hat. Und ich wusste, dass mein Mann an dem Tag bei Ina war. Etwa drei Stunden vor ihrem Tod habe ich ihn zu ihr gefahren, weil er raus wollte und ich einkaufen musste. Ich habe Rieger nie in der Nähe gesehen. Aber mein Mann sagte an diesem Tag, dass er noch einmal bei Ina war. Sie hat meinem Mann ein Glas Saft gegeben und ist dann nach hinten in die Backstube gegangen. Rieger stand plötzlich neben meinem Mann. Dann ist meinem Mann der Mantel von der Lehne seines Stuhls gerutscht und er hat sich danach gebückt. Seit diesem Tag ahnten wir, dass er von dem .... Mord ... meines Mannes wusste. Als er uns dann das Café verkaufen wollte, waren wir uns aber wiederum sicher, dass er nichts davon wusste."

„Also war Ihnen die Ehre Ihres Mannes wichtiger, als dass der Mörder Ihrer Tochter gefasst wird?", fragte Alec sachlich.

Frau Stöbl weinte noch bitterlicher. Doch sie sagte nichts weiter.

Abby sah zu Alec – und ihnen war plötzlich klar, wen sie festnehmen mussten.

„Was für ein Scheißjob", entfuhr es Alec draußen.

„Ich wünschte, es wäre Müller."

Aber leider war das hier kein Wunschkonzert. Abby schickte ihren Kollegen eine Nachricht, in der sie kurz alles zusammenfasste, was sie in den letzten zwei Stunden erfahren hatten. Dann fuhren sie los.

Herr Rieger lud gerade die Einkäufe aus seinem Auto. Als er sich zu ihnen umdrehte, fror der sonst freundliche Gesichtsausdruck schlagartig ein.

„Herr Rieger. Bitte unterbrechen Sie mich, wenn ich etwas Falsches sage. Wir glauben, dass Sie Frau Stöbl versehentlich mit Ramipril vergiftet haben."

Rieger wurde weiß.

„Haben Sie?", fragte Abby vorsichtig nach und näherte sich dem Mann so langsam, als würde sie auf rohen Eiern laufen. „Ich glaube, Sie haben Herrn Stöbl in der Konditorei gesehen. Mit seinem Saftglas. Und dann konnten Sie plötzlich nicht anders."

Rieger ließ die Tüten vor dem Auto stehen, schloss die Heckklappe und drehte sich dann wieder zu Abby und Alec um.

„Ich habe es von der ersten Sekunde an gewusst. Dieser Mann hat mein Mädchen getötet. Meine Kleine. Ich kam gerade von der Apotheke am Marktplatz. Ich wollte bei Ina Stöbl vorbeisehen, ich wollte wissen, wie sie arbeitet. Aber ich blieb vor der Tür stehen, als ich ihren Vater sah. Seine Hände. Seine Ringe an den Fingern. Plötzlich habe ich die Schreie meiner Tochter in meinem Kopf gehört. Und ich musste zusehen, wie der Mann sie vor meinem inneren Auge vergewaltigt und umgebracht hat. Ich habe die Tabletten genommen, in meiner Hand zerdrückt und diese Brösel in sein Glas gekippt. Ich weiß nicht, ob er davon getrunken hat oder nicht. Es war mir egal. Ich wollte einfach nur noch weg. Ich wollte seine Tochter nicht töten, sie konnte nichts dafür. Es tut mir leid für sie. Ich wünschte, ich hätte ihren Vater erwischt."

Rieger war ganz blass, er zitterte.

„Sie sollten jetzt nichts mehr sagen. Sie brauchen sofort einen Anwalt!", sagte Abby.

„Schon gut. Was habe ich denn noch zu verlieren?"

„Wir sollten einen Psychologen hinzuziehen. Sie haben viel durchgemacht", sagte Abby. Alec hielt sie am Handgelenk fest. Er wollte das so offenbar nicht unterschreiben. Aber sie fühlte sich plötzlich, als wäre sie selbst schuldig und müsste sich ihre Strafe schönreden. Sie hätte dort stehen können, wenn es um ihre Familie gegangen wäre. Nur, dass sie keine Tabletten als Mordwaffe benutzt hätte.

„Sie brauchen jetzt zuerst einen Anwalt. Haben Sie einen?"

„Ja. Ich hätte ihm nicht die Tabletten ins Glas geben sollen, ich hätte ihn mir direkt vorknöpfen müssen. Mann gegen Mann."

„Bitte kommen Sie mit uns", sagte Abby auffordernd.

„Würden Sie mit uns noch einmal zum Café Holzner fahren und den Tathergang konstruieren?", fragte Alec schließlich.

„Ja. Sicher."

„Dass Sie das alles sofort zugegeben haben, werde ich in den Bericht aufnehmen. Und auch, dass Sie mit uns den Tathergang rekonstruiert haben. Das wird vor Gericht mit Sicherheit gut ankommen", sagte Abby.

„In jedem Falle werden wir ein gutes Wort für sie einlegen", warf Alec ein und klärte Rieger über seine Rechte auf.

Die Holzners hatten eine Stunde Pause. Abby hoffte, dass die Presse von alldem hier nichts mitbekommen würde. Der Chef würde sie sonst in der Luft zerreißen. „Ich bin Frau Stöbl. Mein Kollege ist Herr Stöbl. Und jetzt tun wir alle einfach so, als wären wir besagte Personen. Wo stehe ich am Anfang?", fragte Abby und drehte sich einmal um die eigene Achse.

„Sie stehen hinter dem Tresen. Ihr Kollege direkt vor Ihnen. Und ich draußen bei der Kapelle. Dann blicke durch das Schaufenster. Stöbl sitzt inzwischen an einem der kleinen Tische."

Abby stellte ein leeres Glas auf den Tresen.

„Frau Stöbl ist kurz nach hinten gegangen. Dann ist ihm sein Mantel runtergefallen. Ich war zu wütend, um ihm zu helfen. Er bückte sich und währenddessen streute ich ihm die Brösel in sein Glas."

Abby machte ein paar Schritte zurück in Richtung Tür. Er zog seine Jacke aus und warf sie auf den Boden. Dann bückte er sich betont langsam, weil Herr Stöbl ja schon relativ alt und schwer krank war. Währenddessen kippte Rieger seine Hand über dem Glas aus. Zermahlene Blätter fielen hinein.

„Als Herr Stöbl seine Jacke wieder in der Hand hatte, nahm er sein Glas, hat aber nicht daraus getrunken, soweit ich das sehen konnte. Ich habe dann noch kurz ein bisschen mit seiner Tochter geplaudert, als sie aus der Backstube zurückkam. Welche Gebäcke sie in ihrem eigenen Café anbieten wolle. Habe ihr ein paar Tipps gegeben. Ich mochte sie. Ehrlich. Dann wollte ich nur noch weg. Als ich erfahren habe, dass die junge Frau tot ist, habe ich mir schreckliche Vorwürfe gemacht. Doch dann hielt ich es für eine Schicksalsfügung. Ich war mir zwar nicht zu hundert Prozent sicher, dass Stöbl meine Tochter umgebracht hatte, aber ein inneres Gefühl sagte mir immer und immer wieder, dass er es gewesen ist. So als würde meine Tochter zu mir sprechen. Zwei Tage danach habe ich mir von meinem Arzt ein neues Rezept für Ramipril ausstellen lassen und bin in die Apotheke gegangen, um es mir zu holen", erzählte Rieger weiter.

„Aber Herr Stöbl hat seinen Saft nicht getrunken. Also hat seine Tochter das Glas auf den Tresen gestellt und im Laufe der Zeit selbst ausgetrunken. Es war vermutlich zu viel los und sie hatte keine Zeit, es in die Spüle zu stellen. Also blieb es auf dem Tresen stehen", sagte Alec.

„Wir müssen sie trotzdem vorerst mitnehmen", sagte Abby zu Rieger.

„Natürlich. Mein Café ist ja jetzt in guten Händen."

Er ließ sich bereitwillig abführen.

27. Freitagabend

Um kurz nach acht Uhr lag Abby bereits im Bett. Den Fall hatten sie geklärt. Eigentlich sogar zwei, denn nun kannten sie auch den Täter, der Riegers Tochter vergewaltigt und umgebracht hatte. Plötzlich klingelte es an ihrer Haustür. Schon bevor sie auf den Monitor sah, wusste sie, dass es Alec war. Dafür hatte sie fast schon eine Art Gefühl entwickelt.
„Du bist ja noch gar nicht angezogen?" Alec sah an ihr herab. Sie trug nichts als ein langes Schlafhemd aus transparentem Stoff.
„Angezogen wofür?", fragte sie müde.
„Für die Einweihungsparty."
Abby stöhnte laut.
„Du hast es Louis versprochen."
„Echt? Ich kann mich nicht daran erinnern."
„Ich mich auch nicht. Och, Abby. Ich kann mich doch da nicht alleine blicken lassen." Alec setzte wieder seinen traurigen Blick auf und sah sie so lange an, bis sie ihn doch hineinbat und sich die Treppen nach oben quälte. Die Einweihung von Louis Spießerkneipe war das letzte, worauf sie jetzt Lust hatte. Sie wühlte nicht lange in ihrem Kleiderschrank herum, sondern zog einfach das an, was ihr gerade in die Hände fiel. Notdürftig schminkte sie sich ihre Augen nach und ließ sich dann von Alec ins Auto zerren.

„Komm schon. Das wird super", sagte Alec, als er vor der Kellerkneipe geparkt hatte. Es standen bereits viele Autos auf dem Parkplatz. Ein paar der Kennzeichen kamen ihr bekannt vor, offenbar trieben sich das halbe Präsidium und Louis' Laborkollegen hier herum.
Alec freute sich ein bisschen zu sehr, als ihr recht war. Plötzlich kam sie sich vor wie ein später Gaffer bei einem ganz schrecklichen Autounfall. Der ganze Umbau ihrer Lieblingskneipe war ein Unfall.
Auf den dunklen Treppen nach unten hatte sich nichts verändert. Aber sie war zu müde, um sich weiter darüber zu wundern. Abby machte sich auf das Schlimmste gefasst. Rote Wände und klassische Musik. Ein Geiger in der Ecke. Verliebte Pärchen, die in Abendgarderobe Wal-

zer tanzten. Dann ging die Tür auf. Der Geruch war irgendwie anders. Aber die Musik war die gleiche wie noch vor einiger Zeit. Die Eckbänke und Tische waren gegen neue ersetzt worden, ohne aber das altmodische Flair zu durchbrechen. Der Tresen war etwas aufpoliert worden. Ganz hinten im Eck befand sich eine Nische mit einer braunen Ledercouch und einem Tisch davor.

„Na? Was sagst du? Ist uns die Überraschung gelungen?", fragte Alec und rieb sich die Hände.

„Träume ich noch?"

„Nein, mein Schatz. Das hier ist eine neue Realität." Alec hob die Arme in die Luft. Die Kneipe war voll, überall saßen Kollegen und ein paar Rockeropas waren auch dabei.

„Ich dachte, eine 08/15 Kneipe errichten, kann jeder. Das hier ist ja doch so eine Art ... Geheimtipp. Aber eines verrate ich dir: Hier wird sich keiner mehr ins Koma saufen! Das hier wird eine gesittete Rockerkneipe, in der alles versteuert wird!", rief Louis hinter dem Tresen hervor. Er kam zu ihnen hinüber. Abby breitete die Arme aus.

„Es tut mir leid. Ich habe dir unrecht getan, was die Kneipe angeht. Ich wollte mich nicht so aufführen."

„Schon okay. Mir tut mein Rauswurf leid, aber wir waren spät dran, all unsere Freunde haben hier viel Zeit und Mühe reingesteckt. Die Überraschung wäre dahin gewesen."

„Ach deswegen wollte keiner mehr mit mir Mittag machen? Deshalb euer Krisentreffen?"

Elisabet kam mit ihrem Mann zu ihnen hinübergeschlendert. „Wir haben uns überlegt, wie wir das anstellen, damit du nicht misstrauisch wirst. Aber das ist alles ziemlich unglücklich gelaufen." Sie umarmte Abby.

Alec sah Abby erschrocken an. „Du freust dich doch, oder?"

„Ja. Ich freue mich wirklich. Aber ich bin so müde. Vielleicht hören wir mal mit diesen Gefühlsduseleien auf und trinken was?", fragte sie und richtete ihren hoffnungsvollen Blick auf Louis.

Der nickte grinsend. „Sicher. Whiskey, nehme ich an. Elisabet? Du auch?"

„Nein. Ich stoße ganz gesittet mit Sekt an."

Lukas schob seine Frau auf einen Barhocker. Abby wollte sich gerade auf ihren alten Stammplatz setzen, als sie sah, dass ihr Name auf dem Hocker eingraviert war. „Ist das euer Ernst?", sagte sie und lachte.

„Auf einen Neuanfang!" Louis schob die Gläser zu ihnen hinüber. Alec hatte sich neben sie gesetzt. Sie tranken und redeten eine ganze Weile mit Louis, Lukas und Elisabet, aber Abby merkte, wie sie immer müder wurde. Irgendwann lehnte sie sich einfach gegen Alecs Schulter und schloss die Augen. Es prasselten immer weiter Informationen auf ihren Kopf ein, der aber nichts mehr aufnehmen konnte. Nach einer Weile spürte sie Alecs Hände an ihrer Wange, fast so, als würde er Angst haben, ihr Kopf könnte jeden Moment herunterfallen und wegrollen.

Er gab ihr einen Kuss auf die Haare. „Das Beste hast du noch gar nicht gesehen", raunte er ihr zu.

„Ich sehe heute auch nicht mehr viel", murmelte sie zurück.

Alec gab Louis irgendein Handzeichen, der ihm daraufhin einen Schlüssel mit goldenem Anhänger und einer Nummer überreichte. Dann stand Alec langsam auf, zog sie an der Hand hoch und ging mit ihr nach oben.

„Sag bloß, ihr habt die Zimmer auch renoviert?"

Er grinste. „Sicher haben wir das."

Er sperrte eines der Zimmer auf. Der Style war gleichgeblieben. Bayrisch karierte Bettwäsche und Vorhänge. An den Wänden hingen einige Lampen, liebevoll per Hand aus Holz gefertigt.

„Du hast die gebastelt, stimmts?", fragte Abby und richtete den Kragen seiner Lederjacke auf.

Er nickte. Seine Augen funkelten stolz wie bei einem kleinen Jungen, der soeben eine Sandburg fertiggestellt hatte. „Gefällt es dir?"

Sie nickte und überlegte, wie sie ihm erklären konnte, dass sie sich nur zu gerne jetzt ins Bett legen und einschlafen würde. Er öffnete das Fenster, weil es noch ein bisschen nach Farbe und Lack roch. Aber so langsam waren ihr Erklärungen egal. Sie warf sich rückwärts auf die Kissen und sog scharf die Luft ein, als sie ihre verletzten Rippen spürte. Ihre Füße baumelten auf der anderen Bettseite herunter, um das Laken nicht zu beschmutzen.

Alec ging zur Tür, sperrte das Zimmer ab und zog sich dann Schuhe, Jacke und Shirt aus, bevor er sich zu ihr legte. Den Gürtel seiner Jeans nahm er ganz heraus und öffnete seine Hose ein Stück.

Abby merkte, wie ihre Gedanken immer wirrer wurden und sie immer weiter abdriftete. Aus den Augenwinkeln konnte sie einen Schatten am Fenster erkennen. Sie war zu müde, um zu verstehen, dass sie reagieren musste ...

Die Autorin

Lena Köpl wurde 2004 in Rosenheim geboren und lebt seither mit ihren Eltern in Prien am Chiemsee, wo auch ihr erster Regionalkrimi spielt. Sie schreibt seit ihrem zwölften Lebensjahr, mit dreizehn Jahren hat sie die Arbeiten an ihrem ersten Buch begonnen, welches 2021 unter dem Titel „Tödliches Chiemgau – Mord auf Rezept" erschienen ist.

Nach dem Realschulabschluss wechselte sie auf ein Gymnasium. Ihr großer Traum ist es, Medizin zu studieren und True-Crimes über das Gebiet der Rechtsmedizin zu schreiben.

Unser Buchtipp

Rudolf Trink
Kugelwechsel – Ein Rumpler Rosamunde-Krimi

ISBN: 978-3-96074-024-7, Taschenbuch, 184 Seiten

Der rätselhafte Selbstmord seines Neffen Karl, eine Firmenleitung, die alles vertuschen will, um ihre Kunden nicht zu irritieren und ein eiskalter Stratege als Gegner - damit muss sich der pensionierte Kriminalist Johann Rumpler, Katzenfreund und ambitionierter Hobbykoch, auseinandersetzen. Als er Schritt für Schritt in die Abgründe einer menschlichen Seele eintaucht, gerät er selbst ins Visier des Mörders.